Vis-à-vis BEGINNING FRENCH

WORKBOOK/LABORATORY MANUAL TO ACCOMPANY

Vis-à-vis
Beginning French

Monique Branon

Myrna Bell Rochester

Patricia Westphal

The McGraw-Hill Companies, Inc.
New York St. Louis San Francisco Auckland Bogotá Caracas
Lisbon London Madrid Mexico City Milan Montreal New Delhi
San Juan Singapore Sydney Tokyo Toronto

This is an  book.

McGraw-Hill
A Division of The McGraw-Hill Companies

Workbook / Laboratory Manual to accompany
Vis-à-vis Beginning French

Copyright © 1996 by The McGraw-Hill Companies, Inc. All rights reserved. Printed in the United States of America. Except as permitted under the United States Copyright Act of 1976, no part of this publication may be reproduced or distributed in any form or by any means, or stored in a data base or retrieval system, without the prior written permission of the publisher.

3 4 5 6 7 8 9 QPD QPD 9 0 9 8 7

ISBN: 0-07-001702-6

This book was typeset in Palatino on a Macintosh by Bay View Publishing Services.
The editors were Leslie Berriman and Marion Lignana Rosenberg.
The production supervisor was Michelle Lyon.
Drawings were done by David Bohn, Lori Heckelman, Axelle Fortier, Sally Richardson, Judith Macdonald and Katherine Tillotson.
Project supervision was done by Commanday Publishing Services.

Quebecor Printing/Dubuque was printer and binder.

Grateful acknowledgment is made for use of the following realia and literary pieces:

Page 30 from Alliance Française; **84** from *20 Ans*; **100** from R.J. Courtine, La Vraie Cuisine Française; **104** from *Miam! Miam!* by Monique Felix (Renens, Switzerland: Imprimerie Reunies Lausanne), © du Mensuel Suisse "Jakari"; **122** © *Le Monde de l'Éducation*; **180** from *Le Monde Radio-Télévision*; **272** © 1994, Les Éditions Albert René / Goscinny-Uderzo; **289** reprinted with the permission of *Le Figaro*, copyright *Le Figaro* 1991; **292** © *Femme Actuelle*, 234 / Arne-Marie-Levène.

Contents

Introduction *vii*

Chapitre 1	*1*
Chapitre 2	*15*
Chapitre 3	*33*
Chapitre 4	*53*
Chapitre 5	*69*
Chapitre 6	*87*
Chapitre 7	*107*
Chapitre 8	*125*
Chapitre 9	*145*
Chapitre 10	*163*
Chapitre 11	*183*
Chapitre 12	*203*
Chapitre 13	*221*
Chapitre 14	*241*
Chapitre 15	*259*
Chapitre 16	*277*

Appendice: Réponses aux exercices   *295*

Introduction

Welcome to the Workbook/Laboratory Manual to accompany *Vis-à-vis: Beginning French*. Each chapter of this Workbook/Laboratory Manual is based on the corresponding chapter of the text, so that you may practice and review on your own what you are learning in class.

Special Feature

The *Vis-à-vis* Workbook/Laboratory Manual has a unique and convenient feature: within each chapter, each individual **Leçon** can be torn out and handed in without disturbing the remainder of the chapter. This means that you can have your instructor check your work on previous **Leçons** while you continue to practice current class material. It also means that your study materials are clearly organized and easy for you to use.

Integrated Written and Oral Exercises

Because your different senses and skills (writing, reading, listening, speaking) reinforce one another, written and oral exercises for each point in the text appear together in the Workbook/Laboratory Manual. Oral exercises are coordinated with the Audiocassette Program, which you can use at home or at your school's language laboratory. They are marked with a cassette symbol . If you wish, you can purchase your own copy of the Audiocassette Program at your campus bookstore, or by calling 1-800-338-3987 and asking for items number 0-07-912275-2 (Volume 1) and 0-07-912276-0 (Volume 2).

Always feel free to listen to oral exercises more than once: it will help you learn more quickly. In some cases, you will need to rewind or stop the tape to complete the activity. The stop and repeat symbols mark these exercises.

Organization

The structure of **Chapitre 1** of the Workbook/Laboratory Manual parallels that of **Chapitre 1** in the main text. **Chapitres 2–16** are organized as follows:

- **Leçon 1: Paroles** allows you to practice the thematic vocabulary of each chapter through a variety of fun and interesting exercises. Here and in **Leçons 2** and **3**, written and oral exercises (in that order) appear together for each point.

- **Leçon 2: Structures** presents a variety of exercises on each grammar point in the corresponding section of the main text.

- **Correspondance** has four features:

    Carte postale—a postcard sent by one of the Paris-based video characters or their friends and relatives in other parts of the French-speaking world. This type of written activity, known as a "cloze" exercise, allows you to confirm your mastery of chapter vocabulary and structures within an appealing, meaningful context.

Flash-culture—a brief written activity based on **Flash 1** and **Flash 2,** the cultural readings in the **Correspondance** section of the text. **Flash-culture** checks your comprehension of these passages and keeps you up to date on everyday life around the Francophone world.

Sophie/Malik/Nathalie/Jérôme à l'appareil!—a listening comprehension exercise, allowing you to hear the correspondents of the Paris-based video characters in telephone conversation with friends and colleagues from their region of the French-speaking world.

Prononciation—taped exercises providing focused practice of French pronunciation, with tips and reminders in English.

- **Leçon 3: Structures,** like **Leçon 2,** gives you the opportunity to practice chapter structures through written and oral exercises.

- **Leçon 4: Perspectives** focuses on integrating chapter vocabulary and grammar. Its main features are:

    Faire le bilan—an end-of-chapter review section. Written exercises combine and reinforce chapter vocabulary and structures. In most chapters, you are invited to work with authentic materials from the contemporary Francophone press.

    À l'écoute!—an extended listening comprehension passage and activity, also integrating chapter vocabulary and structures.

    Par écrit—a comprehensive, practical guided writing section. A series of steps (in English) helps you organize, draft, and polish a variety of interesting writing assignments (interviews, editorials, film reviews, etc.).

    Journal intime—your own French-language diary! A forum for you to write freely about your own opinions and experiences.

In addition, throughout the first half of the Workbook/Laboratory Manual, you will find boxed **Study Hints:** practical tips to help you learn French thoroughly and efficiently. They are based on the experience of other students, and we think you will find them helpful.

Answers

Answers to most oral exercises are given on tape. In a few cases, as required, they appear in the Appendix at the back of this manual. Answers to most written activities appear in the Appendix. No answers are provided for exercises requiring personalized answers, indicated with an asterisk ✻.

Name _____ Date _____ Class _____

CHAPITRE 1

PREMIERS PAS

LEÇON 1

Bienvenus!

Les correspondants. Get to know the people whose cards and letters you will be reading throughout *Vis-à-vis*. Can you match the Paris-based video characters with their fields of study and friends and relatives from other parts of the French-speaking world? Try to figure out the French expressions on your own! Refer to **Chapitre 1, Leçon 1** of your text, as necessary.

1. _____ Caroline
2. _____ Michel
3. _____ Paul
4. _____ Bénédicte

a. sciences politiques; Jérôme (Martinique)
b. droit; Nathalie (France, Suisse, Belgique)
c. médecine; Sophie (Québec)
d. littérature; Malik (Sénégal)

Le monde francophone

A. La francophonie. Complete the map on the following page with the French names of the countries and regions indicated. Refer to the maps in **Chapitre 1, Leçon 1** of your text, as necessary.

B. Géotest. Match each French-speaking country or region with its major city. Use the maps in **Chapitre 1, Leçon 1** of your text, as necessary.

1. _____ le Sénégal
2. _____ la Suisse
3. _____ la Louisiane
4. _____ le Québec
5. _____ la Côte-d'Ivoire
6. _____ la Martinique
7. _____ la France
8. _____ la Guyane

a. la Nouvelle-Orléans
b. Paris
c. Abidjan
d. Cayenne
e. Dakar
f. Genève
g. Montréal
h. Fort-de-France

1

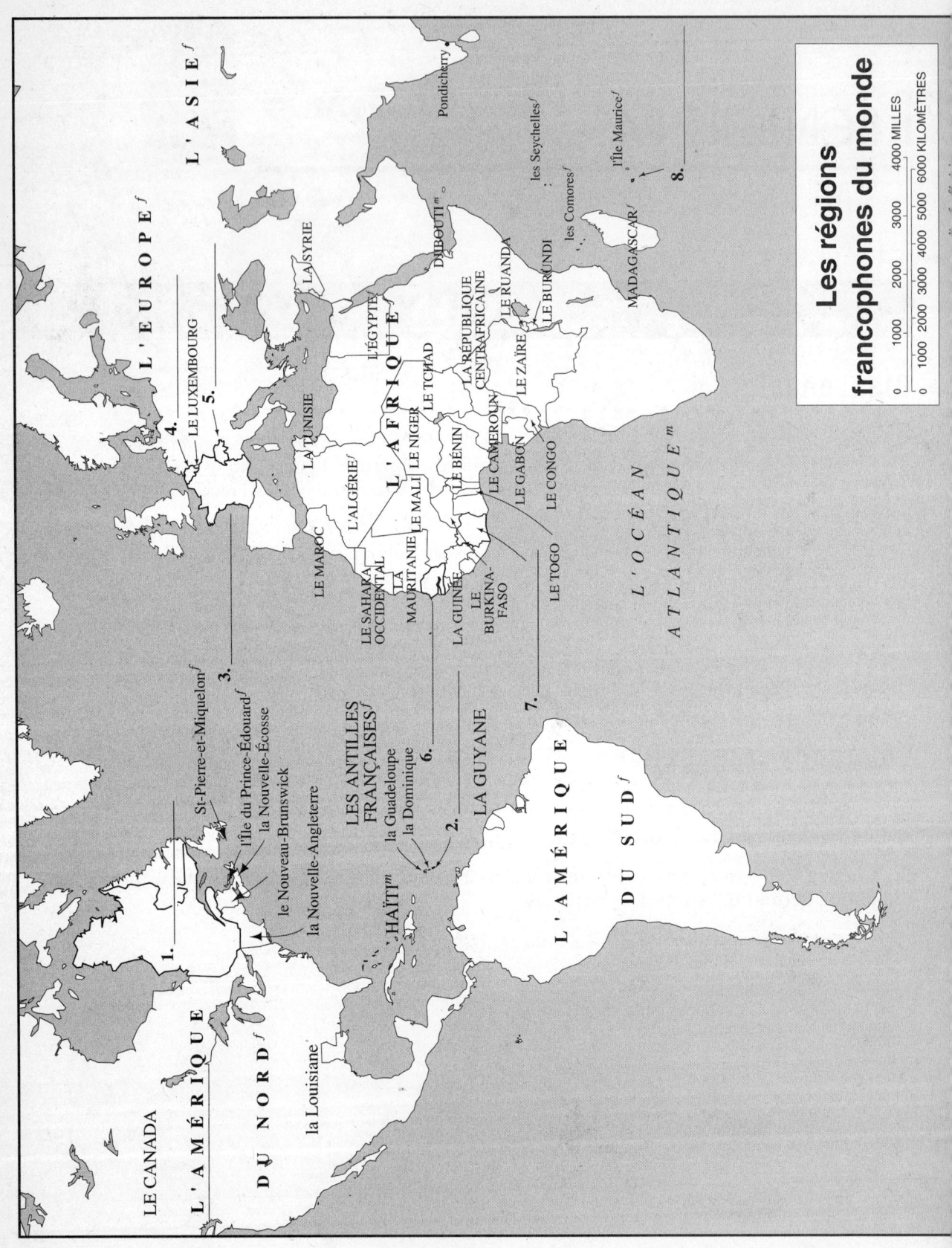

Name _____ Date _____ Class _____

LEÇON 2

Les bonnes manières

A. Une rencontre (*An encounter*). On his way across campus, Jeremy runs into Mme Thomas, his literature professor. Complete the dialogue.

JEREMY: Bonjour, _____.¹

_____?²

MME THOMAS: Très bien, _____.³ Et vous? Ça va?

JEREMY: _____.⁴

MME THOMAS: Au revoir, Jeremy. _____⁵ bientôt.

JEREMY: _____,⁶ Madame.

B. Qu'est-ce qu'on dit? If you were in Paris, what would you say in these situations?

1. In class, you drop your book on your neighbor's foot. _____

2. Your professor just said something; you're not sure what, but it sounded important. _____

3. You've forgotten your professor's name and want to write it down. _____

4. You pass a friend on the way to class. _____

5. You pass a male professor on the way to class. _____

6. You want to introduce yourself. _____

7. Your friends are leaving your apartment at the end of the evening. _____

8. A young woman has just thanked you for picking up her book. _____

C. Jacqueline, Rémi et le nouveau professeur. You will hear a conversation among three people. Each exchange corresponds to one of the drawings below. Listen to the whole conversation once or twice, then do the following exercise.

Now you will hear questions and statements taken from the conversations you just heard. Say and check off the most logical of the three responses given below.

1. _____ Au revoir.
   _____ Merci bien.
   _✓_ Bonjour, Madame.

2. _____ Je m'appelle Jacqueline Martin.
   _✓_ Très bien, merci.
   _____ Ça va?

3. _____ Je m'appelle Jacqueline Martin.
   _____ Ça va?
   _____ Très bien, et vous?

4. _____ Pas mal.
   _____ De rien.
   _____ Je ne comprends pas. Répétez, s'il vous plaît, Madame.

5. _____ Salut.
   _✓_ Ah oui, je comprends. Merci, Madame.
   _____ De rien.

6. _✓_ Oh! Pardon! Excusez-moi!
   _____ À bientôt!
   _____ Au revoir!

7. _____ Je m'appelle Rémi.
   _____ Oh, ça peut aller.
   _____ Et vous?

8. _____ Bonsoir, Madame.
   _____ Salut.
   _____ Comment vous appelez-vous?

Les nombres de 0 à 60

A. Combien? Write out and answer the math problems, as in the example.

MODÈLE: 4 + 5 → Quatre plus cinq font neuf.

1. 3 + 8

2. 2 x 9

3. 10 + 11

4. 16 + 19

5. 52 − 40

6. 60 ÷ (**divisé par**) 4

*B. **Les numéros.** Write out the following numbers, one digit at a time.

   MODÈLE: Your zip code → cinq zéro trois un deux (50312)

   1. Your house number _____

   2. Your phone number _____

   3. Your best friend's phone number _____

   4. Your social security number _____

C. **Le matériel.** A student assistant is counting the items in the supply room. Circle the numbers that you hear.

1.	2	12	22	4.	26	6	16
2.	17	47	57	5.	35	15	25
3.	12	2	52	6.	16	13	57

Les réponses se trouvent en appendice (*Answers are in the appendix*).

D. **Comptez!** Repeat the numbers you hear, adding two numbers each time.

   Vous entendez (*You hear*):   deux, quatre, huit…
   Vous dites (*You say*):   deux, quatre, huit, dix, douze

   1. …   2. …   3. …   4. …

La communication en classe

A. **Associations.** Match the drawings on the next page with these expressions.

   À bas les examens!   J'ai une question à poser.
   Attention!   Je ne comprends pas.
   Comment dit-on «*Dear Mark*» en français?   Non, ce n'est pas juste, ça.
   Écoutez et répétez.

MODÈLE:  Attention!

1. _____ 2. _____ 3. _____

4. _____ 5. _____ 6. _____

B. Qui parle? Listen to the following sentences, then decide who probably said each one—a student or an instructor. You will hear each sentence twice.

	UNE ÉTUDIANTE	UN PROFESSEUR
1.	_____	✓
2.	_____	_____
3.	_____	_____
4.	_____	_____
5.	_____	_____
6.	_____	_____
7.	_____	_____

Name _____ Date _____ Class _____

CORRESPONDANCE

Carte postale

> Like your textbook, the *Vis-à-vis* Workbook/Laboratory Manual features postcards exchanged by the video characters and their friends and relatives in other parts of the Francophone world. In **Chapitres 1–4,** the correspondents are Caroline and her older sister Sophie in Montreal. Read through the postcards once or twice before completing them. You need not worry about any unfamiliar expressions you may encounter: focus on what you *do* understand, and you will grasp the most important information in the postcards. **Allez-y** (*Go to it*)!

Complete the postcard using the following expressions: **dix-sept, merci, peut, revoir, salut, va.**

CARTE POSTALE

Chère Sophie,

_____!¹ Ça _____?² Moi, ça _____³ aller. J'ai un cours de physique, aujourd'hui.

_____⁴ beaucoup pour ta carte postale! Ah! voilà le bus, le numéro _____.⁵ Au _____.⁶

Bisous, bisous!

Caroline

Flash-culture

Reread the Flash boxes in your text, then indicate whether each statement is true (**vrai, V**) or false (**faux, F**).

1. V F En France, le baiser est une preuve d'hostilité.

2. V F Pour dire « bonjour » ou « au revoir », donnez deux… trois… quatre baisers sur la joue!

3. V F Réservez vos bisous aux étrangers (*strangers*)!

4. V F Le Québec possède trois stations de sports d'hiver.

5. V F Le sport le plus populaire, c'est le ski.

6. V F La Fête des neiges a lieu (*takes place*) à Montréal.

Sophie à l'appareil!

> In the **Correspondance** section of the *Vis-à-vis* Workbook/Laboratory Manual, you will hear Sophie, Malik, Nathalie, and Jérôme—the correspondents of the Paris-based video characters—in telephone conversations with friends, colleagues, and businesspeople from their region of the French-speaking world. **Chapitres 1–4** feature Sophie, Caroline's sister, talking with people throughout Quebec province.

La Librairie (*Bookstore*) **Jovite.** Today Sophie calls a local bookstore in Quebec City. Listen carefully, as many times as you need to. Then indicate who says the following things: Sophie (**S**) or monsieur Jovite (**J**), the bookseller.

Vocabulaire utile: la boisson (non alcoolisée)   *drink, soft drink*
le breuvage   *soft drink (Québécois)*

1. S _J_ « Je ne comprends pas. »
2. S _J_ « Répétez, s'il vous plaît. »
3. _S_ J « Est-ce que vous comprenez? »
4. _S_ J « J'ai une question à vous poser. »
5. _S_ J « Comment dit-on *boisson* au Québec? »
6. S J « On dit *breuvage*. »

Prononciation

Voyelles françaises (*French vowels*). In English, many vowel sounds are pronounced as diphthongs: that is, as two vowel sounds within the same syllable. Listen carefully to the English pronunciation of the words *café* and *entrée*. Can you hear how the final vowel is drawn out into two different sounds? In French, however, each vowel is pronounced with a single, pure sound: **café, entrée.** Keep this in mind as you do the following exercise.

Répétez les expressions suivantes. Vous les entendrez deux fois. (*Repeat the following expressions. You will hear them twice.*)

1. café / entrée / matinée / blasé / rosé / frappé
2. cage / table / fable / câble / page / sage
3. beau / gauche / parole / rose

L'accent tonique (*Stress*). Most English words have both highly stressed and highly unstressed syllables. In *university*, for example, the *-ver-* group is strongly emphasized, while the *-ni-* and *-si-* groups receive very little emphasis. Listen again: *university*. In French words, however, all the syllables are approximately equal in weight and loudness. Only the final syllable of a word is somewhat longer than the preceding one(s). It is also pronounced at a slightly lower pitch.

Répétez les expressions suivantes. Vous les entendrez deux fois.

1. bureau
2. professeur
3. université
4. attention
5. excellent
6. bravo
7. concert
8. cinéma

LEÇON 3

Dans la salle de classe

A. Inventaire (*Inventory*). Qu'est-ce qu'il y a (*What is there*) dans la salle de classe?

MODÈLE:  Il y a trois portes.

1. Il y a _____

2. Il y a _____

3. Il y a _____

4. Il y a _____

5. Il y a _____

6. Il y a _____

7. Il y a _____

8. Il y a _____

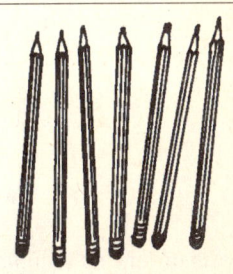
9. Il y a _____

B. Mais non! The student you will hear is confused about what she is seeing. Look at each sketch as she describes it, and correct what she says.

Vous entendez (*You hear*): Et voici un cahier!
Vous dites (*You say*): Mais non, c'est un livre!

1.  2.  3.  4.

5.  6.  7.

C. Dans la salle de classe. Stop the tape for a moment to look at the following drawing. Then listen to the questions and answer them.

Vous entendez (*You hear*): Il y a combien d'étudiants dans la salle de classe?
Vous dites (*You say*): Il y a cinq étudiants.

1. ... 2. ... 3. ... 4. ... 5. ... 6. ... 7. ...

Name _____ Date _____ Class _____

Leçon 3

Quel jour sommes-nous?

A. **Quel jour est-ce?** Look at the following calendar and identify the dates, as in the example.

L	1 piano	8		15 italien	22		29		
M	2	9		16	23 hockey		30 P. et I.		
M	3	10		17 ♡	24		31		
J	4 Juliette	11		18	25				
V	5	12		19	26				
S	6	13 Dr Noiret		20	27				
D	7	14		21	28 Bach				

décembre

MODÈLE: 30/12 → Le trente décembre, c'est un mardi.

1. 21/12 _____
2. 11/12 _____
3. 8/12 _____
4. 24/12 _____
5. 2/12 _____
6. 6/12 _____
7. 19/12 _____

B. **Le calendrier de M. Bolœil.** Look once again at the calendar and give the day and date of M. Belœil's activities.

MODÈLE: le cours d'italien de M. Belœil → lundi, le quinze décembre

1. le rendez-vous de M. Belœil chez le docteur _____
2. la leçon de piano de M. Belœil _____
3. la surprise-partie chez Juliette _____
4. le concert de Bach _____
5. la visite de Paul et Irène _____
6. le match de hockey _____
7. l'anniversaire de mariage de M. et Mme Belœil _____

C. **Quel jour sommes-nous?** On which day of the week do you usually do the things or visit the places mentioned on the tape? (Make up an answer if the activity doesn't apply to you.) You will hear some possible responses. Turn the page to do the activity.

Expressions utiles: lundi, mardi, mercredi, jeudi, vendredi, samedi, dimanche

Vous entendez (*You hear*): Vous êtes (*You are*) au cinéma.
Vous dites (*You say*): Nous sommes samedi.

1.  2.  3.

4.  5.

Quel temps fait-il? Les saisons et le temps

Quel temps fait-il? Give as much information as you can.

MODÈLE: Il pleut et il fait du vent.

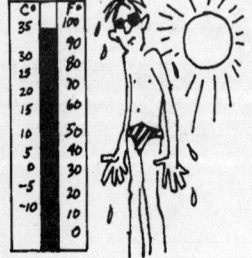  

1. _____ 2. _____ 3. _____ 4. _____

Name _____ Date _____ Class _____

LEÇON 4

L'alphabet français

L'alphabet français. Say each letter of the alphabet and the corresponding name after the speaker.

a	a	Anatole	n	enne	Nicole
b	bé	Béatrice	o	o	Odile
c	cé	Claude, Cyrille	p	pé	Pascal
d	dé	Denise	q	ku	Quentin
e	e	Emma	r	erre	Roland
f	effe	France	s	esse	Suzanne
g	gé	Georges, Guy	t	té	Thérèse
h	hache	Hélène	u	u	Ulysse
i	i	Isabelle	v	v	Véronique
j	ji	Jacqueline	w	double v	Wagram
k	ka	Kévin	x	iks	Xavier
l	elle	Lucien	y	i grec	Yvette
m	emme	Marguerite	z	zède	Zoé

✳ Et vous? Comment vous appelez-vous? Prononcez votre nom à la française.
Je m'appelle…

Les accents

Les étudiants. You are helping Marc prepare name tags for a reception at the International House. After you hear each name, tell him the necessary diacritical mark, as in the example.

Vous entendez (*You hear*): Joël
Vous dites (*You say*): e tréma

1. Irène
2. Loïc
3. Jérôme
4. Françoise
5. Stéphanie

Les mots apparentés

A. Comment dit-on en français? Listen carefully to the following French words, then repeat them. You will hear each word twice.

Vous entendez (*You hear*): excellent
Vous dites (*You say*): excellent

1. université
2. sérieux
3. ordre
4. pratique
5. apparemment
6. étranger
7. champagne
8. individualiste

Leçon 4   13

B. En français, en anglais. You will hear a series of French words, each one repeated. Listen carefully, then circle the corresponding English term.

Vous entendez (*You hear*):   lettre

Vous écrivez (*You write*):   let   (letter)   lettuce

1. sociable   society   socialist
2. li<u>be</u>rty   liberate   library
3. courier   coordinate   courageous
4. po<u>li</u>tical   polite   party
5. etiquette   <u>sta</u>te   standard

À l'écoute!
• •

À l'aéroport. Cécile is at the airport. How are things going for her? Listen carefully, as many times as you need to. Then indicate whether each statement is true (**vrai, V**) or false (**faux, F**).

1. V F   Ça va très bien, aujourd'hui!
2. V F   Il fait froid.
3. V F   Cécile part pour (*is leaving for*) la Guadeloupe.
4. V F   Il fait beau.
5. V F   Nous sommes en hiver.

Journal intime
• •

> **Journal intime** (*Personal diary*) is a special feature of your Workbook/Laboratory Manual: a forum for you to write freely in French about your own experiences, using the vocabulary and structures you are currently studying, but *without* worrying about making mistakes. You may want to set aside a special notebook to use as your **Journal intime**. Your instructor may read your diary entries and react to them from time to time, but will probably not give them a grade. By the end of the year, you will find you are writing French with ease, and your **Journal** will be a wonderful record of your progress.

Include at least the following information in today's entry:

- Give the day of the week.
- Greet your **Journal** as you would a new friend, and introduce yourself.
- Describe the room where your French class meets, listing the items and the number of people in it.

    MODÈLE: Dans ma classe de français, il y a...

Name _____ Date _____ Class _____

À L'UNIVERSITÉ

CHAPITRE 2

LEÇON 1: PAROLES

STUDY HINTS: LEARNING NEW VOCABULARY

- Your different skills and senses reinforce one another, so be sure to *say, write, read,* and *listen to new expressions* as you are learning them. Working in a group is always helpful.
- Practice using new words *in context*. Write down and say out loud short, original sentences using each new word.
- Try *brainstorming*, too: make lists of all the different expressions you associate with new vocabulary items.
- Learn *gender* and *articles* along with new vocabulary words: **le cinéma, la radio.**
- Pay special attention to *accents* and to *"silent" letters*: the **h** and **s** in **mathématiques**, for example.
- *Flash cards* are extremely helpful, since they allow you to review vocabulary even when on the go.
- At least twice a week, use your flash cards to *review vocabulary from previous chapters*. Small amounts of steady effort will bring lasting success!

Les lieux

A. Les lieux. Where do you normally find the following things?

MODÈLE: Un examen? → Dans l'amphithéâtre.

1. Une table de ping-pong? _____
2. Un tableau noir? _____
3. Un bon repas (*good meal*)? _____
4. Le silence, la réflexion et les encyclopédies? _____

B. Un rêve. You will hear Corinne Legrand describe a dream she had. Indicate whether the elements in it are rather normal or somewhat strange (**assez bizarre**).

		ASSEZ NORMAL	ASSEZ BIZARRE
1.	à la bibliothèque	_____	✓
2.	à la Fac des Lettres	_____	_____
3.	au café	_____	_____
4.	au restaurant	_____	_____
5.	dans le bureau du prof	_____	_____
6.	au cinéma	_____	_____

15

Les matières

A. Les matières. If you're carrying these titles in your bookbag, what subject are you probably studying?

   MODÈLE: *La Minéralogie, La Paléontologie* → la géologie

   1. *L'Algèbre, La Géométrie, Le Calcul infinitésimal* _____

   2. *L'Évolution, L'Embryologie, La Génétique* _____

   3. *Jules César, Les Voyages de Gengis Khan, L'Empire romain, La Renaissance* _____

   4. *Destinos, Prego!, Vis-à-vis* _____

   5. *Sens et sensibilité* par Jane Austen, *L'Idiot* par Fiodor Dostoïevski _____

B. Une matinée studieuse (*A morning of studies*). Jeannette Rivard is a busy university student. Listen to her describe what she does on weekday mornings and complete the following chart. (**h.** [**heures,** *hours*] = *o'clock*.)

> Replay the tape as necessary, but remember that you do not need to understand every word you hear. Listen only for the information you need to complete the chart.

UNIVERSITÉ DE CAEN

Nom: *Jeannette Rivard*

	lundi	mardi	mercredi	jeudi	vendredi
8 h.	histoire chinoise		histoire chinoise		histoire chinoise
9 h.					
10 h.					
11 h.					
12 h.					
13 h.					

Les réponses se trouvent en appendice.

Name _____ Date _____ Class _____

Les pays et les nationalités

A. L'intrus. Write the nationality or regional origin that does not belong in each series of words.

1. italien, français, anglais, mexicain _____

2. marocain, tunisien, japonais, algérien _____

3. sénégalais, ivoirien, russe, libanais _____

4. allemand, belge, français, québécois _____

5. zaïrois, chinois, japonais, russe _____

6. mexicain, suisse, canadien, américain _____

7. français, québécois, espagnol, belge _____

B. Voitures qui passent (*Passing cars*). You're guessing that all of the people going by are driving cars made in their native country. Listen to each question and identify the driver.

ESSAIS, FACE-A-FACE, COMPARATIFS RECEVEZ CHEZ VOUS L'ESSAI DE VOTRE PROCHAINE VOITURE

LAQUELLE CHOISIR ?

| ALFA ROMEO | BMW | CITROEN | FORD |
| HONDA | JAGUAR | PEUGEOT | RENAULT |

Vous entendez: Qui est dans la BMW?
Vous dites: Je ne sais pas… C'est un Allemand?

1. … 2. … 3. … 4. … 5. … 6. …

Les distractions

✷ A. Les distractions. You are applying for an opening at the campus French house. As a means of introducing yourself to the other residents, indicate your likes and dislikes on the following page.

Leçon 1: Paroles   17

MUSIQUE: J'aime _____

et je n'aime pas beacoup _____

SPORTS: J'adore _____

et je n'aime pas _____

CINÉMA: J'aime beaucoup _____

et je n'aime pas _____

LOISIRS (*leisure activities*): J'aime _____

et je n'aime pas beaucoup _____

B. Goûts et préférences. What do these people like to do? 🛑 Listen to each question, and answer based on the drawings. After each response there is a question directed to you, followed by a pause for your answer.

Expressions utiles: les films de science-fiction, la musique classique, le ski, le tennis, le volley-ball

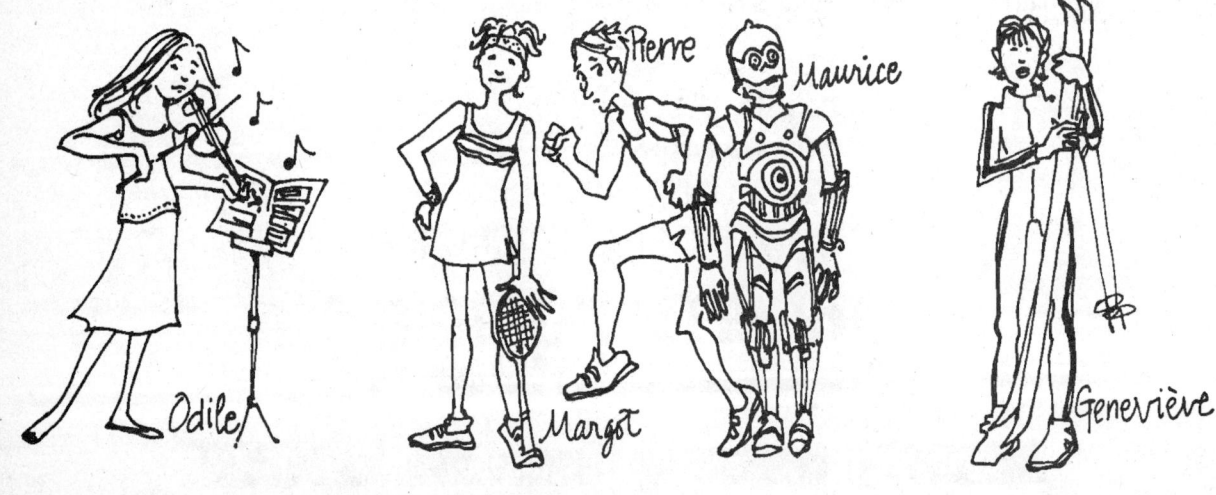

Vous entendez: Et Pierre? Il aime le base-ball?
Vous dites: Non, Pierre aime le jogging.

Vous entendez: Et vous? Vous aimez le jogging?
Vous dites: Mais oui, j'aime le jogging. (*ou* Non, j'aime mieux le tennis.)

1. … 2. … 3. … 4. …

Name _____ Date _____ Class _____

LEÇON 2: STRUCTURES

Articles and Nouns
Identifying People and Things

A. Les goûts (*Tastes*). How do you feel about the following things? Begin your sentence with one of these three phrases.

J'aime beaucoup   J'aime bien   Je n'aime pas

MODÈLE: travail → J'aime bien le travail.

1. ski _____
2. télévision _____
3. base-ball _____
4. lundi _____
5. français _____
6. histoire _____
7. cinéma _____
8. café _____

B. *Un* or *une*? Follow the example.

MODÈLE: __une__ photographie

1. _____ département[1]
2. _____ homme
3. _____ beauté
4. _____ document
5. _____ étudiante
6. _____ organisation
7. _____ amie
8. _____ blue-jean
9. _____ sculpture
10. _____ université
11. _____ différence
12. _____ tableau noir

C. À l'université. Complete the conversations with definite or indefinite articles, as necessary.

I. Abena, _____[1] étudiante sénégalaise, visite _____[2] université américaine à Washington, D.C., avec Gary Snyder.

   GARY: Voilà _____[3] restau-U, _____[4] bibliothèque et _____[5] Faculté de Sciences.

   ABENA: Il y a _____[6] professeur de français à _____[7] Faculté de Lettres?

---

[1] The primary meaning of **département** is *administrative region* or *overseas territory*: Martinique, for example, is a **département** of France.

Leçon 2: Structures **19**

GARY: Il y a _____⁸ professeur de russe, _____⁹ professeur de chinois et huit professeurs de français!

ABENA: Ah, _____¹⁰ français est _____¹¹ cours populaire!

GARY: C'est _____¹² opinion de beaucoup de personnes.

II. François et Charles sont (*are*) au restau-U.

FRANÇOIS: _____¹ biologie est intéressante, n'est-ce pas (*don't you think*)?

CHARLES: Mmmm. J'aime mieux _____² histoire. Mais il y a au moins (*at least*) _____³ femme intéressante dans _____⁴ classe de biologie.

FRANÇOIS: C'est _____⁵ amie?

CHARLES: Pas du tout (*Not at all*)! C'est _____⁶ professeur.

D. Le plan du quartier universitaire. Look at this view of a university neighborhood, and point to the places mentioned as you answer the questions.

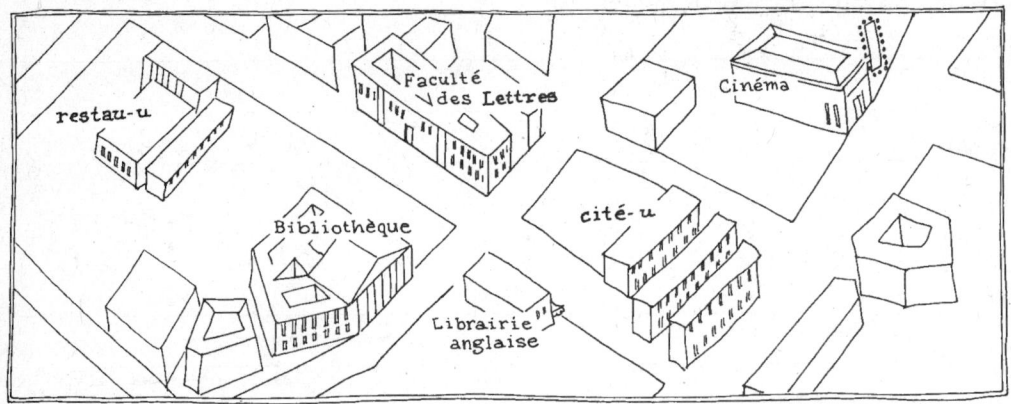

Vous entendez: Il y a une librairie anglaise?
Vous dites: Oui, voici la librairie anglaise.

1. ... 2. ... 3. ... 4. ... 5. ...

E. À la manifestation. Georges isn't sure what he sees in the crowd at this student demonstration. Listen carefully to his comments, which you will hear twice, then agree with him or correct him.

Vous entendez: Ici, c'est une étudiante?
Vous dites: Non, c'est un étudiant.

Name _____ Date _____ Class _____

Plural Articles and Nouns
Expressing Quantity

A. La vie universitaire. Choose one element from each column to create logical sentences in the plural.

MODÈLE: Dans les amphithéâtres il y a des étudiants.

Dans…	…il y a…
bureau	table
amphithéâtre	docteur
université	film
hôpital	livre
cinéma	étudiant
bibliothèque	professeur
librairie	crayon

1. _____
2. _____
3. _____
4. _____
5. _____
6. _____
7. _____

B. Scènes de la vie universitaire. Use a definite or indefinite article.

Dans _____ [1] salle de classe, il y a _____ [2] étudiants et _____ [3] professeur. _____ [4] professeur explique _____ [5] géométrie.

Il y a _____ [6] film français dans _____ [7] salle de cinéma. _____ [8] spectateurs regardent (*are watching*) _____ [9] film d'aventure.

Dans _____ [10] livre, il y a _____ [11] photos et _____ [12] autobiographie. _____ [13] autobiographie est en italien.

Leçon 2: Structures

C. **À la librairie.** You're buying a few things for yourself and some classmates. First look over the shopping list, then answer the cashier's questions.

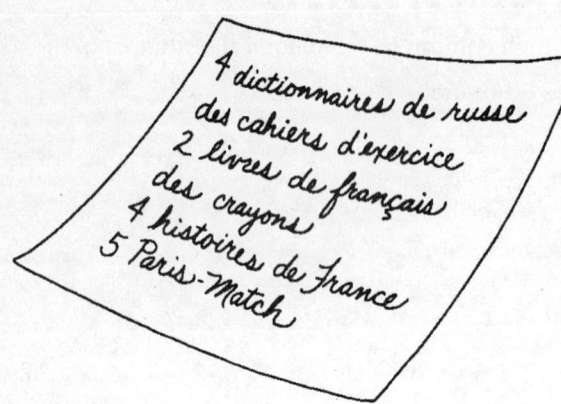

Vous entendez: Vous désirez un cahier d'exercices?
Vous dites: Non, Madame, des cahiers d'exercices!

1. ...   2. ...   3. ...   4. ...   5. ...

D. **Un cours difficile.** Listen to the conversation between Mathieu and his Spanish instructor on the first day of class. Then do the following exercise.

Now listen to each line of the conversation and indicate whether the objects mentioned are singular (**S**) or plural (**P**).

1. S   P
2. S   P
3. S   P
4. S   P
5. S   P
6. S   P
7. S   P
8. S   P

22   Chapitre 2

Name _____ Date _____ Class _____

CORRESPONDANCE

Carte postale

> A reminder: Read through the postcard once or twice before completing it. Try not to worry about any unfamiliar expressions you may encounter: focus on what you *do* understand, and you will be able to grasp the most important information. **Allez-y** (*Go to it*)!

Complete the postcard using the following expressions: **américaine, droit, examens, froid, la, le, les, temps**.

CARTE POSTALE

Ma petite Caroline,

Aujourd'hui, le _____¹ est nuageux. Il fait _____!²

Notre jeune fille au pair _____³ regarde les films de science-fiction à _____⁴ télévision.

Elle aime _____⁵ librairies; elle déteste les _____!⁶ À l'Université de Montréal, elle étudie _____⁷ français et la francophonie. Après, elle a l'intention d'étudier le _____.⁸

Gros bisous,

Sophie

Flash-culture

Reread the Flash boxes in your text, then complete the following sentences.

1. Le Quartier latin, c'est le territoire des _____.

2. C'est le quartier des _____, des _____, et des _____.

3. C'est aussi le quartier des _____ pour PETITS budgets!

4. Les _____ francophones sont les descendants des colons _____.

5. En 1759, le Québec s'appelait (*was called*) la « _____ ».

6. Les Québécois francophones s'expriment en _____, bien sûr!

Sophie à l'appareil!

Salut, Guillaume! Today Sophie calls an old friend, Guillaume, who is visiting from **la Suisse romande** (the French-speaking area of Switzerland). What do they chat about? Listen carefully as many times as you need to, then indicate whether each statement is true (**vrai, V**) or false (**faux, F**).

Vocabulaire utile: l'écrivain   *writer*
quatre-vingt-dix   *ninety*

1. V   F   Guillaume aime ses (*his*) cours à l'Université de Genève.
2. V   F   Il est étudiant en philosophie.
3. V   F   Sophie téléphone pour parler de (*about*) cinéma.
4. V   F   Guillaume étudie Calvin.
5. V   F   Calvin est un grand écrivain de langue anglaise.
6. V   F   En Suisse romande et en Belgique, *quatre-vingt-dix*, c'est *nonante*.

Prononciation

La liaison. In French, liaison refers to the linking of two words when a normally silent final consonant is pronounced before a vowel or mute **h**. This often takes place following plural articles (**les, des**) and plural subject pronouns (**nous, vous, ils, elles**). (You will learn about subject pronouns in the next **Leçon**.) For example: **les**, but **les amis; elles**, but **elles habitent**.[1]

Répétez les expressions suivantes. Vous les entendrez deux fois. (*Repeat the following expressions. You will hear them twice.*)

1. les histoires bizarres
2. des amis agréables
3. vous habitez
4. elles aiment
5. ils étudient
6. nous arrivons

Groupes rythmiques (*Breath groups*). In French, as a sentence is said, each group of words linked by meaning is pronounced as if it were a single, long word. There is a slight stress on the final syllable. In the following exercise, the + symbol indicates the end of a breath group.

Répétez les phrases suivantes. Vous les entendrez deux fois.

1. J'ai un ami. +
2. J'ai un ami + fidèle. +
3. J'ai un ami + fidèle et sympa. +
4. J'ai un ami + fidèle et sympa + qui habite ici. +
5. J'ai un ami + fidèle et sympa + qui habite ici, + à Paris. +

---

[1] The linking symbol is *not* part of French writing; it appears in this exercise only to guide you.

Name _____ Date _____ Class _____

LEÇON 3: STRUCTURES

Subject Pronouns and -er Verbs
Expressing Actions

A. **Samedi soir à la résidence universitaire.** Describe what the following people are doing, using the verbs listed below.

Léa _____¹ français avec Charles. Les deux amis _____² un film à la télévision et _____³ des bonbons. Caroline et Stéphanie _____⁴ Marie, qui (*who*) _____⁵ son baladeur (*Walkman*) dans un coin (*corner*). Roger _____⁶ sur le sofa. Je _____⁷ à un ami. Une femme _____⁸ à la réception (*desk*).

chercher
écouter
manger
parler
regarder
rêver
téléphoner
travailler

B. **Pensées variées.** Complete the paragraphs using the verbs listed below.

Les touristes en France _____¹ les monuments, _____² les guides, _____³ quelquefois français, _____⁴ dans les Alpes, et _____⁵ dans les cabarets de Paris.

danser
écouter
parler
visiter
skier

Le week-end à l'université nous _____⁶ rarement. Nous _____⁷ donner des soirées (*parties*). Nous _____⁸ des disques, nous _____⁹ quelquefois. Nous _____¹⁰ de nouveaux (*new*) amis.

aimer mieux
danser
écouter
travailler
trouver

Leçon 3: Structures **25**

En cours j'_____¹¹ souvent la discussion, mais quelquefois je _____¹² ou je _____¹³ par (*out*) la fenêtre. Voilà pourquoi je _____¹⁴ les cours en amphithéâtre. J'_____¹⁵ les petites salles de classe intimes.

aimer mieux
détester
écouter
regarder
rêver

C. Goûts et habitudes (*Tastes and habits*). Tell about yourself, using the following expressions.

MODÈLE: aimer beaucoup →
J'aime beaucoup les disques de Cheryl Crowe (le café, les librairies).

1. détester
   _____

2. écouter souvent
   _____

3. regarder de temps en temps
   _____

4. manger toujours
   _____

5. habiter
   _____

6. étudier quelquefois
   _____

D. Une soirée (*evening*) **à la cité-U.** The three students in the drawing major in different subjects. Listen to their comments, then circle the name of the person who is probably speaking. You will hear each comment twice.

1.	Chantal	Arlette	Marie-France
2.	Chantal	Arlette	Marie-France
3.	Chantal	Arlette	Marie-France
4.	Chantal	Arlette	Marie-France
5.	Chantal	Arlette	Marie-France

Name _____ Date _____ Class _____

E. À la cité-U. A group of students is watching a soccer game on TV when one of them decides to take an informal poll. Here's his question: **D'habitude, le soir** (*in the evening*), **tu regardes la télé?** Listen to the conversation as many times as necessary, and complete the following passage.

XAVIER: D'habitude, le soir, tu regardes la télé?
FRANÇOISE: Oh oui, _____¹ très souvent des matchs de sport.
CHANTAL: Non, normalement le soir _____² au café.
JEAN-PAUL: Moi, _____³ les maths avec Françoise.
RAOUL: Chantal et moi, _____⁴ des disques de jazz.
MARIE-FRANCE: Moi, j'aime mieux _____⁵ des fêtes (*parties*).

Les réponses se trouvent en appendice.

Negation Using *ne... pas*
Expressing Disagreement

A. C'est exact? Rewrite in the negative only the sentences that are not true.

1. Les éléphants parlent français. _____

2. On danse à la bibliothèque. _____

3. On étudie à la librairie. _____

4. Je parle anglais. _____

5. Les étudiants adorent les examens. _____

6. Nous écoutons la radio en classe. _____

7. Maintenant je regarde un exercice de français. _____

8. J'habite un appartement. _____

✶ **B. Réactions.** Compare your tastes with those of people you know. (**Mon, ma,** or **mes** = *my*.)

Suggestions for topics: la musique punk, le base-ball, la biologie, MTV, la musique classique, le chocolat, la politique, les films français, la télévision, le travail

MODÈLE: Je n'aime pas la musique punk, mais mes camarades Jacques-Olivier et Laurent trouvent le punk super.

1. Je _____
   mais mon ami(e) (*give name*) _____

Leçon 3: Structures   27

2. Ma mère (Mon père) _____

   et moi, je _____

3. Mes camarades de classe _____

   _____

   mais moi, je _____

4. Mes professeurs _____

   mais moi, je _____

C. Le profil de Bernard. Bernard is somewhat opinionated. First, listen once or twice to what he says about himself. Check off his likes and dislikes.

	AIME	N'AIME PAS
1. le ski?	✓	
2. danser?		✓
3. la radio?		
4. les voyages?		
5. le camping?		
6. la psychologie?		
7. les maths?		

D. Test psychologique. Answer the following questions about your habits. You will hear a possible response.

Vous entendez: Tu aimes travailler à la bibliothèque?
Vous dites: Non, je n'aime pas travailler à la bibliothèque.

Vous entendez: Tu travailles généralement à la maison (*at home*)?
Vous dites: Oui, je travaille généralement à la maison.

1. ... 2. ... 3. ... 4. ... 5. ...

28   Chapitre 2

Name _____ Date _____ Class _____

LEÇON 4: PERSPECTIVES

Faire le bilan

> **Faire le bilan** (*Taking stock*) is an end-of-chapter review section that appears in **Leçon 4** of **Chapitres 2–16** of your Workbook/Laboratory Manual. These written activities combine the vocabulary and structures from the first three **Leçons** of the chapter you are currently studying. You will find them useful for monitoring your own progress and preparing for chapter tests.

A. Associations. Give the general word from the chapter vocabulary that includes all the items listed.

Mots possibles: femmes, hommes, amis, villes, sports, matières, lieux

   MODÈLE: La littérature, l'histoire, la biologie, la chimie sont des ___matières___.

1. Paris, Tunis, Montréal, Dakar sont des _____
2. La jungle, la montagne, la ville, la maison, la librairie sont des _____
3. Bill Clinton, Denzel Washington, Andy Garcia, Philippe Candeloro sont des _____
4. Surya Bonaly, Glenn Close, Isabelle Adjani, Mère Thérèse sont des _____
5. Le tennis, le golf, le volley-ball, le basket-ball sont des _____
6. Calvin et Hobbes, Snoopy et Woodstock sont des _____

B. Un cours intéressant? Use the information in the drawing to fill in the blanks.

1. Il y a _____ étudiants dans la _____ de classe.
2. C'est _____ cours d'_____.
3. Il y a un _____ qui (*who*) déteste _____ et les examens.
4. Une étudiante _____ un stylo dans son sac.
5. Il y a deux étudiants qui _____ de voyager.

Leçon 4: Perspectives   29

6. _____ jeune femme à la porte est _____ étudiante.

7. Le professeur _____ un cahier à cette (*this*) personne.

8. Les étudiants _____ le professeur.

✱ C. **Et vous?** Answer according to your own opinions and elaborate as much as you can.

1. Vous habitez un appartement, une maison (*a house*) ou la cité universitaire? _____
   _____

2. Préférez-vous la musique classique ou la musique moderne? _____
   _____

3. Vous aimez mieux le café ou le Coca-Cola? _____
   _____

4. Aimez-vous mieux regarder une cassette vidéo ou aller (*go*) au cinéma? _____
   _____

5. En général, aimez-vous étudier? _____
   _____

6. Vous étudiez le français avec ou sans (*without*) dictionnaire? _____
   _____

 À l'écoute!

À l'université. What is on the program today at the University of Nice? You will hear an announcement about a special event. Listen carefully as many times as you need to, then complete the sentences you see on the following page.

Vocabulaire utile: l'après-midi   *afternoon*
                         la conférence   *lecture*

Name _____ Date _____ Class _____

1. Nous sommes ____.
   - ☐ jeudi
   - ☐ vendredi

2. Rendez-vous mardi après-midi ____.
   - ☐ à la bibliothèque
   - ☐ à l'amphithéâtre

3. Le sujet de la conférence est ____.
   - ☐ « L'informatique et la linguistique »
   - ☐ « Les mathématiques et la philosophie »

4. Le professeur Dauxois est ____.
   - ☐ canadien
   - ☐ français

5. Il est professeur à l'Université de ____.
   - ☐ Tunis
   - ☐ Genève

Par écrit

> **Par écrit** is a writing activity that appears in **Leçon 4** of **Chapitres 2–16** of your Workbook/Laboratory Manual. It includes a general purpose, audience, and goal, along with guidelines to help you organize your thoughts and polish your writing. Be sure to read through the suggested steps *before* you start writing: they will help you to write with greater ease and efficiency. And try not to rely on the dictionary as you write: the **Par écrit** activities require only vocabulary and structures that you have already studied.

Purpose: Describing (yourself or another person)

Audience: A friend or classmate

Goal: A two-paragraph character sketch

Use the following questions as a guide, and add any relevant information you can.

PARAGRAPH 1, TOPIC SENTENCE: Je me présente.

1. Comment vous appelez-vous?   2. Vous habitez la cité universitaire? dans un appartement? dans une maison (*house*)?   3. Qu'est-ce que vous étudiez?   4. Vous aimez les cours à l'université?   5. Vous aimez (adorez, détestez) le français?

PARAGRAPH 2, TOPIC SENTENCE: J'aime faire beaucoup de choses. (J'aime la vie active, *ou* J'aime la vie tranquille.)

1. Vous aimez les distractions? le sport?   2. Vous regardez la télévision? Vous écoutez la radio?   3. Vous aimez la world music? le jazz? le rock?   4. Qu'est-ce que vous aimez faire avec des amis?   5. Vous aimez discuter au café? flâner (*stroll*) sur le campus? explorer les bibliothèques ?

Steps

1. The first time you read the questions, jot down brief notes in response. Then, when you begin your first draft, expand these into complete sentences.

2. Organize your work into two paragraphs using the suggested topic sentences.

3. Check the first draft for general flow, adding any interesting details that come to mind.

4. Have a classmate read your work and share his or her overall reaction.

5. Prepare your final draft, taking into account your classmate's most germane suggestions. Do a last check for spelling (including accents), punctuation, and grammar. Pay particular attention to verb forms.

Journal intime (*Personal diary*) is a special feature of your Workbook/Laboratory Manual: a forum for you to write freely in French about your own experiences, using the vocabulary and structures you are currently studying, but *without* worrying about making mistakes. You may want to set aside a special notebook to use as your **Journal intime**. Your instructor may read your diary entries and react to them from time to time, but will probably not give them a grade. By the end of the year, you will find you are writing French with ease, and your **Journal** will be a wonderful record of your progress.

Journal intime

Include at least the following information in today's entry:
- Your name: **Je m'appelle**...
- What pastimes you like and don't like, in general
- What subjects you are studying, and your opinion of each one: **J'aime (Je n'aime pas)**...

Limit yourself to the expressions you have learned so far. You do not need to use a dictionary.

> MODÈLE: Je m'appelle Marc. J'aime beaucoup la musique... Je déteste la télévision...

Name _____ Date _____ Class _____

Descriptions

CHAPITRE 3

LEÇON 1: PAROLES

Quatre personnalités différentes

A. Les clichés. Match the adjectives and nouns to create frequently heard combinations.

Suggested adjectives: sérieux, excentrique, drôle, individualiste, idéaliste, calme, hypocrite, dynamique, timide, sociable, raisonnable

MODÈLE: un juge (*judge*) → un juge raisonnable

1. un artiste _____
2. un professeur _____
3. une musicienne _____
4. une grand-mère _____
5. un comique _____
6. une petite fille _____
7. une écologiste _____
8. un sénateur _____
9. un poète _____
10. un homme politique _____

B. Un nouveau job. Gérard Leclerc is looking for a job. You will hear him describe himself. As you listen, check off his characteristics on the chart. Listen as many times as you need to.

intelligent	✓	dynamique	____
sincère	____	enthousiaste	____
ambitieux	____	difficile	____
pas paresseux	____	raisonnable	____
sensible	____	égoïste	____

Les vêtements

*★ **A. La mode et les saisons.** Next to each of the months listed on the following page, write down three pieces of clothing you typically wear during that season.

avril	1.	
	2.	
	3.	
juin	1.	
	2.	
	3.	
septembre	1.	
	2.	
	3.	
décembre	1.	
	2.	
	3.	

✳ **B. Parlons de mode.** What are appropriate garments for these people and situations?

MODÈLE: À la plage (*beach*), on porte un maillot de bain, des sandales, et un chapeau.

1. Une femme d'affaires (*businesswoman*) porte _____
2. Un homme qui cherche du travail porte _____
3. Les adolescents portent aujourd'hui _____
4. Pour skier, on porte _____
5. Pour jouer au tennis, on porte _____

C. Étudiants typiques. This afternoon, Suzanne is going to the university and Jean-Paul is going to the rec center. Listen to a description of what each is wearing, 🛑 and quickly sketch the clothing described on the figures below. Listen as many times as you need to.

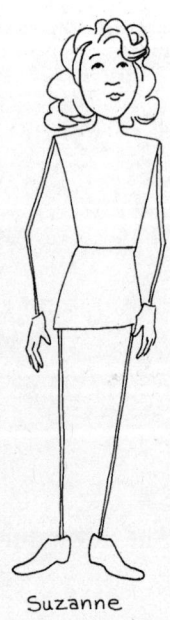
Suzanne

Jean-Paul

Regardez Suzanne.

1. ... 2. ... 3. ... 4. ...

Maintenant, regardez Jean-Paul.

1. ... 2. ... 3. ... 4. ...

Les réponses se trouvent en appendice.

Christine, Michel et la voiture

A. Où se trouvent-ils (*Where are they*)? Where are Christine and Michel? Complete the sentences according to what you see.

1.

   Michel est (sur / sous) le banc. Il attend Christine.

2.

   Christine arrive. Elle est (dans / devant) la voiture.

3.

   Michel est (sur / devant) la voiture.

4.

   Christine est (à côté de / dans) la voiture. Michel est (derrière / sur) la voiture.

5.

   Michel pousse la voiture. Il est (derrière / dans) la voiture.

6.

   Christine est (sous / sur) la voiture. Elle est par terre.

Leçon 1: Paroles

B. En cours. Use the groups of words below to create statements about this drawing. Then label the four people.

livre / sur / bureau
question / sous / réponse
professeur / derrière / table
Marc / côté / table
Thierry / côté / porte
Paul / devant / tableau

MODÈLE: Marc est à côté de la table.

1. _____
2. _____
3. _____
4. _____
5. _____

C. Où sont les hamsters de Dorothée? Listen to the following questions, then describe where Dorothée's hamsters are.

Expressions utiles: à côté de, sur, dans, derrière, devant, sous

Vous entendez: Anatole est dans la cage?
Vous dites: Non, Anatole est sur la cage.

1. ... 2. ... 3. ... 4. ... 5. ...

LEÇON 2: STRUCTURES

The Verb *être*
Identifying People and Things

A. Les nouveaux amis. Naomi is meeting and greeting new students at the International House. Complete her sentences according to the example.

   MODÈLE: Voici Marc, un étudiant en langues étrangères; il ____est____ libanais.

1. Et voici Zoé et Gabrielle, deux étudiantes en philosophie; elles _____ françaises.

2. Ako, tu _____ étudiante en économie?

3. Moi, je _____ étudiante en mathématiques.

4. Ma copine (*roommate*) Rosa et moi, nous ne _____ pas très ordonnées (*tidy*)!

5. Joël et Sammy, vous _____ étudiants en informatique?

6. Voici Lourdes, une étudiante en droit; elle _____ québécoise.

STUDY HINTS: LEARNING GRAMMAR

Learning grammar is important, but this alone will not make it possible for you to *communicate* in French. To acquire a meaningful command of French using *Vis-à-vis*, be sure to follow all of these steps:

- Start by *reading the grammar explanations*, paying close attention to the examples.

- The *brief dialogues* that introduce each point are very important, since they illustrate how the grammar is used in everyday communication. *Read through them* silently several times, and *repeat them* with a partner.

- Do the *exercises* in your text and Workbook/Laboratory Manual. When you are certain your answers are correct, *practice out loud* with a partner. Keep repeating until the answers "feel" natural to you.

- Working with a partner, use the new material to *talk about yourselves*. Use the exercises and brief dialogues as starting points, create your own variations, and chat freely. Always remember that learning grammar is only a means to a much more important end: communication.

- Learning a language is cumulative, so you will want to *create flash cards* and *review* material from previous chapters frequently. Just five to ten minutes a day of reviewing (rather than one long cram session each week) will bring you lasting confidence and success in communicating in French.

B. La famille de Déo. Complete Déo's description of his family using the appropriate forms of **être**.

Je _____¹ idéaliste. Maman _____² très sociable.

Je _____³ fier d'elle. Papa _____⁴ sportif. Mes parents

_____⁵ très sympathiques. Les amis de la famille trouvent que nous

_____⁶ drôles.

C. Mon ami Moussa. Moussa is studying in Grenoble. Complete the following sentences with **c'est, il est** ou **elle est**. (Reminder: **c'est** is usually followed by an article—**un, une, des, le, la, les,** etc.)

Voici Moussa. _____¹ d'Abidjan, en Côte-d'Ivoire. _____² étudiant en médecine.

_____³ un jeune homme travailleur. _____⁴ assez sérieux, mais _____⁵

aussi très sociable. Sa sœur s'appelle Fatima. _____⁶ aussi étudiante, mais en littérature.

_____⁷ un peu (*a little*) naïve parce qu' _____⁸ souvent idéaliste. Mais

_____⁹ une jeune femme intéressante.

According to these descriptions, who probably said the following, Moussa or Fatima?

10. Je n'aime pas du tout la biologie. _____
11. J'aime ma classe d'anatomie. _____
12. J'adore ma classe de linguistique. _____
13. Aujourd'hui tout le monde (*everybody*) trouve que les langues classiques sont utiles. _____
_____

D. Un étudiant typique. Listen to Nathalie's questions and give Alain's answers by referring to the drawing.

Vous entendez: Normalement, pour travailler, où es-tu?
Vous dites: Je suis dans ma chambre.

1. ... 2. ... 3. ... 4. ... 5. ...

E. On ne voit pas bien! Maurice doesn't see very well. Listen to his observations and correct what he says based on what you see below.

Vous entendez: C'est une limonade?
Vous dites: Non, ce n'est pas une limonade. Ce sont des Coca-Cola!

1.
2.
3.
4.
5.

Descriptive Adjectives
Describing People and Things

A. Quelle nationalité? Complete the following descriptions with adjectives of nationality (See **Chapitre 1**).

MODÈLE: Harrison Ford et Tom Hanks sont des acteurs ___américains___.

1. Paris est une ville _____

2. Une Ford est une voiture _____

3. Shakespeare et Charles Dickens sont des écrivains _____

4. Rabat et Casablanca sont deux villes _____

5. Gérard Depardieu est un acteur _____

6. Dakar est une ville _____

B. Amis semblables (*alike*). Anne is describing some friends of hers. In each case, you know people with similar qualities. Respond as in the example.

MODÈLE: Loïc est sportif. (Léa) → Léa, aussi, elle est sportive.

1. Robert et Joël sont gentils. (Evelyne)

_____

Leçon 2: Structures

2. Marguerite est très fière. (Paul et Guillaume)

   _____

3. Kofti est beau. (Abena)

   _____

4. Léa et Suzanne sont assez naïves. (Charles)

   _____

5. Mon chat (*cat*) Chouchou est paresseux. (Ma chatte [*cat, f.*] Béatrice)

   _____

6. Paolo et Vittorio sont intellectuels. (Catherine et Alma)

   _____

C. C'est Simone! A reporter has made a mistake. The following story should be about Simone, a young woman, not Simon. Finish the editor's rewrite, making the necessary corrections.

Simon n'hésite pas (*isn't hesitating*). C'est un étudiant courageux et ambitieux. Grâce à une bourse (*scholarship*) généreuse, il quitte la France mardi pour aller étudier à New York. Simon est travailleur et aventureux. C'est un jeune homme sérieux qui va profiter réellement de cette expérience.

Simone n'hésite pas. C'est une _____

_____

_____

_____

_____

_____

D. La palette de l'artiste. What do you get by mixing (or separating!) these colors?

   MODÈLE: rouge + blanc = rose

1. bleu + jaune = _____

2. noir + blanc = _____

3. rouge + jaune = _____

4. bleu + rouge = _____

5. rouge + vert = _____

6. orange – jaune = _____

Name _____ Date _____ Class _____

E. De quelle couleur sont-ils? What color are the following objects?

1. le drapeau américain

_____

2. le soleil

_____

3. le chat

_____

4. la plante

_____

F. Votre tempérament. Describe yourself by answering the following questions about your personality. Use **assez** (*rather*) or **très** (*very*) with the adjective. Each question is followed by a pause for your personal answer.

> Use feminine or masculine endings in your answers, as appropriate.

Vous entendez: Vous êtes idéaliste ou réaliste?
Vous dites: Je suis assez idéaliste. *ou* Je suis très idéaliste.

1 ...   2. ...   3. ...   4. ...   5. ...

G. Maryse et Benoît. How are they different? Answer the questions based on what you see.

Vous entendez: Maryse est individualiste. Et Benoît?
Vous dites: Benoît n'est pas individualiste.

1. ...   2. ...   3. ...   4. ...   5. ...   6. ...

Leçon 2: Structures   41

H. Une amie indispensable. Robert and Michel are talking about someone in Michel's math class. Listen once or twice to what they say. Then do the following exercise.

Robert est curieux. Il y a une étudiante intéressante dans le cours de maths de Michel…

Now listen to each of the following statements, then indicate whether each statement is true (**vrai, V**) or false (**faux, F**).

1. V   F   La nouvelle amie de Michel est française.

2. V   F   Elle n'est pas sportive.

3. V   F   Selon Michel, cette étudiante américaine est extraordinaire.

4. V   F   Elle est très bonne en maths.

5. V   F   En cours, Michel n'aime pas être à côté d'Elizabeth.

Name _____ Date _____ Class _____

CORRESPONDANCE

Carte postale

Read through the postcard once or twice, then complete it using the following expressions: **adore, c'est, dynamique, est, jean, par terre, rêve, sac à dos.**

CARTE POSTALE

Chère Caroline,

J' _____¹ ma jeune fille au pair. Elle _____² enthousiaste au travail. Elle est _____³ et sincère. Optimiste avec tout ça, elle _____⁴ d'être avocate à Hollywood!

Mais pour le moment, elle est toujours en _____⁵ ou en mini-jupe, avec un énorme _____.⁶ Dans sa chambre: des livres et des bottes _____.⁷ Du désordre! _____⁸ peut-être un signe de génie?

Ta sœur qui t'aime,

Sophie

Flash-culture

Reread the Flash boxes in your text, then create logical sentences using the elements in the two columns.

1. _____ La France compte
2. _____ En France, 58% des familles
3. _____ La France est la première
4. _____ Beaucoup de Québécois désirent
5. _____ Les indépendantistes sont répresentés
6. _____ Les fédéralistes sont

a. destination touristique du monde.
b. une force majeure au Québec.
c. 57,7 millions d'habitants.
d. par le Parti québécois et le Parti libéral.
e. possèdent un animal.
f. créer un état à majorité française.

🔊 Sophie à l'appareil!

Chez Valentin (*To Valentin's*)? Today Sophie calls her haircutter, Valentin, to try to set up an appointment. What do they finally settle on? Listen carefully as many times as you need to, then complete the following sentences. 🔊

Vocabulaire utile: occupé *busy*
être en congé *to be off, to have a day off*

1. Aujourd'hui c'est _____.

   ❏ lundi

   ❏ vendredi

Correspondance 43

2. Valentin est ____.

   ❏ occupé

   ❏ libre

3. La jeune fille au pair de Sophie est ____ demain.

   ❏ à Toronto

   ❏ en congé

4. Mercredi, Sophie doit (*must*) ____.

   ❏ travailler

   ❏ aller à Edmonton

5. Finalement, Sophie décide d'aller (*to go*) ____.

   ❏ chez Valentin tout de suite (*right away*)

   ❏ chez un autre coiffeur (*another haircutter*)

Prononciation

Les voyelles orales (*Oral vowels*). Some French vowel sounds are represented in the written language by a single letter. Others have a variety of spellings: the [o] sound, for example, can be spelled **o, au, eau, ô**. Practice recognizing and pronouncing some of the different vowel sounds, paying close attention to the highlighted letters.

Répétez les expressions suivantes. Vous les entendrez deux fois.

1. **a**mi / m**a**dame / cl**a**sse
2. **i**ci / d**î**ner / t**y**pique
3. **au**ssi / r**a**dio / b**eau**coup / dr**ô**le
4. **o**bjet / h**o**mme / sn**o**b
5. **u**niversité / r**u**e / fl**û**te
6. **é**couter / excus**ez** / cahi**er**
7. qu**e**stion / tr**è**s / **ê**tre / tr**ei**ze / **ai**mer
8. **Eu**rope / séri**eu**se / b**œu**fs
9. j**eu**ne / profess**eu**r / b**œu**f
10. courag**eu**x / **o**ù / c**oû**te

Les voyelles nasales (*Nasal vowels*). When the letter **n** or **m** follows a vowel or a combination of vowels, it frequently gives the vowel a nasal pronunciation. The **n** or **m** itself is not pronounced in these cases.

Répétez les expressions suivantes. Vous les entendrez deux fois.

1. **am**phithéâtre / **em**ployer / atte**n**dez / fra**n**çais / pl**an** / ce**n**tre
2. **on**ze / **on**cle / bo**n**jour / bo**n** / no**m**bre
3. **im**patient / **in**téressant / s**yn**thèse / s**ym**pathique / p**ein**tre / américa**in**

LEÇON 3: STRUCTURES

Yes / No Questions
Getting Information

A. Qui est-ce? You want to know more about Khaled, the new student in your biology course. Ask questions using **est-ce que**.

   MODÈLE: étudier la chimie → Est-ce que tu étudies la chimie?

1. être français _____

2. parler anglais _____

3. aimer les États-Unis _____

Now ask more questions, using inversion.

   MODÈLE: manger au restau-U → Manges-tu au restau-U?

4. aimer le jazz _____

5. être ordonné (*tidy*) _____

6. étudier aussi les maths _____

B. Une amie curieuse. Suzanne wants to know everything about the new couple next door. Write out the questions that make up her half of the conversation.

   MODÈLE: SUZANNE: _____S'appellent-ils Chevalier_____?
            ROLAND: Oui, ils s'appellent Paul et Marianne Chevalier.

1. SUZANNE: _____
   ROLAND: Oui, elle est française.

2. SUZANNE: _____
   ROLAND: Oui, c'est une amie de Mlle Duval.

3. SUZANNE: _____
   ROLAND: Oui, elle travaille à l'université.

4. SUZANNE: _____
   ROLAND: Oui, elle aime beaucoup le football américain.

5. SUZANNE: _____
   ROLAND: Non, il n'est pas français, il est canadien.

6. SUZANNE: _____
   ROLAND: Oui, il parle très bien français.

7. SUZANNE: _____
   ROLAND: Non, ils ne visitent pas souvent la France.

Leçon 3: Structures

C. Où (Where) sont-ils? Annick is looking for some friends and wonders if they are at their usual haunts. Use the expressions given to ask the questions she might, as in the example.

MODÈLE: Georges / à la bibliothèque → Georges est-il à la bibliothèque?

1. Salima / en boîte (*at the disco*)

   _____

2. Claire et Simone / à la librairie

   _____

3. M. Martin / avec Mlle Dupont

   _____

4. Naima (*f.*) / au restau-U

   _____

5. Philippe et Madeleine / à la cité-U

   _____

6. Henri / au café

   _____

D. Au Prisunic. Listen to these comments that you might overhear in a French department store. You will hear each one twice. Write the name of the person who probably said it, based on the drawings.

1. _____   4. _____

2. _____   5. _____

3. _____

E. La curiosité. You want to know more about your friend's new boyfriend, but she has not said much. Listen to each of these things you want to know, and ask her a direct question.

> Use questions with intonation or with **est-ce que.**

Vous entendez: Vous voulez savoir si (*You want to know whether*) Augustin est sympathique.
Vous dites: Il est sympathique, Augustin?
         ou Est-ce qu'Augustin est sympathique?

1. ... 2. ... 3. ... 4. ... 5. ...

The Prepositions *à* and *de*
Mentioning a Specific Place or Person

A. Départ. Mme Aubré's family is moving. She's writing a list of all the things that must be returned to their rightful owners before they leave.

   MODÈLE: le livre ___des___ Ratier

1. la radio _____ Mme Laporte
2. le dictionnaire _____ professeur de Robert
3. le livre _____ copine (*roommate, f.*) de Valérie
4. la flûte _____ amie de Kotfi
5. les disques _____ amis de Solange
6. les chaises _____ appartement de Robert

B. À ou de? Caption each pair of drawings, using **à** in one sentence and **de** in the other. (Remember the combined forms **au** and **du**.)

   MODÈLE: Pierre / arriver / court de tennis →

Pierre arrive au court de tennis.   Pierre arrive du court de tennis.

1. les jeunes filles / arriver / bibliothèque

_____   _____

2. la femme / parler / monsieur

 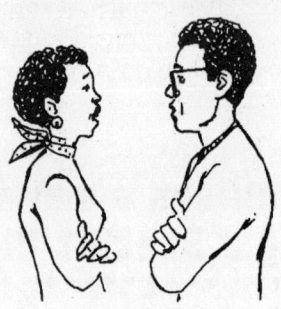

_____

_____

3. Claire / jouer / (basket-ball) (piano)

_____

_____

C. Une soirée tranquille. First, you will hear a description of this scene. Listen to it once or twice before you do the following exercise.

Now, answer the following questions according to the scene pictured.

Vous entendez: Où habitent les étudiants?
Vous dites: Ils habitent à la cité-U.

1. ... 2. ... 3. ... 4. ... 5. ...

Name _____ Date _____ Class _____

LEÇON 4: PERSPECTIVES

Faire le bilan

> **Faire le bilan** (*Taking stock*) is an end-of-chapter review section that appears in **Chapitres 2–16** of your Workbook/Laboratory Manual. These written activities combine the vocabulary and structures from the first three **Leçons** of the chapter you are currently studying. You will find them useful for monitoring your own progress and preparing for chapter tests.

✶ **A. Vos préférences.** For each piece of clothing, write a sentence giving your preference in color. Be careful to make adjectives and nouns agree.

MODÈLE: un chapeau → J'aime les chapeaux noirs.

1. un pantalon _____

2. une chemise _____

3. un short _____

4. des chaussettes _____

5. un manteau _____

6. des chaussures _____

7. des tennis _____

B. Enquête (*Investigation*). Use your boss's notes to write a list of questions to be asked in your investigation of industrial espionage. Use inversion and **est-ce que.**

MODÈLE: M. Baladur—parler italian? →
M. Baladur parle-t-il italien? Est-ce que M. Baladur parle italien?

1. les amis de M. Baladur—rêver de voyager?

_____

_____

Leçon 4: Perspectives **49**

2. M. Baladur—travailler beaucoup?
   _____
   _____

3. les employés de M. Baladur—détester Paris?
   _____
   _____

4. Mme Baladur—aimer danser?
   _____
   _____

5. les secrétaires de M. Baladur—chercher un autre travail?
   _____
   _____

✷ C. Le/La partenaire idéal(e). In some countries, marriages are arranged by parents. Write four *yes/no* questions that you would ask your parents about a prospective mate.

1. _____
   _____

2. _____
   _____

3. _____
   _____

4. _____
   _____

À l'écoute!

Anne-Marie Blanchard. Anne-Marie Blanchard, a young French-Canadian clothing designer, is being interviewed on the radio. Listen as many times as you need to, then indicate whether each statement you hear is true (**vrai, V**) or false (**faux, F**).

1. V F   Pour Anne-Marie, c'est le confort qui est le plus important.

2. V F   Elle déteste les friperies (*second-hand clothing stores*).

3. V F   Elle préfère le blanc et le jaune pour l'automne.

4. V F   Aujourd'hui, Anne-Marie porte un tailleur.

5. V F Elle porte aussi une cravate d'homme.

6. V F Elle aime beaucoup le noir.

Par écrit

> **Par écrit** is a writing activity that appears in **Leçon 4** of **Chapitres 2–16** of your Workbook/Laboratory Manual. It includes a general purpose, audience, and goal, along with guidelines to help you organize your thoughts and polish your writing. Be sure to read through the suggested steps *before* you start writing: they will help you to write with greater ease and efficiency. And try not to rely on the dictionary as you write: the **Par écrit** activities require only vocabulary and structures that you have already studied.

Purpose: Describing another person

Audience: Your instructor and classmates

Goal: A two-paragraph character sketch

PARAGRAPHE 1

Julie est une jeune fille individualiste. Elle habite Los Angeles. Elle aime parler de musique et de littérature. Elle n'aime pas parler de télévision. En général, elle porte un pull-over noir, un jean et des bottes noires.

PARAGRAPHE 2

Julie admire John Coltrane, Wynton Marsalis et Bobby McFerrin. Elle déteste Madonna. Elle adore jouer du piano et écouter la radio. Elle est sociable et optimiste. C'est une personne dynamique.

Steps

1. Make a list of questions that will elicit the same type of information as is given above: **Tu habites Cincinnati? Tu es excentrique? Tu aimes la musique?,** etc.

2. During the interview, jot down the answers in abbreviated form.

3. Next, circle the responses you want to include in your composition. Start writing, adding additional descriptions whenever possible. Use the model as a guide, but try to write in your own personal style.

4. Have a classmate check your work and share his or her overall reaction.

5. Prepare your final draft, taking into account your classmate's most germane suggestions.

Do a last check for spelling, punctuation, and grammar, paying particular attention to adjectives and to the prepositions **à** and **de**.

Journal intime

Write about yourself. Be sure to use complete sentences. Include the following information:

- How would you describe yourself as a person? (**Je suis…**) As a student? Review the adjectives in the chapter if you need to.
- What kinds of clothing do you like to wear? What colors do you prefer (**aimer mieux**)?

Name _____ Date _____ Class _____

À LA MAISON

LEÇON 1: PAROLES

Deux chambres d'étudiants

A. La chambre est en ordre. Circle the logical word or expression.

MODÈLE: Les livres sont (sur) / *sous* le bureau.

1. Il y a des vêtements *dans / sur* la commode.
2. Les livres sur l'étagère sont *à côté des / derrière les* revues.
3. Il y a une lampe et un réveil *sur / sous* la table de nuit (*night*).
4. Le miroir est sur *le mur / le canapé*.
5. Il y a des chapeaux dans *l'armoire / le lit*.
6. Il y a une chaîne stéréo sur *le tapis / la commode*.
7. Les rideaux sont devant *la chaise / la fenêtre*.
8. Les affiches sont sur *le mur / le tapis*.
9. Les disques compacts sont à côté *de la lampe / de la platine laser*.
10. Le papier est dans *le bureau / le lavabo*.

✻ **B. Ma chambre à moi!** Describe your room.

MODÈLE: Sur la table il y a… →
Sur la table il y a des magazines et des fruits.

1. Sur le bureau il y a _____
   _____

2. A côté de la porte il y a _____
   _____

3. Sur les étagères il y a _____
   _____

4. Dans la commode il y a _____
   _____

5. Sous le lit il y a _____

6. Les livres sont _____

✳ C. On est bien chez soi! Give a brief, personal answer.

1. Combien d'étagères y a-t-il dans votre chambre? _____

2. Avez-vous des appareils pour écouter de la musique? Lesquels (*Which ones*)? _____

3. Quels autres meubles avez-vous dans votre chambre? _____

4. Quels sont les objets essentiels que vous n'avez pas? _____

D. Un nouveau décor. You are listening to someone describe the decoration of her room. Sketch the items she mentions in their proper place. You will hear each sentence of the description twice.

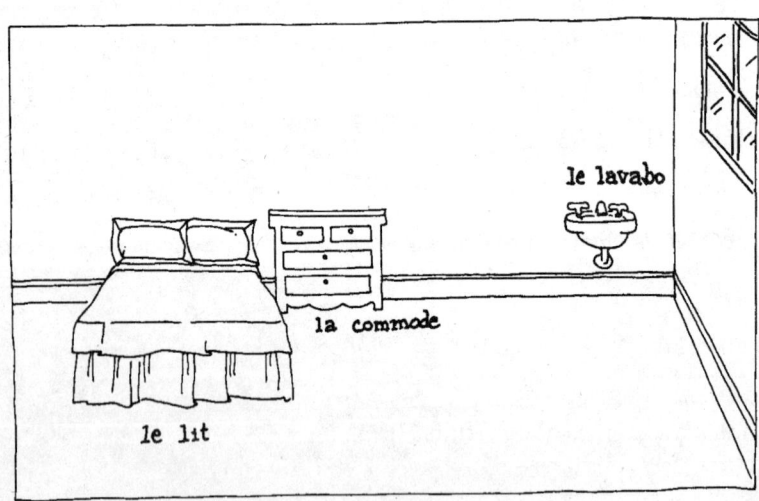

1. … 2. … 3. … 4. … 5. … 6. …

Les réponses se trouvent en appendice.

✳ In your opinion, what is still missing from this room? Write your answer below in French.

Dans cette chambre, il n'y a pas de…

_____

Name _____ Date _____ Class _____

Les amis d'Agnès et de Céline

A. **Qui est qui?** Match each person with a description.

1. _____ Elle est rousse et dynamique.
2. _____ Il est grand avec les cheveux noirs et les yeux noirs. Il est sportif!
3. _____ Il est grand avec les cheveux roux et les yeux bleus.
4. _____ Elle est de taille moyenne et elle a les cheveux blonds et les yeux marron.
5. _____ Il est très petit et très drôle. Il joue dans plusieurs films.

a. Michael Jordan
b. David Caruso
c. Bette Midler
d. Catherine Deneuve
e. Danny DeVito

B. **L'aspect physique.** Here are three students. Listen to the questions about them, and give answers based on the drawing.

Vous entendez: Qui a (*has*) les cheveux blonds?
Vous dites: Caroline a les cheveux blonds.

1. … 2. … 3. … 4. … 5. …

Quelle est la date d'aujourd'hui?

A. **Les belles fêtes!** Write out the following dates, then match them with the corresponding holidays.

MODÈLE: 17/3 → le dix-sept mars → la Saint-Patrick

Fêtes: le Nouvel An, la fête du travail, l'anniversaire de George Washington, Noël, la fête de l'indépendance, la fête des anciens combattants (l'Armistice), la Saint-Valentin

1. 25/12 _____ _____
2. 4/7 _____ _____
3. 1/1 _____ _____
4. 14/2 _____ _____
5. 5/9 _____ _____
6. 20/2 _____ _____
7. 11/11 _____ _____

Leçon 1: Paroles

B. Fêtes en Amérique. What day is it? Look at the drawings, listen to the comments, and react to each error by giving the correct date. (Listen for general information; don't worry about understanding every word.)

Expressions utiles:	janvier	avril	juillet	octobre
	février	mai	août	novembre
	mars	juin	septembre	décembre

Vous entendez: Attention! On te fait une blague (*is playing a trick*).
—Nous sommes en juin, n'est-ce pas?
Vous dites: Non, nous sommes en avril! C'est le premier avril.

1.    2.    3.

4.    5.    6.

C. Comment es-tu? You have been asked to describe yourself. Listen to the following questions and answer them, after listening to the responses of two other students. There will be a pause for your personal answer.

Vous entendez: Tu écoutes beaucoup de CD?
—Oui, j'écoute beaucoup de CD.
—Non, moi j'écoute très peu de CD. Et toi?

1. ... 2. ... 3. ... 4. ... 5. ...

Name _____ Date _____ Class _____

LEÇON 2: STRUCTURES

Verbs Ending in *-ir*
Expressing Actions

STUDY HINTS: LEARNING NEW VERBS

- Be sure to learn a *complete* conjugation (pronoun followed by stem + ending) for any new group of verbs and for all irregular verbs.

- Your different senses reinforce each other, so practice *saying, writing, reading*, and *hearing* all new verb forms. (Working with a partner helps!)

- Once you feel confident of the forms, ask and answer simple questions with a partner. Touch on each new verb at least once.

- Always learn the meaning of a new verb *in context*. Write out a brief, original sentence of your own illustrating its meaning: **Je réfléchis aux questions.**

- Whenever possible, break up your studying into several short periods rather than one major cram session. You will feel fresher, learn more quickly, and retain more.

A. **Ah, les verbes!** Fill in the chart with the appropriate verb forms.

	AGIR	RÉUSSIR
les femmes		*réussissent*
je		
Jean et moi	*agissons*	
tu		
vous		
une personne travailleuse		

B. **Situations.** Read the two paragraphs, then complete them using the verbs on the right.

Prudent ou impulsif? J'ai (*I have*) des amis qui (*who*) _____¹ avant d'agir. Moi, par contre, je suis un impulsif: j'_____² souvent sans (*without*) réfléchir. Et je _____³ quelquefois le mauvais chemin (*wrong path*). Mais je _____⁴ en général par être content de mon choix.

agir
choisir
finir
réfléchir

Des cinéphiles. Mes amis et moi sommes passionnés de cinéma. Le vendredi, nous regardons les critiques de films récents et nous _____.⁵ Nous _____⁶ quatre ou cinq films intéressants et ensuite on vote: on _____⁷ un film pour vendredi soir. Après le film, nous _____⁸ souvent par discuter nos réactions au café.

choisir
finir
réfléchir

C. **Une vie nouvelle.** Arthur and Mireille are looking for new jobs. Listen to Mireille and write in the missing verbs. Listen as many times as you need to.

En ce moment, Arthur et moi nous _____¹ de nouveaux postes (*jobs*). Nous _____² beaucoup aux choix possibles. Chez nous, on est raisonnable, on n'_____³ pas avec précipitation. Mais point de vue travail, nous _____⁴ assez le risque et les voyages. Nous ne voulons (*want*) pas _____⁵ par trouver une situation médiocre. Ce n'est pas comme ça qu'on _____⁶ sa vie. Nous, nous _____⁷ une vie moins tranquille.

C'est pourquoi, en mars, nous partons pour le Sénégal…

Les réponses se trouvent en appendice.

D. **La décision d'Arthur et de Mireille.** Now listen to the following questions and answer them as if you were Arthur.

Vous entendez: Mireille et toi, vous cherchez de nouveaux appartements ou de nouveaux postes?
Vous dites: Nous cherchons de nouveaux postes.

1. … 2. … 3. … 4. …

The Verb *avoir*
Expressing Possession and Sensations

A. **Voici Véronique!** What is she like? Add **est** or **a** to complete the description.

MODÈLES: Elle __a__ chaud en classe.
Elle n'__est__ pas timide.

58 Chapitre 4

1. Elle n'_____ pas souvent paresseuse.
2. Elle _____ froid au cinéma.
3. Elle _____ une chambre agréable.
4. Elle n'_____ pas très sportive.
5. Elle _____ besoin de travailler.
6. Elle _____ gentille.
7. Elle _____ de Nîmes.
8. Elle _____ souvent sommeil.
9. Elle _____ toujours raison.
10. Elle _____ l'air optimiste.
11. Elle _____ maintenant vingt ans.
12. Elle _____ en cours avec nous.

B. Réactions. What is the typical reaction?

1. _____ Vous oubliez (*forget*) l'examen d'aujourd'hui.
2. _____ Il y a une orange devant vous.
3. _____ Vous êtes en Bretagne en décembre.
4. _____ Vous travaillez tout le week-end.
5. _____ Vous écoutez du rock.
6. _____ Vous avez un examen dans 90 minutes.
7. _____ Vous êtes à la Martinique en juin.
8. _____ Vous avez un A à l'examen sans étudier.
9. _____ Il y a un Coca-Cola devant vous.

a. Vous avez froid.
b. Vous avez sommeil.
c. Vous avez faim.
d. Vous avez de la chance.
e. Vous avez honte.
f. Vous avez besoin d'étudier.
g. Vous avez envie de danser.
h. Vous avez soif.
i. Vous avez chaud.

C. Conséquences. Write a caption for each of these scenes using an expression with **avoir**.

1. J'explique que cinq fois cinq font trente-cinq. J'_____.

2. Nous sommes au casino de Monte Carlo; voilà 100 000 francs pour nous!

   Nous _____.

Leçon 2: Structures

3. C'est l'anniversaire (*birthday*) d'Anne. Elle _____.

4. Pauvre (*Poor*) monsieur! Il _____ chien.

5. Voici Léa. Elle _____ avec le professeur au restau-U.

D. Une vie satisfaisante. Marie-Claude is describing her life to an old friend. Look at the list below. Then, as you listen, check off the items that she says are part of her life.

_____ un petit studio   _____ un ordinateur (*computer*)

_____ une villa magnifique à Monaco   _____ de bons amis

_____ une camarade de chambre   _____ des cours intéressants

_____ un canapé confortable   _____ des cours d'art

_____ un magnétoscope (*VCR*)   _____ des profs intéressants

E. Réactions logiques. What might you say in these situations?

Expressions utiles: avoir… besoin d'étudier, de la chance, faim, froid, honte, raison, sommeil

Vous entendez: Vous étudiez beaucoup et vous êtes fatigué(e).
Vous dites: J'ai sommeil!

1. … 2. … 3. … 4. … 5. … 6. …

CORRESPONDANCE

Carte postale

Complete the postcard using the following expressions: **ai, besoin, chère, commode, étagère, réfléchis, réussis, sympa.**

CARTE POSTALE

_____¹ Sophie,

Je n'ai pas _____² d'une platine laser. J'ai besoin de place! Mais il faut choisir: si je suis seule, c'est une chambre, un lit, une _____,³ un bureau. Et une _____⁴ pour mes livres de médecine! Alors, je _____.⁵ Si je _____⁶ à trouver une copine _____,⁷ nous louons un petit appartement ensemble. J'_____⁸ rendez-vous avec quelqu'un jeudi. Ciao!

Bisous,

Caroline

Flash-culture

Reread the Flash boxes in your text, then decide whether the statements apply to Paris or Montreal.

1. Paris   Montréal   C'est l'ancienne Ville-Marie.
2. Paris   Montréal   C'est la ville du Centre Pompidou.
3. Paris   Montréal   On peut (*can*) visiter la tour Eiffel et l'Arc de Triomphe.
4. Paris   Montréal   On entre dans un bar et on choisit un « breuvage ».
5. Paris   Montréal   C'est une ville qui compte 1 million d'habitants.
6. Paris   Montréal   On s'étonne des (*marvels at*) lignes futuristes de la grande arche de La Défense.

Sophie à l'appareil!

Au revoir, Sophie! The last time we hear Sophie, she gets a call from Nessim, an old friend, who tells her about the visit of their common friend Chantal. What is Chantal like? And Nessim's place? Listen carefully, as many times as you need to. Then check off the characteristics that most closely describe Chantal and the apartment where Nessim lives.

A. Chantal…

- ❏ est blonde
- ❏ a les yeux verts
- ❏ a toujours soif
- ❏ a toujours froid
- ❏ porte des pulls en août
- ❏ adore l'hiver

B. L'appartement de Nessim…

- ❏ donne sur (*looks over*) les chutes du Niagara
- ❏ est dans le vieux Québec
- ❏ a une chambre d'amis
- ❏ n'a pas de téléphone
- ❏ est un petit studio
- ❏ est en ordre

Prononciation

Les accents. In French, some accent marks do not influence pronunciation. The **accent grave** (`) on **a** and **u**, for example, is used to distinguish words spelled alike but having different meanings: **la** (*the*) versus **là** (*there*), or **ou** (*or*) versus **où** (*where*). The **accent circonflexe** (^), as well, sometimes has no influence on pronunciation. Other accent marks do affect pronunciation. In the following exercise, pay close attention to how the sound of **e** changes with different accents, to the sound of **o** with the **accent circonflexe,** and to the independent vowel sounds indicated by the **tréma** (¨). Also take note of the soft **c** sound produced by the **cédille** (¸)

Répétez les expressions suivantes. Vous les entendrez deux fois.

1. cité / numéro / cinéma / téléphone / étudiante / répétez
2. très / système / problème / sincère / fière / bibliothèque
3. être / fenêtre / prêt / forêt / honnête / bête
4. drôle / hôtel / Jérôme
5. Noël / naïf / Joël
6. ça / façon / fiançailles

LEÇON 3: STRUCTURES

Indefinite Articles in Negative Sentences
Expressing the Absence of Something

A. Qu'est-ce qui ne va pas? What's missing in this office? List five of the missing things.

   MODÈLE: Les employés n'ont pas de chaises.

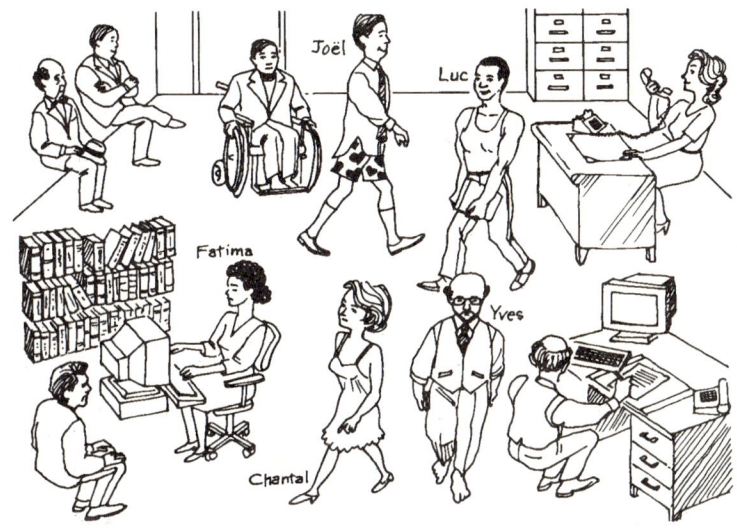

1. _____
2. _____
3. _____
4. _____
5. _____

B. Un crime: le locataire (*tenant*) **sous le lit.** M. Lemont, a police inspector, is interrogating the apartment manager, Mme Hareng. Answer the questions for her. Turn the page to see the example.

Leçon 3: Structures

Vous entendez: Il y a des visiteurs dans la chambre?
Vous dites: Non, il n'y a pas de visiteurs.

1. ... 2. ... 3. ... 4. ... 5. ... 6. ... 7. ...

C. L'inspecteur continue son enquête (*investigation*). Mme Hareng has decided not to cooperate and systematically says no to each question. Answer the questions for her.

Vous entendez: Vous avez un chien dans l'immeuble?
Vous dites: Non, je n'ai pas de chien.

1. ... 2. ... 3. ... 4. ... 5. ...

Interrogative Expressions
Getting Information

A. À Paris III. You are in Paris interviewing Sylvie, a French student, for your campus newspaper. Here are her answers. Complete the corresponding questions.

Expressions utiles: pourquoi, d'où, comment, combien de, qu'est-ce que, avec qui

VOUS: _____[1] êtes-vous?

SYLVIE: Je suis de Megève, une petite ville dans les Alpes.

VOUS: _____[2] habitez-vous maintenant?

SYLVIE: Maintenant j'habite avec ma cousine Catherine.

VOUS: _____[3] vous étudiez?

SYLVIE: J'étudie les maths et la physique.

VOUS: _____[4] étudiez-vous les maths?

SYLVIE: Parce que j'aime ça! Et pour trouver un bon job après.

VOUS: _____[5] cours de maths avez-vous cette année (*this year*)?

SYLVIE: J'ai quatre cours de maths.

VOUS: _____[6] sont les cours?

SYLVIE: Ils sont en général excellents.

B. Vous ne savez pas (*You don't know*)... You are trying to find out more about a new acquaintance. Listen to each situation, then ask an appropriate question with **comment, où, d'où, pourquoi, qui, quel(le),** or **quand**.

Vous entendez: Vous ne savez pas le nom de la nouvelle étudiante. Que demandez-vous?
Vous dites: Comment t'appelles-tu?

1. ... 2. ... 3. ... 4. ... 5. ... 6. ...

C. Au Forum à Paris. It's hard to hear your friends over the noise at the Forum shopping mall. Listen to their remarks and respond with a question. Use **qu'est-ce que, qui est-ce que,** or **à qui est-ce que**.

Vous entendez: Je cherche un maillot de bain.
Vous dites: Qu'est-ce que tu cherches?

1. ... 2. ... 3. ... 4. ... 5. ...

Name _____ Date _____ Class _____

LEÇON 4: PERSPECTIVES

Faire le bilan

✱**A. Caractères compatibles.** Fill out this questionnaire so the university housing service can find you a roommate.

SERVICE DE LOGEMENT
Questionnaire personnel

Date _____

Votre nom _____ Prénom _____ Téléphone _____

Adresse _____ Ville _____ Code postal _____

Date de naissance _____ M _____ F _____ Langue(s) _____

Nationalité _____

Logement: _____ près de l'univ. _____ loin de l'univ.

Chambre partagée? _____oui _____non

Faculté _____ Année d'études _____

Programme d'études _____

Préférences: *Musique:* _____ classique _____ jazz _____ rock _____ country

Sports: _____ tennis _____ jogging _____ ski _____ basket

_____(autre)

Cinéma, télévision: _____ amour _____ aventure _____ documentaire

_____ science-fiction _____ informations (*news*)

_____(autre)

Pour passer le
week-end: _____ étudier le français _____ jouer / travailler à mon ordinateur

_____ jouer du saxophone _____ écouter de la musique

_____ organiser une fête _____ regarder un film

Autre passe-temps: _____

Divers: *étudier:* _____ dans ma chambre _____ à la bibliothèque

parler au téléphone: _____ constamment _____ beaucoup _____ un peu

avoir: _____ un chien _____ un chat

avoir: _____ une voiture _____ une mobylette (*scooter*)

finir de dîner: _____ tôt (*early*) _____ tard

Personnalité: _____ sympathique _____ dynamique _____ génial(e)

_____ charmant(e) _____ sérieux/ieuse _____ poli(e)

_____ sportif/ive _____ (autre)

Politique: _____ libéral(e) _____ conservateur/trice

Physique: taille: _____ cheveux: _____ yeux: _____

Leçon 4: Perspectives

B. Ah, les verbes! Take a moment to review the two regular conjugations and the two irregular verbs you have learned so far.

	LOUER	CHOISIR
je		
mes amis		
Laure	*loue*	
tu		*choisis*
vous		
Khaled et moi		

	ÊTRE	AVOIR
tu		
Jacqueline		
les étudiants		
je (j')		*ai*
Michaël et moi	*sommes*	
vous		

✴ **C. Questions à poser.** The housing service has found you some possible roommates. Write out four questions you will ask these people when they call to say they're interested.

1. _____
2. _____
3. _____
4. _____

✴ **D. Réflexions sur la vie.** Give your own answers.

1. Quel âge avez-vous? _____
2. À votre avis, quel est l'âge idéal? Pourquoi? _____
_____
3. Qu'est-ce que vous avez envie de faire (*to do*) dans la vie? _____
_____

4. De quoi avez-vous besoin pour réussir votre vie? _____
   _____

5. En général, avez-vous de la chance ou non dans la vie? Commentez. _____
   _____

E. **Posez des questions!** Imagine the questions that might elicit the following answers.

   MODÈLE: Ce n'est pas le professeur! →
   Qui a 20 ans dans la classe de français?

1. _____
   Demain, si je n'ai pas beaucoup de travail.

2. _____
   Il est incroyablement (*incredibly*) sympathique!

3. _____
   Mon cousin Paul étudie aussi le français.

4. _____
   Il y a vingt étudiants dans le cours.

5. _____
   Parce qu'elle a peur de parler en cours.

6. _____
   Nous finissons le livre vendredi, je pense.

7. _____
   Non, je loue une chambre à côté de l'université.

8. _____
   Je porte un jean. Ça va?

À l'écoute!

Chambre d'étudiant. André is looking for a room in Chartres. What are his requirements? Listen carefully, as many times as you need to, then check off the features he wants in his room.

Vocabulaire utile: demander   *to ask, require*
                        donner sur *to look out over*

André demande…

❏ une grande chambre   ❏ des rideaux

❏ un téléphone   ❏ un tapis

❏ un lit   ❏ des étagères

❏ une armoire   ❏ une vue (*view*) sur la Cathédrale

Leçon 4: Perspectives

Par écrit

Function: More on describing a person

Audience: School newspaper

Goal: An article about Izé Bola, a new exchange student

Izé tells about herself: « Je m'appelle Izé Bola. J'habite au Zaïre. Je suis aux États-Unis pour améliorer mon anglais. Je me spécialise en sciences. Un jour, je veux (*want*) être médecin comme mon père. »

Steps

1. Complete the following sentences. Then write two or three sentences of your own, making inferences based on Izé's statements and making up plausible details.

    Izé est étudiante en biologie. Elle veut (*wants*)…

    Elle a aussi envie…

    Elle a l'air…

    Elle a _____ ans.

    Elle étudie aux États-Unis parce que…

    C'est une jeune fille…

    Elle parle…

    Elle aime surtout (*especially*)… mais elle n'aime pas du tout…

2. Try to make Izé come alive for your readers. A few techniques:

    - Give vivid and specific details about Izé's personality, interests, taste in clothing, and so on.
    - Include some direct quotes from Izé. How does she express herself?
    - Place the most interesting points at the beginning or end of a sentence, so that they stand out.

As always, read your first draft "cold" (perhaps after taking a break) for organization and flow. It is best if you and a classmate check each other's work. Double-check your final draft for spelling, punctuation, and grammar, especially your use of verbs.

Journal intime

Describe one of the following places in as much detail as possible: your room at school, your room at home, or the room of your dreams (**la chambre idéale**). Be sure to use complete sentences. Include the following information:

- What objects are in the room?
- What is the atmosphere of the room like?
- What kinds of things go on there?

    MODÈLE: Ma chambre est banale (unique) parce qu'elle…

En famille

LEÇON 1: PAROLES

Trois générations d'une famille

> **Attention!** Starting in this chapter, most directions are given in French.

A. Les parents. (é. = épouse [*marries*]) Encerclez l'expression logique.

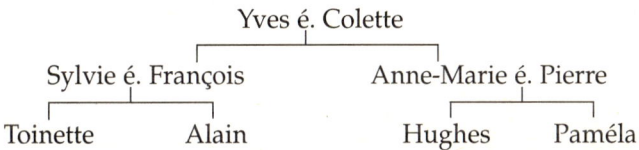

MODÈLE: Paméla est (la cousine) / *la sœur* de Toinette.

1. Alain est *le frère* / *le fils* de Sylvie.
2. Anne-Marie est *la fille* / *la femme* de Pierre.
3. Paméla est *la fille* / *la petite-fille* de Colette.
4. Toinette est *la sœur* / *la fille* d'Alain.
5. Sylvie est *la tante* / *la cousine* d'Hughes.
6. François est *le frère* / *le mari* de Sylvie.
7. Alain est *le cousin* / *le neveu* de Pierre.
8. Yves est *l'oncle* / *le père* d'Anne-Marie.

B. La famille au complet. Complétez les phrases.

1. Le père de ma (*my, f.*) mère est mon (*my, m.*) _____
2. Le fils de ma fille est mon _____
3. La mère de mon frère est ma _____

4. Le frère de ma cousine est mon _____
5. La fille de mon oncle est ma _____
6. Le fils de mes parents est mon _____
7. Le frère de ma fille est mon _____
8. La sœur de mon père est ma _____

✳ **C. À vous!** Décrivez cinq de vos rôles familiaux.

   MODÈLE: Je suis la sœur de Paul.

   1. Je suis _____
   2. Je suis _____
   3. Je suis _____
   4. Je suis _____
   5. Je suis _____

D. Notre arbre généalogique. Écoutez Georges Monnier et regardez son arbre généalogique. Écrivez le prénom des membres de sa famille.

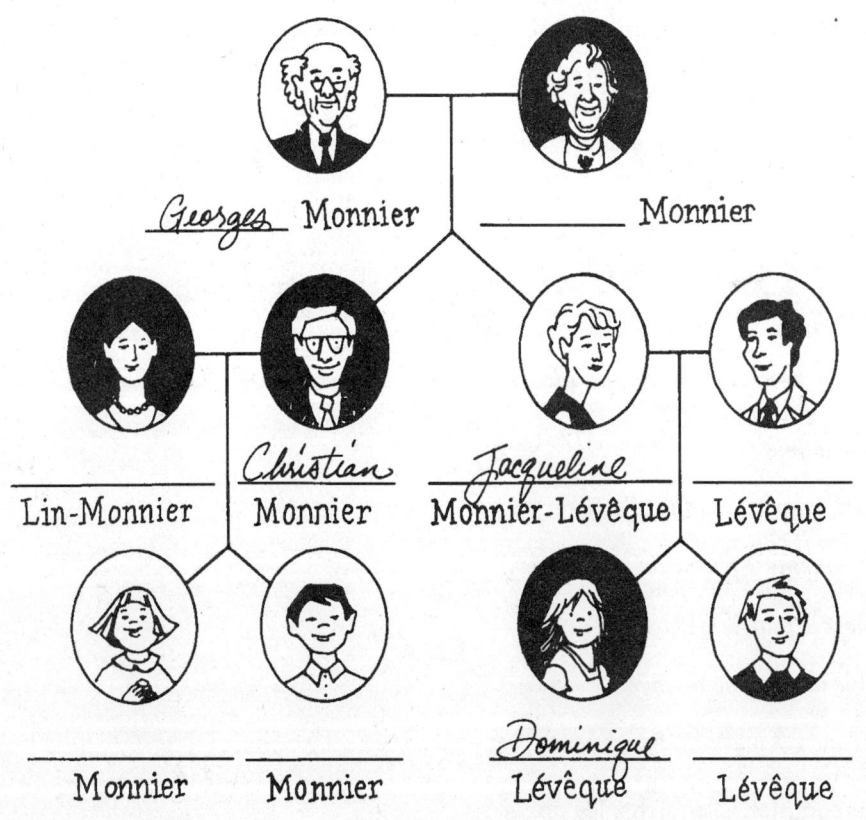

Les réponses se trouvent en appendice.

E. La famille de Dominique. Regardez la position de la petite Dominique Lévêque sur l'arbre généalogique, 🛑 puis répondez aux questions. Qui sont ces personnes par rapport à (*in relation to*) Dominique? Regardez le modèle et les informations à la page suivante.

Name _____ Date _____ Class _____

Vous entendez: Qui est Jacqueline?

Vous écrivez: C'est: (sa mère) / sa sœur / sa tante.

1. C'est: sa mère / sa sœur / sa tante.
2. C'est: son grand-père / son oncle / son frère.
3. C'est: son grand-père / son oncle / son frère.
4. Ce sont: ses parents / ses grands-parents / ses cousins.
5. Ce sont: ses sœurs / ses cousins / ses cousines.

La maison des Chabrier

A. Un bel appartement. Écrivez le nom de chaque pièce sur le dessin.

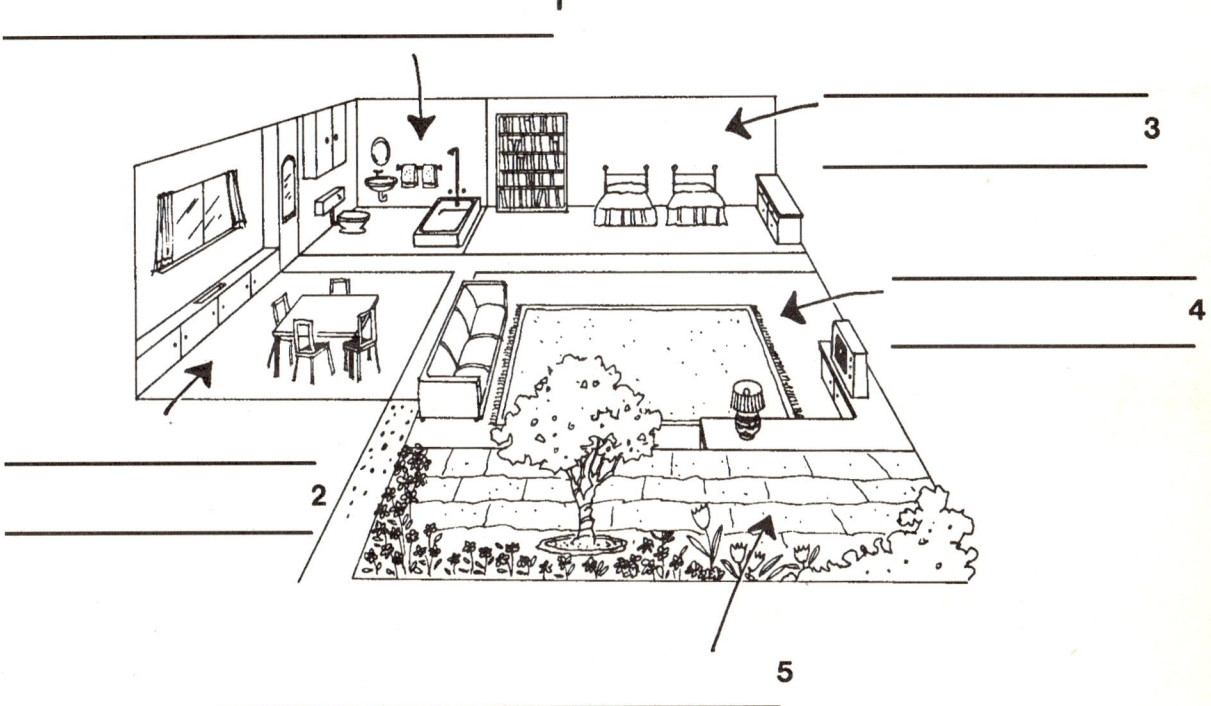

Maintenant décrivez l'appartement.

6. La salle de séjour est _____

7. Il y a _____

   mais il n'y a pas _____

8. Dans la cuisine, _____

9. La salle de bains a _____

10. Il y a aussi _____

Leçon 1: Paroles   71

B. Chez les Dubois. Regardez la maison et les membres de la famille. Écoutez chaque phrase, puis indiquez si elle est vraie (**V**) ou fausse (**F**).

Voici M. et Mme Dubois, leur fils Jean-Louis, leur fille Micheline, et M. et Mme Carnot, les parents de Mme Dubois.

Vrai ou faux?

1. V F
2. V F
3. V F
4. V F
5. V F
6. V F
7. V F
8. V F

C. Le décor chez les Dubois. Regardez l'image ci-dessus, et répondez aux questions.

Vous entendez: Où se trouve le canapé?
Vous dites: Dans la salle de séjour.

1. … 2. … 3. … 4. … 5. … 6. …

Name _____ Date _____ Class _____

LEÇON 2: STRUCTURES

Possessive Adjectives
Expressing Possession

A. Qui possède quoi? Le grand-père ou ses petites-filles?

MODÈLE: <u>Ce sont leurs</u>   chambres roses.

   <u>C'est sa</u>   voiture.

1. _____ voiture à pédales.
2. _____ café.
3. _____ disques de Tchaïkovsky.
4. _____ camarades de classe.
5. _____ petit-fils.
6. _____ flûtes en plastique.
7. _____ livre de Mickey Mouse.
8. _____ revues littéraires.
9. _____ dictionnaire de chinois.
10. _____ affiche des Muppets.

B. C'est la fille de qui? Mme Leclou rentre à la maison (*comes home*) où l'attend une mauvaise surprise. Complétez le dialogue avec les adjectifs possessifs: **mon/ma, ton/ta, notre**.

M. LECLOU: _____¹ fille a cassé (*broke*) une fenêtre avec _____² balle de base-ball.

MME LECLOU: _____³ fille?! C'est aussi _____⁴ fille à toi!

M. LECLOU: D'accord. C'est _____⁵ fille à nous, mais _____⁶ fenêtre à nous est toujours cassée.

7. Qui est sportif/ive dans la famille? _____
8. Qui a cassé la fenêtre? _____

✻C. Générosité. Que partagez-vous (*What do you share*)? Pour chaque personne, donnez deux ou trois choses qu'elle partage et deux ou trois choses qu'elle ne partage pas.

MODÈLE: Je partage ma cuisine, mes livres et mon auto, mais je ne partage pas mes chaussures, ma brosse à dents (*toothbrush*) ou mes vêtements.

1. Je partage _____
_____
_____

2. Ma famille et moi, nous partageons _____

_____

_____

3. Ma/Mon copain/copine (*roommate, friend*) partage _____

_____

_____

 D. Qui arrive aujourd'hui? Réagissez aux remarques de Sylvie en suivant le modèle.

Vous entendez: Voici la mère de mon père.
Vous dites: Ah! C'est ta grand-mère, alors.

1. ... 2. ... 3. ... 4. ... 5. ...

 E. Deux cousins. Cet après-midi, Luc et Sophie jouent chez leur grand-mère. Regardez le dessin et répondez aux questions.

Vous entendez: C'est la cravate de Luc?
Vous dites: Non, ce n'est pas sa cravate.

1. ... 2. ... 3. ... 4. ... 5. ...

Name _____ Date _____ Class _____

The Verb *aller*
Talking About Your Plans and Destinations

A. Où va-t-on? Vous montrez l'université à un nouvel étudiant.

Suggestions: bibliothèque, (en) boîte (*disco*), librairie, restaurant, salle de récréation…

MODÈLE: nous / envie de manger →
Quand nous avons envie de manger, nous allons au restaurant.

1. les jeunes / envie de danser _____

2. les étudiants / envie d'étudier _____

3. nous / besoin de stylos _____

4. on / faim _____

5. tu / envie de regarder la télé _____

6. je / envie de m'amuser (*have fun*) _____

✶ **B. Projets.** Indiquez la prochaine fois (*the next time*) que vous allez faire six de ces choses: **danser, manger de la pizza, réussir à un examen, aller au cinéma, parler français, skier, aller en cours, visiter la bibliothèque, téléphoner à _____ , porter un maillot de bain.**

Expressions utiles: aujourd'hui, ce soir, demain, vendredi, la semaine prochaine, en juin

Expliquez votre réponse, si possible.

MODÈLE: Je vais téléphoner à ma sœur lundi, parce que j'aime discuter avec elle.

1. _____
2. _____
3. _____
4. _____
5. _____
6. _____

Leçon 2: Structures

C. Comment vas-tu? Sylvie parle avec Marc, son cousin. Donnez les réponses de Sylvie en suivant le modèle.

    Vous entendez: Salut, Sylvie! Comment vas-tu?
    Vous dites: Je vais bien, merci.

    1. ... 2. ... 3. ... 4. ... 5. ...

D. Où va-t-on? Écoutez chaque remarque en regardant le dessin correspondant. Ensuite, repondez à la question.

> These passages may contain words new to you. Focus on the essential information as you listen and look at the drawings.

    Vous entendez: Gérard passe le samedi soir à regarder un bon film.
                        —Où va-t-il, alors?
    Vous dites: Il va au cinéma.

1.
2.
3.
4.
5.

E. Qu'allez-vous faire? Dans chaque cas, répondez à la première question avec **aller** + infinitif, et répondez vous-même à la deuxième question.

> Answer both questions; the personal question doesn't have a suggested answer.

    Vous entendez: Aujourd'hui, Martine travaille. —Et demain?
    Vous dites: Demain, elle va aussi travailler.

    Vous entendez: Et vous, vous allez travailler demain?
    Vous dites: Non, demain, je ne vais pas travailler.

    1. ... 2. ... 3. ... 4. ...

CORRESPONDANCE

Carte postale

> Like your textbook, the *Vis-à-vis* Workbook/Laboratory Manual features postcards exchanged by the video characters and their friends and relatives in other parts of the Francophone world. In **Chapitres 5–8**, the correspondents are Michel and his friend Malik, a professional tour guide in Senegal and Ivory Coast. Remember to read through the postcards once or twice before completing them. You do not need to understand every word in order to do this activity successfully. **Allez-y!**

Complétez la carte postale avec les expressions suivantes: **à côté de, allons, célibataire, mon, ses, sœur, ton, vas**.

CARTE POSTALE

Cher Michel,

Ce dimanche, Papa, Maman, ma _____¹ et moi, nous _____² dîner chez Timité. Il habite avec _____³ grands-parents une villa splendide à Dakar. C'est la maison familiale. _____⁴ arrière-grand-mère est née dans cette maison. Cousine Alta, qui est _____,⁵ habite chez ma grand-mère. Elle dort dans la petite chambre _____⁶ l'escalier, ma chambre d'enfant. Aujourd'hui, c'est sa chambre!

Ton vieux Malik

P.S. Est-ce que tu _____⁷ acheter _____⁸ nouvel ordinateur?

Flash-culture

Relisez les Flashs dans votre livre, puis choisissez la bonne réponse.

1. Les Français doutent _____.
   a. de l'union libre   b. de l'amour   c. du mariage

2. L'union libre est plus fréquente chez les _____.
   a. jeunes   b. non-diplômés   c. personnes âgées

3. Les jeunes femmes sont _____ que les hommes à préférer l'union libre.
   a. plus nombreuses   b. plus hésitantes   c. moins (*less*) nombreuses

4. En Afrique, aujourd'hui, la moitié de la population a moins de _____ ans.
   a. dix   b. vingt   c. quarante

5. En Afrique, en général, l'enfant apporte _____ et le bonheur.
   a. le prestige social   b. la richesse   c. la liberté

6. En 2025, l'Afrique constituera le _____ continent du monde!
   a. premier   b. deuxième   c. troisième

📼 Malik à l'appareil!

> In the **Correspondance** section of the *Vis-à-vis* Workbook/Laboratory Manual, you hear the correspondents of the Paris-based video characters in telephone conversations with friends, colleagues, and businesspeople from their region of the Francophone world. **Chapitres 5–8** feature Malik, Michel's friend, talking with people throughout French-speaking Africa. Remember: feel free to listen as many times as you need to, and aim to grasp the essential information in each conversation.

Salut, Aïché! Malik téléphone à Aïché, une amie de Dakar qui organise des tours. Écoutez leur conversation, 📼 puis indiquez si les phrases suivantes sont vraies (**V**) ou fausses (**F**).

1. V F Aïché a beaucoup d'énergie aujourd'hui.
2. V F Des touristes français arrivent dans un moment.
3. V F Malik refuse d'accompagner les touristes.
4. V F Aïché a déjà preparé (*has already prepared*) un itinéraire.
5. V F Malik aime son travail.

📼 Prononciation

L'intonation. Intonation refers to the rise and fall of the voice in an utterance. It conveys the emotion and intention of the speaker. In French declarative sentences (that is, sentences conveying facts), the intonation rises within each breath group. It falls at the end of the sentence, within the final breath group. In exclamations and commands, intonation starts rather high at the beginning and falls towards the end of the sentence.

Répétez les phrases suivantes.

1. Je m'appelle Marcel Martin.
2. Ma sœur s'appelle Evelyne.
3. Il y a beaucoup de monde chez nous.
4. Quelle famille charmante!
5. Que tu es gentil!
6. Écoutez bien!

L'intonation interrogative. In a question calling for a *yes* or *no* answer, French intonation rises at the end. In an information question, intonation begins at a high level and descends at the end.

Répétez les phrases suivantes.

1. Ça va?
2. C'est ta mère?
3. Tu viens?
4. As-tu envie de danser?
5. Comment allez-vous?
6. Quand arrive-t-on?
7. Qu'est-ce que c'est?
8. Pourquoi ne manges-tu pas?

Name _____ Date _____ Class _____

LEÇON 3: STRUCTURES

The Verb *faire*
Expressing What You Are Doing or Making

A. En vacances. Les Ferretti sont au bord de la mer (*at the seaside*). Madame Ferretti écrit à une amie. Complétez le texte avec le verbe **faire,** puis répondez aux questions.

La vie ici au bord de la mer est très simple. Je _____¹ un peu de cuisine et les enfants _____² la vaisselle. On ne _____³ pas beaucoup de lessive et nous _____⁴ le ménage ensemble. Il est vite fait.

Le matin mon mari et moi _____⁵ du jogging. L'après-midi, j'aime _____⁶ de longues promenades. Les enfants préfèrent _____⁷ du sport. Paul _____⁸ du tennis et Anne _____⁹ de la voile (*sailing*). Tous les deux (*Both*) _____¹⁰ la connaissance de beaucoup d'autres étudiants. C'est une vie bien agréable.

11. Mme Ferretti est-elle contente de ses vacances? _____
12. Qui dans la famille est sociable? _____
13. Que faites-vous au bord de la mer? _____

B. Que font-ils? Employez une expression avec le verbe **faire** dans vos réponses. Écrivez des phrases complètes.

MODÈLE: M. Delatour ____fait une promenade.____

1. Mlle Gervais _____
2. Mme Delorge _____
3. Marie-Rose _____
4. Robert _____
5. Marguerite _____
6. Éric _____

Leçon 3: Structures

C. **Et ces gens?** Qu'est-ce qu'ils font? Regardez le dessin 🛑 et répondez aux questions.

Vous entendez: Qui fait un voyage?
Vous dites: C'est Marie-Rose.

1. ... 2. ... 3. ... 4. ... 5. ... 6. ... 7. ... 8. ...

D. **Obligations.** Qu'est-ce que tu as besoin de faire? Écoutez la situation, et répondez à la question.

Expressions utiles: faire... mes devoirs, du sport, la cuisine, le ménage, la vaisselle

> Focus on the essential information. Don't worry about understanding every word.

Vous entendez: Tes amis arrivent et ton appartement est en désordre.
 Qu'est-ce que tu as besoin de faire?
Vous dites: J'ai besoin de faire le ménage.

1. ... 2. ... 3. ... 4. ...

Verbs Ending in *-re*
Expressing Actions

A. **Ah, les verbes!** Complétez le tableau.

	PERDRE	RENDRE	ATTENDRE	VENDRE
mon neveu				
mes cousines				
je				
nous				

B. Visite au Musée d'Orsay. Complétez le texte avec les verbes sur la droite (*to the right*).

Les amis _____¹ l'autobus pendant 20 minutes devant leur immeuble.

Maurice donne 20 francs au conducteur, qui lui _____² sa monnaie

(*change*). Quand ils _____³ le conducteur annoncer leur arrêt (*stop*) ils

_____⁴ devant le musée. Geoffroy ne veut pas (*doesn't want*)

_____⁵ une minute. Il va tout de suite regarder les tableaux de Cézanne.

Maurice, lui, pose toutes sortes de questions, mais Geoffroy _____⁶

sans beaucoup réfléchir. Il rêve d'être artiste.

Après deux heures (*hours*) au musée, ils _____⁷ visite à Olivier, un

étudiant en médecine qui habite dans le quartier.

attendre
descendre
entendre
perdre
rendre
répondre

*C. **Qu'est-ce qui se passe?** À l'arrêt d'autobus (*bus stop*) il y a un garçon, un monsieur, une dame, un étudiant et le conducteur d'autobus.

Décrivez la scène en vous servant des verbes suivants: **attendre, perdre, répondre, entendre, descendre.**

_____

_____

_____

_____

_____

D. Une visite. Écoutez l'histoire de François en regardant les dessins. Mettez les dessins dans l'ordre chronologique selon l'histoire.

Number the drawings as you listen to the story.

_____   _____   _____   _____

E. François et Carine. Écoutez chaque question et écrivez la réponse. Basez vos réponses sur les dessins ci-dessus.

Vous entendez : Sur le dessin numéro 1, qu'est-ce que François attend?

Vous écrivez : ___*Il attend*___ un coup de téléphone.

1. _____ le téléphone.

2. Oui, _____ au téléphone.

3. _____ des fleurs.

4. _____ rue Meursault.

5. _____ à Carine.

6. Non, _____ leur temps.

Les réponses se trouvent en appendice.

82   *Chapitre 5*

LEÇON 4: PERSPECTIVES

Faire le bilan

A. Un peu de généalogie. Complétez l'arbre généalogique d'après (*according to*) les phrases suivantes.

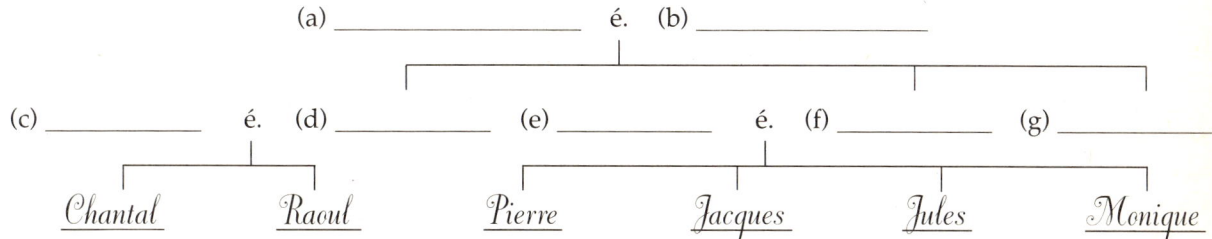

1. Le père de Monique s'appelle Geoffroy.
2. Mathilde est sa femme.
3. Catherine Morin a quatre petits-fils et deux petites-filles.
4. Marie-France est la fille de Catherine et d'Arthur.
5. Monique a une cousine qui s'appelle Chantal.
6. La tante de Chantal s'appelle Marie-Christine.
7. Mathilde a deux sœurs, Marie-Christine et Marie-France, et trois fils, Pierre, Jacques et Jules.
8. Marie-France est leur tante.
9. Le fils de Marie-France s'appelle Raoul.
10. Jules est le neveu de Rémi.

B. Réactions. Complétez chaque phrase avec un adjectif.

Suggestions: courageux, drôle, fatigué, impatient, paresseux, poli, timide, travailleur

MODÈLE: mes parents / faire le marché →
Quand mes parents font le marché, ils sont impatients.

1. nous / faire les devoirs _____

2. je / faire des courses _____

3. je / faire la connaissance d'un professeur _____

4. mon père (ma mère) / faire la cuisine _____

5. mes amis / faire une promenade _____

✶C. Parents, amis. Nommez cinq personnes—des membres de votre famille ou des amis—et faites un commentaire sur chacune (*each*).

MODÈLE: Ma cousine Mary Ellen habite en Californie avec son mari et ses trois enfants.

1. _____

2. _____

3. _____

4. _____

5. _____

D. Voici Mauricia! Dans cet article tiré du magazine *20 Ans*, on présente une Française d'outre-mer (*overseas*). Lisez-le, puis répondez aux questions.

Vocabulaire utile: croise — *meets*
un mannequin — *fashion model*

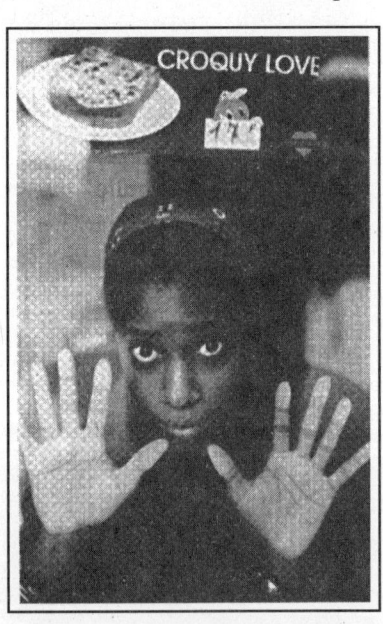

Nom: Francis
Prénom: Mauricia
Née à Sainte-Lucie
Agence: Zen
Age: 21 ans
Taille: 1,76 m
Yeux: noirs
Cheveux: noirs
Signe: Taureau

À 15 ans, elle quitte Rémir-Mont-Joli en Guyane, ses parents et ses trois sœurs chéries pour finir ses études dans un pensionnat d'Arcachon. C'est en vacances là-bas qu'elle croise le directeur d'un magazine féminin. Vous êtes mannequin? Non, pourquoi? Mister Goodluck lui ouvre son calepin. Elle y pique quelques adresses d'agences.

1. Quel est le nom de famille de Mauricia? _____
2. Dans quel pays habite sa famille? La _____
   Sur quel continent? _____
3. Combien de personnes y a-t-il dans sa famille? _____
   _____
4. Pourquoi est-elle en France? _____
   _____
5. Qu'est-ce que le directeur du magazine féminin propose à Mauricia? _____
   _____

Name _____ Date _____ Class _____

🎧 À l'écoute!

Chez Jacques et Sandrine. Sylvie passe ses vacances à Bayonne, dans le Pays Basque, chez ses amis Jacques et Sandrine. Elle écrit à ses parents. Écoutez sa lettre, 🎧 puis complétez les phrases suivantes.

1. Jacques fait _____ au deuxième étage.
   - ❑ le ménage
   - ❑ ses devoirs

2. Sandrine et Sylvie font _____ dans la cuisine.
   - ❑ du café
   - ❑ la vaisselle

3. Plus tard, ils vont tous (*all*) _____.
   - ❑ à l'aéroport
   - ❑ au marché de Bayonne

4. Dimanche, Jacques _____.
   - ❑ fête (*celebrates*) son anniversaire
   - ❑ fait un tour en voiture

5. Sylvie, elle va _____ pour Jacques.
   - ❑ faire un gâteau (*cake*) au chocolat
   - ❑ laver (*wash*) la voiture

Par écrit

> Remember, **Par écrit** activities require only vocabulary and structures you have already learned. You do *not* need to use a dictionary.

Function: Describing a place

Audience: Your classmates and instructor

Goal: Write a description of a home

Steps

1. Start by brainstorming. What is home for you? Jot down adjectives that describe it, its furnishings, its real or ideal inhabitants, what you do there.

2. Choose the general tone you wish to adopt. A detached or objective tone would result from a simple, factual description. A more emotional tone would result from your focusing on your feelings. It might include such words as **aimer, adorer,** and **détester.**

Leçon 4: Perspectives

3. Settle on a vantage point. Will you move through a number of rooms and convey what you see there? Will you describe your home from one fixed point, like the living room or the garden?

4. Organize your ideas and create an outline.

5. Write your first draft. Take a break, then reread it for organization and consistency.

6. Have a classmate check your work.

7. Prepare your final draft, taking into account your classmate's most germane remarks. Check the draft for spelling, punctuation, and grammar. Focus especially on your use of possessive adjectives and on the verbs **faire** and **aller**.

Journal intime

Dessinez (*Draw*) votre arbre généalogique. Puis choisissez trois ou quatre membres de votre famille et décrivez l'aspect physique de chaque personne.

MODÈLE: Paul est mon petit frère. Il a dix-sept ans. Grand, bruns et il a les cheveux longs et les yeux verts. Ses amis aiment bien Paul parce qu'il est drôle et sympathique…

Name _____ Date _____ Class _____

À TABLE!

CHAPITRE 6

LEÇON 1: PAROLES

Les repas de la journée

> **STUDY HINTS: PRACTICING FRENCH OUTSIDE OF CLASS**
>
> By itself, the time you spend in class each week will not allow you to gain a deep or lasting knowledge of French. Once you have completed the activities in your Workbook/Laboratory Manual, how else can you practice French?
>
> - Most importantly, take advantage of and create opportunities to *speak French with others*. Language is a social tool: it withers and fades in isolation.
> - Hold a *regular conversation hour*—perhaps at a café—with other students in your class.
> - *Practice* your French *with native speakers*. Is there an International House on your campus? A French Table at lunch or dinner? Are there French-speaking professors or students? Try out a few phrases every chance you get.
> - Explore the myriad *French resources on the Internet*, including chat rooms, Web pages, and virtual museums. Your instructor can provide you with a list of these from the *Instructor's Manual to accompany Vis-à-vis*.
> - Make a habit of *viewing French-language films*: at the movies, on VCR at the library or at home. Organize **soirées de cinéma** with classmates!
> - Check local bookstores, newsstands, libraries, and record stores for *French-language publications and music*.
> - Listen to *French-language radio broadcasts* and watch *French-language television programs*. You may find them difficult at first, but if you persevere, you will be surprised how quickly your understanding grows. Contact your local cable company or French consulate for a list of French-language programs in your area.

A. Les catégories. Classez les choses suivantes: dans quelles catégories vont-elles? (Les catégories se trouvent à la page suivante.)

le lait	un gâteau	une fourchette
une mousse	un couteau	une tarte
des haricots verts	le vin	le bifteck
une pomme	le thé	le café
une cuillère	une banane	le jambon
des pommes de terre	une poire	une fraise
la bière	le poulet	le porc

87

1. FRUITS 3. LÉGUMES 5. VIANDE

   _____   _____   _____
   _____   _____   _____
   _____   _____   _____
   _____   _____   _____

2. BOISSONS 4. COUVERTS (*place settings*) 6. DESSERTS

   _____   _____   _____
   _____   _____   _____
   _____   _____   _____
   _____

B. Et vous? Répondez vous-même aux questions suivantes.

1. Nommez cinq plats que vous choisissez souvent au restaurant. _____
   _____
   _____

2. Nommez trois plats que vous mangez rarement au restaurant. _____
   _____

C. Devinettes (*Riddles*). Écoutez les descriptions, puis répondez.

> You don't need to understand every word of the description to figure out the name of the food.

Vous entendez: Ce sont des fruits rouges ou verts. On les mange nature, ou on en fait de tartes. Rambour et Granny Smith sont des variétés de ce fruit. Qu'est-ce que c'est?
Vous dites: Ce sont des pommes.

1. ... 2. ... 3. ... 4. ... 5. ...

88 *Chapitre 6*

Name _____ Date _____ Class _____

 D. Trouvez l'intrus. Écoutez le speaker, et encerclez la lettre correspondant à l'aliment qui *ne va pas* avec les autres.

    Vous entendez: Vous choisissez des fruits.
    Vous entendez et écrivez: (a.) les croissants   b. les pommes   c. les bananes

1. a b c   4. a b c

2. a b c   5. a b c

3. a b c

À table

A. À table. Vous êtes au restaurant. Voici votre couvert. Que dites-vous à la serveuse (*waitress*)?

            MODÈLE: Excusez-moi, madame, je n'ai pas de couteau.

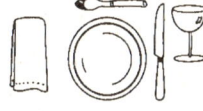

1. Excusez-moi, madame, _____
   _____

2. Excusez-moi, madame, _____
   _____

3. Excusez-moi, madame, _____
   _____

4. Excusez-moi, madame, _____
   _____

B. Qu'est-ce qu'on utilise? Écoutez la question et répondez avec une expression de la liste suivante.

Expressions utiles: avec un couteau, avec une cuillère, avec une fourchette, dans une bouteille, dans une tasse, sur une assiette

Vous entendez: Avec quoi est-ce qu'on coupe (*cut*) une tarte?
Vous dites: Avec un couteau.

1. … 2. … 3. … 4. … 5. …

C. Qu'est-ce qui n'est pas sur la table? Regardez les dessins, écoutez la description et complétez la description.

Vous entendez: C'est le petit déjeuner. Voici le pain, mais il n'y a pas de…
Vous dites: Il n'y a pas de beurre.

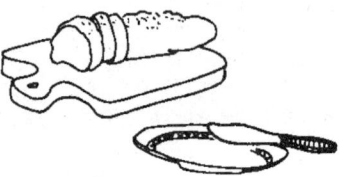

1.

2.

3.

4.

5.

LEÇON 2: STRUCTURES

Verbs Ending in *-re: prendre* and *boire*
Talking About Food and Drink

A. **Ah, les verbes!** Complétez le tableau par la forme correcte du verbe.

	PRENDRE	BOIRE
mes amis		
je		
vous		
Jean et moi		
mon père		

B. **Que dit Georges?** Utilisez le verbe **prendre**.

Mots possibles: un autobus, l'avion, le petit déjeuner, une photo, ma valise, un verre

MODÈLE: Je prends une photo.

1. Nous _____

2. Ils _____

3. Ils _____

4. Je _____

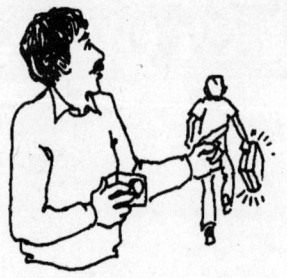

5. Il _____
   _____

C. **Voyages, boissons.** Complétez les paragraphes suivants avec la forme correcte des verbes sur la droite.

Claude _____¹ beaucoup quand elle voyage parce qu'elle essaie (*tries*) de _____² la langue de la nation qu'elle visite. Quand elle _____³ une boisson dans un café ou quand elle _____⁴ le train, elle _____⁵ du vocabulaire. Pour elle, voyager, c'est apprendre.

apprendre
prendre
comprendre

Mes amis français _____⁶ du Perrier aux repas. Mais mon fils Paul ne _____⁷ pas comment ils boivent cette eau minérale. «C'est mauvais!» dit-il. Mais les Français ne _____⁸ pas pourquoi Paul _____⁹ du lait avec ses repas. «En France», dit son ami Jacques, «nous ne _____¹⁰ pas beaucoup de lait. C'est la boisson des enfants.»

boire
comprendre

D. **La bonne boisson.** Complétez les phrases suivantes avec le verbe **boire** et une expression de la liste. Ajoutez (*Add*) une explication.

Boissons: de la bière (*beer*), des boissons froides, du café, du champagne, du chocolat, du lait, du thé, du vin chaud…

MODÈLE: Au petit déjeuner, nous buvons du café parce que nous avons sommeil.

1. En été, je _____
   _____

2. Au petit déjeuner, nous _____
   _____

3. Le premier janvier, quelques personnes _____
   _____

Name _____ Date _____ Class _____

4. En hiver, les enfants _____
   _____

5. À Thanksgiving, ma famille _____
   _____

E. Chez Madeleine. Thérèse et Jean-Michel dînent au restaurant. Regardez le menu à prix fixe.

Chez Madeleine — Menu à prix fixe 100 francs

Hors-d'œuvre
 œufs mayonnaise
 pâté de campagne
 sardines à l'huile

Entrées
 soupe de poisson
 escargots

Plats principaux
 filet de sole
 veau à la crème
 rôti de bœuf

Légumes
 haricots verts
 pommes frites

Salade verte

boisson comprise

Fromages
 Camembert
 Brie

Desserts
 tarte aux pommes
 glace au chocolat
 tarte aux fraises
 mousse au chocolat

Écoutez la conversation. Marquez les aliments que Thérèse ne prend jamais (*never has*).

_____ le poisson   _____ les pommes de terre   _____ le vin

_____ le pâté   _____ les fraises   _____ l'eau minérale

_____ le fromage   _____ le chocolat

F. Le repas de Thérèse. Regardez le menu. Écoutez les questions, et donnez les réponses de Thérèse.

> Answer for Thérèse, using what you know about her eating habits.

Vous entendez: Bonsoir, Mademoiselle. Vous buvez du vin ce soir?
Vous dites: Non, merci. Je prends une eau minérale.

Vous entendez: Comme hors-d'œuvre, vous prenez les œufs mayonnaise ou les sardines à l'huile?
Vous dites: Je prends les œufs, s'il vous plaît.

1. …   2. …   3. …   4. …

Leçon 2: Structures

Partitive Articles
Expressing Quantity

A. À table. Article défini ou partitif?

1. —Adèle, que manges-tu?

   —_____ª fromage, pourquoi?

   —Mais tu n'aimes pas _____ᵇ fromage. Tu détestes _____ᶜ fromage.

   —C'est vrai, mais _____ᵈ fromage français est exceptionnel.

2. —Que désirez-vous, madame?

   —_____ª vin rouge, s'il vous plaît, et _____ᵇ café pour Monsieur.

   —Désirez-vous _____ᶜ sucre?

   —Non, merci, je n'aime pas _____ᵈ café avec _____ᵉ sucre.

3. —Est-ce qu'il y a _____ª bifteck au restau-U ce soir?

   —Ah! _____ᵇ bifteck, ça n'existe pas au restau-U, mais il y a _____ᶜ pommes de terre et _____ᵈ pain.

B. Conséquences. Complétez les phrases suivantes en utilisant une expression de quantité: **assez de, beaucoup de, (un) peu de, trop de**.

MODÈLE: On perd du poids (*weight*) si on mange ___peu de___ desserts.

1. On perd du poids si on mange _____ céleri.
2. Si tu es diabétique, tu manges _____ sucre.
3. Si vous avez très soif, vous buvez _____ eau.
4. On grossit (prend du poids) si on mange _____ beurre.
5. Un plat n'est pas bon si on ne met (*put*) pas _____ sel.
6. Les végétariens mangent _____ légumes.

C. On fait la cuisine. Choisissez les ingrédients nécessaires.

MODÈLE: Pour faire un ragoût (*stew*), on utilise des carottes, du vin rouge et de la viande. On n'utilise pas de poisson.

Name _____ Date _____ Class _____

1. Pour faire une soupe, on utilise _____

2. Pour faire un sandwich, on prend _____

3. Pour faire une omelette, on prend _____

4. Pour faire un gâteau, on utilise _____

D. Morowa fait le marché. Écoutez la recommandation des marchands, et donnez les réponses de Morowa. Suivez le modèle.

Vous entendez: Le vin rouge est excellent.
Vous dites: Bon, alors, du vin rouge, s'il vous plaît.

1. … 2. … 3. … 4. … 5. … 6. …

Leçon 2: Structures 95

E. Quels sont les ingrédients? Vous êtes gastronome. Donnez une réponse logique aux questions suivantes.

Vous voyez: viande / œufs
Vous entendez: Y a-t-il de la viande dans une salade César?
Vous dites: Non, il n'y a pas de viande, mais il y a des œufs.

1. olives / chocolat
2. bananes / tomates
3. oignons / fraises
4. poisson / sel
5. pommes / œufs

F. Après le pique-nique. Répondez aux questions en utilisant les suggestions ci-dessous (*below*).

Vous voyez: un peu
Vous entendez: Il y a de la bière?
Vous dites: Oui, il y a un peu de bière.

1. beaucoup
2. un peu
3. un litre
4. assez
5. trois bouteilles
6. trop

CORRESPONDANCE

Carte postale

Complétez la carte postale avec les expressions suivantes: **boire, boit, comprends, de, déjeuner, dîne, du, prend, viande**.

CARTE POSTALE

Cher Malik,

Ce soir je _____ ¹ avec mon copain Serdou. On mange un couscous végétarien, rue Mouffetard, dans le V ᵉ. Serdou a horreur des plats à la _____ .² Il ne boit pas _____ ³ vin, mais il boit de l'eau. C'est un écologiste. Au petit _____ ,⁴ il prend du muesli et _____ ⁵ thé. À midi, il _____ ⁶ des légumes, mange une banane et _____ ⁷ de l'eau minérale. Le soir, une soupe et les restes de midi. Il ne veut pas polluer la planète, tu _____ !⁸ On va _____ ⁹ du thé à ta santé.

Ciao,

Michel

P.S. Non, pas d'ordinateur, pour le moment: ça coûte trop cher!

Flash-culture

C'est la France ou le Maghreb (l'Afrique du Nord)? Relisez les Flashs dans votre livre et décidez!

1. la France   le Maghreb   Le couscous est une des spécialités.
2. la France   le Maghreb   Un bon repas, un vin excellent, voilà le bonheur!
3. la France   le Maghreb   Le foie gras est une spécialité du Sud-Ouest.
4. la France   le Maghreb   Le vendredi est un jour de repos.
5. la France   le Maghreb   On mange dans un plat commun.
6. la France   le Maghreb   On aime les grenouilles, les escargots et les huîtres.

Malik à l'appareil!

Bonjour, Jeniette! Malik téléphone à Jeniette. Elle organise des tours, fait des réservations dans les restaurants et les hôtels. Qu'est-ce que Malik lui demande (*ask of her*)? Écoutez leur conversation, puis complétez les phrases suivantes.

1. Malik téléphone à Jeniette _____.

    ❑ très tôt (*early*)

    ❑ très tard (*late*)

2. Malik a besoin _____.

    ❑ d'une villa à la mer (*sea*)

    ❑ de faire des réservations dans un restaurant

3. Les touristes de Malik veulent (*want*) _____.

    ❑ manger un couscous

    ❑ visiter le désert du Sahara

4. On parle aussi _____.

    ❑ de boisson et de dessert

    ❑ de sport et de magasin

5. Jeniette a horreur que Malik _____.

    ❑ l'appelle (*calls her*) à sept heures du matin

    ❑ n'utilise pas le télécopieur (*fax machine*)

Prononciation

Les consonnes (*consonants*) **françaises.** In both English and French, a given consonant can represent more than one sound.

- In French, the letter **s** is pronounced [z] when it occurs between vowels, but [s] in other contexts. Listen for the difference: **musique, chaise; snob, idéaliste**.

- The letter **c** is pronounced [k] before consonants, at the end of words, and before the vowels **a, o,** and **u: action, avec, calme, conformiste, cubiste**. It is pronounced [s] before the letters **e, i,** and **y: centre, cinéma, Nancy**.

- The letter **g** is pronounced [g] before consonants, **a, o,** and **u: agréable, garçon, golf, guide**. In other contexts, it is pronounced [ʒ]: **géant, girafe, gymnaste.**

Répétez les expressions suivantes.

1. excusez / visiter / télévision / salut / sport / sociologie
2. crêpe / flic / canadien / comment / culinaire / célibataire / cité / cyclisme
3. grand-mère / gâteau / gourmand / guitare / gentil / hygiène / gymnastique

LEÇON 3: STRUCTURES

The Imperative
Giving Commands

A. Allons-y! Donnez une légende à chaque dessin.

MODÈLE:

_____ Dînons. _____

1. _____

2. _____

3. _____

4. _____

B. De bons conseils (*advice*). Donnez des conseils aux personnes suivantes en utilisant les suggestions.

MODÈLE: Il y a un bal ce soir, mais Georges ne sait pas danser. Que devrait-il (*should he*) faire? (rester dans sa chambre / apprendre à danser / aller regarder les autres) →
Ne reste pas dans ta chambre! Apprends à danser! Va regarder les autres!

1. Vos parents sont en visite à l'université et ils ont faim. Que devraient-ils faire? (dîner à la cafétéria / choisir un restaurant français / aller à McDonald's) _____

_____

_____

2. Votre ami a besoin d'une nouvelle voiture. Il n'a pas beaucoup d'argent (*money*), mais il aime impressionner les autres. Que devrait il faire? (acheter une Honda / choisir une Volkswagen décapotable (*convertible*) / prendre le bus / demander de l'argent à ses parents) _____

   _____

3. Marielle et Solange ont envie de décorer leur chambre, mais Marielle adore le violet et Solange aime mieux le jaune. Que devraient-elles faire? (changer de logement / choisir un tapis rouge / utiliser beaucoup de blanc / être sympathique) _____

   _____

C. Une bonne recette. Vous écoutez un chef-cuisinier à la radio. D'abord, lisez la recette du chef.

SAUCE HOLLANDAISE (formule très simplifiée)

200 g de beurre • 2 œufs • 1 cuil. à café de vinaigre
sel et poivre • 1 citron[a]

- Mettre dans un bol le bon beurre et les jaunes d'œufs crus[b], du sel, le vinaigre. Mettez ce bol dans l'eau bouillante[c] et tournez sans laisser cuire. 1 jus de citron. Poivre.
- Si la sauce devient trop épaisse[d], mouiller[e] d'un peu d'eau chaude.
- Cette sauce fait merveille avec le poisson cuit au court-bouillon (Turbot, Barbue, etc...).

a. *lemon*
b. *raw*
c. *boiling*
d. *thick*
e. *moisten*

Maintenant, écoutez le chef expliquer la recette et répétez chaque instruction.

Vous entendez: Bon, d'abord, je prends deux cents (200) grammes de beurre.
Vous dites: Prenez deux cents grammes de beurre.

Vous entendez: J'ajoute (*add*) deux jaunes d'œufs.
Vous dites: Ajoutez deux jaunes d'œufs.

1. ...   2. ...   3. ...   4. ...   5. ...   6. ...

D. Au marché en plein air (*open-air*). Écoutez les suggestions de vos amis et répondez en vous basant sur les modèles.

Vous entendez: On fait le marché cet après-midi?
Vous dites: Oui, faisons le marché!

Vous entendez: On va au marché en plein air?
Vous dites: Oui, allons au marché en plein air!

1. ...   2. ...   3. ...   4. ...   5. ...

Time of Day
Telling Time

A. Quelle heure est-il? Regardez les dessins suivants. Donnez l'heure, puis décrivez ce que fait chaque personne.

Verbes utiles: écouter, jouer, manger, parler, regarder, travailler

MODÈLE: Il est sept heures du matin. Le jeune homme mange un croissant.

1. _____

2. _____

3. _____

4. _____

Leçon 3: Structures

5. _____

6. _____

 B. L'heure correcte. Écoutez la situation et l'heure. Indiquez l'heure correcte au crayon.

Vous entendez : Je prends l'apéritif. Quelle heure est-il ?
Vous écrivez : —Il est six heures et demie.

1.    2.    3.

4.    5.    6.

Les réponses se trouvent en appendice.

Name _____ Date _____ Class _____

LEÇON 4: PERSPECTIVES

Faire le bilan

A. La nourriture et les boissons. Complétez le dialogue.

FATIMA: qu'est-ce que vous / prendre / dîner?

_____

JOËL: on / prendre / jambon / et / salade

_____

FATIMA: manger / vous / assez / fruits?

_____

JOËL: oui, nous / manger / souvent / poires / et / pommes

_____

FATIMA: prendre / tu / beaucoup / vin?

_____

JOËL: non / ne… plus / vin

_____

FATIMA: mes amis / boire / eau minérale

_____

JOËL: qui / payer (*to pay for*) / repas

_____

FATIMA: hélas (*alas*) / souvent / moi

_____

B. Miam, miam! Vous allez au supermarché pour acheter les ingrédients nécessaires à la recette (*recipe*) de la page suivante. Faites une liste des ingrédients. (N'oubliez pas l'article partitif.)

_____
_____
_____
_____
_____
_____
_____

Leçon 4: Perspectives 103

Le pain perdu

C. **À quelle heure?** Qu'est-ce que vous faites aux heures suivantes?

   MODÈLE: 7 h 30 →
   À sept heures et demie je prends le petit déjeuner au restau-U.

   1. 9 h 45

   2. 11 h 40

   3. 14 h 30

   4. 17 h

   5. 20 h 15

   6. 23 h 50

Name _____ Date _____ Class _____

À l'écoute!

Notes de voyage. Luc est en vacances sur la Côte d'Argent, dans le Sud-Ouest de la France. Écoutez ses notes de voyage, puis complétez le passage par écrit.

Vocabulaire utile:
qui	who, which
gargouille	growls
Ne joue pas avec…	Don't play with …
s'occupe	takes care
Nous sommes partis…	We left …
Soyons sages.	Let's be good (lit., wise).

Je suis dans le train qui va à Bayonne, la capitale du _____ ,¹ sur la Côte d'Argent. Je découvre le Pays Basque par la _____.² Il est neuf heures du _____.³ J'ai très faim. Mon estomac gargouille. Comme petit déjeuner, je _____⁴ un café crème et un beau sandwich au jambon de Bayonne, avec une _____⁵ et un grand _____⁶ d'eau minérale du pays. Les Landes! Mon train _____⁷ devant la plus grande forêt de pins d'Europe. «Ne joue pas avec ton _____»,⁸ dit une maman à son petit garçon. Il doit _____⁹ les bonnes manières. Le serveur du wagon-restaurant s'occupe des clients. Il rend correctement la monnaie. «Quelle heure est-il?» demande un monsieur avec une moustache. «Il est presque neuf heures _____,¹⁰ Monsieur», répond le serveur. «Nous sommes partis très tôt», dit le petit garçon qui _____¹¹ tout. «Oui, Michel, très tôt», dit sa maman. «Et maintenant, soyons sages et _____¹² notre lait».

Les réponses se trouvent en appendice.

Par écrit

Function: Writing about daily habits

Audience: Someone you do not know

Goal: Write a passage describing your eating habits. Use the following questions as a guide.

PARAGRAPHE 1
Combien de repas par jour prenez-vous? En général, mangez-vous bien ou mal? Expliquez.

PARAGRAPHE 2
Que prenez-vous au petit déjeuner?

PARAGRAPHE 3
Où mangez-vous à midi? Prenez-vous un repas complet au déjeuner?

PARAGRAPHE 4
Mangez-vous pendant l'après-midi? Qu'est-ce que vous mangez?

PARAGRAPHE 5
Qui prépare le dîner chez vous? Passez-vous beaucoup de temps à table?

PARAGRAPHE 6
Quand invitez-vous des amis à dîner chez vous? À quelle occasion préparez-vous un repas spécial?

Steps

1. Jot down brief answers to the questions above.

2. Look over your answers, then create a topic sentence to sum up the main point in each paragraph. (Refer to the **Avant de lire** section in **Chapitre 5**, **Leçon 4** of your main text for information on topic sentences.)

3. Write a first draft, take a break, then check it for organization and style. Have a classmate critique your draft, and incorporate his or her most important suggestions into your final draft.

4. Check your final draft for spelling, punctuation, and grammar, particularly the use of partitive articles. Underline the topic sentence in each paragraph before you hand in your composition.

Journal intime

Décrivez ce que vous prenez d'habitude au petit déjeuner, au déjeuner et au dîner.

- Où et avec qui mangez-vous?
- Quels plats choisissez-vous? Pourquoi?
- Quels plats est-ce que vous évitez (*avoid*)? Pourquoi?
- Prenez-vous des plats différents en hiver et en été?

> MODÈLE: En général, je prends le petit déjeuner au café Bari près de chez moi, quelquefois avec mon amie Rosa…

Name _____ Date _____ Class _____

La cuisine

LEÇON 1: PAROLES

Les magasins d'alimentation

A. Les courses. Une amie vous demande de faire les courses. Regardez la liste et notez les magasins où vous devez (*must*) aller.

    MODÈLE: 500 g. de jambon → à la charcuterie

1. un camembert _____
2. deux baguettes _____
3. 500 g. de viande hachée _____
4. une boîte de haricots verts _____
5. trois douzaines d'huîtres _____
6. du pâté de campagne _____

B. Analogies. Suivez le modèle.

    MODÈLE: le fils : la fille = le frère : _____la sœur_____

1. le poisson : la poissonnerie = le pain : _____
2. la baguette : le pain = l'éclair : _____
3. le champagne : le vin = le camembert : _____
4. le bifteck : la viande = les haricots verts : _____
5. le poulet : la viande = le vin : _____
6. choisir : le choix = boire : _____
7. la viande : la faim = le lait : _____
8. le bifteck : le couteau = la soupe : _____

C. **Dans quel magasin…?** Vous faites des courses dans une petite ville française avec Karen, une amie américaine. Répondez à ses questions.

Expressions utiles: la boucherie, la boulangerie, la charcuterie, l'épicerie, la pâtisserie, la poissonnerie

Vous entendez: Où est-ce que j'achète des baguettes et des petits pains?
Vous dites: Eh bien, à la boulangerie.

1. … 2. … 3. … 4. … 5. …

Chez l'Hippo Futé

A. **Votre carte.** Vous écrivez une carte de restaurant. Classez les plats.

mousse au chocolat	sole meunière	truite aux amandes
camembert	brie	crème caramel
pâté de campagne	tarte aux fraises	steak-frites
poulet à la crème	sardines à l'huile	roquefort
crêpes suzette	vin rouge / rosé / blanc	glace maison
rôti de porc	eau minérale	cocktail de crevettes

Entrées	*Plats garnis*	*Fromages*
_____	_____	_____
_____	_____	_____
_____	_____	_____
	_____	
Desserts		*Boissons*
_____		_____
_____		_____
_____		
_____		

B. **Qui est au restaurant?** Écoutez les descriptions et identifiez ces personnes, selon le modèle. C'est **un client, une cliente, un serveur** ou **une serveuse**?

Vous entendez: Mme Gilles prend sa place à table. Qui est-ce?
Vous dites: C'est une cliente.

1. … 2. … 3. … 4. … 5. … 6. …

Name _____ Date _____ Class _____

Encore des nombres

A. Faites vos courses. Vous achetez les choses illustrées sur le dessin. Calculez le prix pour chaque article et écrivez-le en toutes lettres.

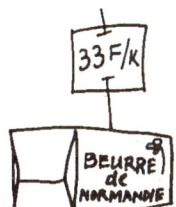  

MODÈLE :   Trois pommes coûtent ____quatre francs cinq____ .

1. Cinq cents grammes de beurre coûtent _____
2. Deux pommes coûtent _____
3. Un litre de lait coûte _____
4. Cinq cents grammes de bœuf coûtent _____
5. Six œufs coûtent _____

B. Qu'en pensez-vous (*What do you think*)**?** Écrivez les nombres en toutes lettres.

MODÈLE :   Ma grand-mère a ____quatre-vingt-trois____ ans.

1. En décembre il y a _____ jours.
2. On est « vieux » quand on a _____ ans.
3. Il reste (*There remain*) _____ jours de classe avant la fin du semestre (trimestre).
4. Un prix raisonnable pour un livre de classe est _____ dollars.
5. La température normale d'une personne est _____ degrés Fahrenheit.
6. Le nombre juste avant quatre-vingts est _____ .
7. Dans trois heures, il y a _____ minutes.
8. Il y a _____ états aux États-Unis.
9. Le nombre juste après quatre-vingt-dix est _____ .

Leçon 1: Paroles   **109**

C. **Messages.** Écoutez les messages que vous trouvez sur votre répondeur téléphonique. Notez les numéros à rappeler.

- Claude: _____ - _____ - 91 - _____
- Ginette: _____ - 68 - _____ - _____
- Léonard: _____ - 11 - _____ - _____
- Mireille: _____ - _____ - _____ - 66

Les réponses se trouvent en appendice.

D. **La Maison de Jacques.**
D'abord, lisez le menu suivant.

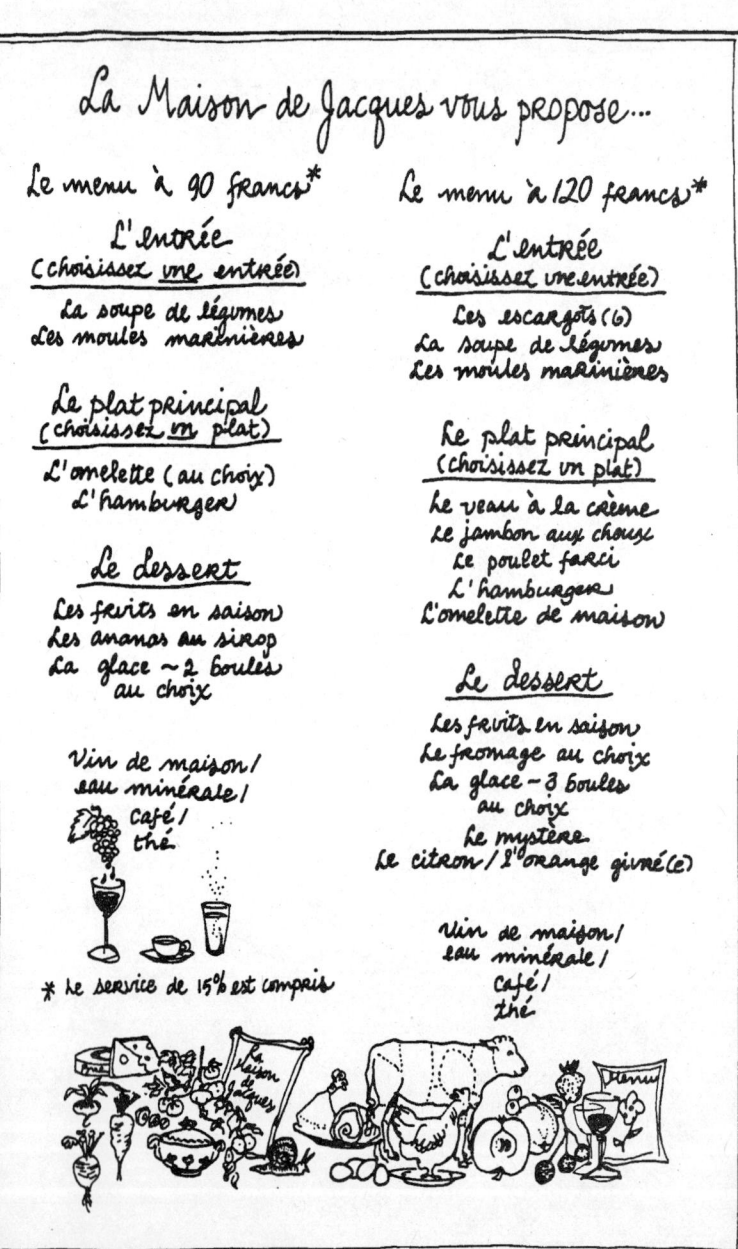

Vous dînez à la Maison de Jacques avec deux amis. Écoutez la serveuse et les réponses de vos camarades. Ensuite, donnez votre choix.

1. … 2. … 3. … 4. … 5. … 6. …

LEÇON 2: STRUCTURES

Demonstrative Adjectives
Pointing Out People and Things

A. Choses à transformer. Vous n'êtes pas content(e) de votre logement. Voici une liste de choses à transformer. Utilisez l'adjectif démonstratif qui convient. Puis cochez (✓) les cinq objets que vous désirez le plus (*most*) changer dans votre chambre.

MODÈLE: ___ce___ miroir

1. _____ rideaux
2. _____ tapis
3. _____ lampe
4. _____ arbre devant ma fenêtre
5. _____ bureau
6. _____ meubles
7. _____ quartier
8. _____ petites tables
9. _____ livre de français
10. _____ affiche

B. Une mère difficile. Écoutez la conversation. Ensuite, complétez les phrases.

Mme Brachet et son fils Marcel font une promenade en ville. Ils parlent des projets de mariage de Marcel et de sa fiancée Jeanne.

MME BRACHET: Alors, Marcel, _____¹… les parents de Jeanne habitent ici?

MARCEL: Oh oui, tout près, maman! Dans _____,² justement.

MME BRACHET: Et toi et Jeanne, vous louez un appartement dans _____,³ en face?

MARCEL: Oui, maman. Regarde _____⁴ et _____⁵ balcon.

(*Ils montent au cinquième étage.*)

MME BRACHET: Tous ces escaliers… _____,⁶ elles sont minuscules! _____,⁷ _____⁸ sans rideaux…

MARCEL: Mais voyons, maman, _____⁹ est bien situé, et nous ne sommes pas difficiles!

MME BRACHET: Peut-être…

MARCEL: Et de toute façon, Jeanne et moi, nous avons l'intention de continuer à venir déjeuner chez toi, au moins le dimanche!

Les réponses se trouvent en appendice.

C. Un caractère indépendant. Vous ne prenez jamais ce qu'on vous offre! Répondez aux questions selon le modèle.

Vous entendez: Tu as envie de ce sandwich?
Vous dites: Non, donne-moi plutôt cette tarte!

1.  2.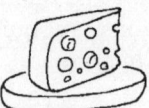

3.   4.

5.

The Verbs *vouloir*, *pouvoir*, and *devoir*
Expressing Desire, Ability and Obligation

A. Ah, les verbes! Complétez le tableau.

SUJETS	VERBES		
je			
nous	*devons*		
		veut	
			pouvez
mes cousins			

B. Préférences. Complétez chaque phrase avec les formes correctes de **vouloir** et de **devoir**. Attention au sens!

MODÈLE: Les étudiants ___doivent___ étudier, mais ils ___veulent___ sortir.

Name _____ Date _____ Class _____

Le week-end

1. Notre professeur _____ travailler, mais il _____ voyager.

2. Mes amis et moi _____ rester ici, mais nous _____ partir en vacances.

3. Mes amis _____ faire la sieste, mais ils _____ étudier.

4. Je _____ faire le ménage, mais je _____ faire une promenade.

L'après-midi

5. Nous _____ aller à la bibliothèque, mais nous _____ prendre un café.

6. Les étudiants _____ finir leurs devoirs, mais ils _____ regarder la télé.

7. Le professeur _____ préparer ses cours, mais il _____ rentrer à la maison.

C. On ne peut pas! Dites ce que les personnes suivantes *ne peuvent pas* faire.

MODÈLE: Marie et Sophie n'ont pas de voiture. →
Elles ne peuvent pas habiter à la campagne.

habiter à la campagne
faire du ski
faire du jogging
boire du café

manger du pain
prendre un dessert
inviter un ami (une amie) au restaurant

1. Georges est allergique à la farine de blé (*wheat*). Il _____

2. Il fait –7°C aujourd'hui. Nous _____

3. Madeleine a la jambe cassée (*a broken leg*). Elle _____

4. Je n'ai plus d'argent (*money*). Je _____

5. Mes parents sont allergiques à la caféine. Ils _____

6. Le sucre vous rend malade. Vous _____

Leçon 2: Structures

D. **Probabilités.** Écoutez la phrase et donnez une explication. Utilisez le verbe **devoir**.

Expressions utiles: avoir faim, être au régime, être fatigué(e), être formidable, être impatient(e), être malade

Vous entendez: Marie n'est pas en classe.
Vous dites: Elle doit être malade.

1. ... 2. ... 3. ... 4. ... 5. ...

E. **Déjeuner à la cafétéria.** D'abord, regardez le dessin. Ensuite, écoutez le passage suivant, et marquez les réponses aux questions suivantes.

1. Qui n'a pas d'argent aujourd'hui?   Richard   Marlène   Louise
2. Qui peut payer son déjeuner?   Richard   Marlène   Louise
3. Qui doit moins manger?   Richard   Marlène   Louise
4. Qui veut prendre des gâteaux?   Richard   Marlène   Louise

CORRESPONDANCE

Carte postale

Complétez la carte postale avec les expressions suivantes: **café, cette, commander, goûter, hors-d'œuvre, magasin, pouvons, produits, va, veux.**

CARTE POSTALE

Cher Michel,

Tu dois venir à Abidjan, _____¹ année. Nos touristes adorent les _____² locaux: les bananes, le _____,³ le cacao. Mais Paris me manque beaucoup. Je rêve des plats délicieux que tu inventes, les _____⁴ à la Michel, les jus de fruits fantaisie…

    Demain, je dois _____⁵ deux excellents cafés dans un _____⁶ spécialisé. Nous _____⁷ t'envoyer deux boîtes de cinq kilos, si tu _____.⁸ Mais tu dois _____⁹ maintenant. Les prix montent.

Je t'embrasse,

Malik

P.S. Comment _____¹⁰ ta mère?

Flash-culture

Relisez les Flashs dans votre livre, puis choisissez la bonne réponse.

1. En France, les croissants que vous achetez à la boulangerie sont _____.
   a. en paquet
   b. chauds et parfumés
   c. pas frais
2. Pour les Français, l'idéal c'est de faire ses courses dans les _____.
   a. magasins spécialisés
   b. supermarchés
   c. pharmacies
3. On apprécie les marchés en plein air parce que les produits y sont _____.
   a. anonymes et déshumanisés
   b. très chers
   c. frais et savoureux
4. L'Afrique est le paradis des _____!
   a. fromages
   b. pâtisseries
   c. poissons
5. En Afrique, la pêche est _____.
   a. une ressource très importante
   b. une tradition charmante
   c. un hobby
6. La pêche traditionnelle demande beaucoup de _____.
   a. courage
   b. richesse
   c. nouvelles technologies

Correspondance   **115**

🔊 Malik à l'appareil!

Dînons chez moi! Aujourd'hui Malik téléphone à Marité, une amie ivoirienne. Elle est propriétaire d'une épicerie. On y trouve des poissons et des œufs frais, du bon café, du cacao et des épices. Écoutez leur conversation, 🔊 puis indiquez si les phrases suivantes sont vraies (**V**) ou fausses (**F**).

Vocabulaire utile: les crudités   *raw vegetables*
miam-miam   *yum yum*
Non, ce n'est pas la peine.   *No thanks, it's not necessary.*

1. V F Marité refuse l'invitation de Malik parce qu'elle est prise (*busy*).
2. V F On va dîner chez Marité.
3. V F Marité va préparer un couscous aux légumes.
4. V F Malik va apporter du vin.
5. V F Marité veut aussi du fromage et un gâteau.

🔊 Prononciation

La lettre r. While the English **r** sound is made with the tongue, the French **r** is generally guttural, produced in the back of the mouth: **Robert, rhinocéros**.

Répétez les expressions suivantes. Vous les entendrez deux fois.

1. cours / sur / cher / soir
2. mardi / heureux / bureau / soirée
3. jardin / exercice / pardon / merci
4. rose / rouge / rue / russe
5. nombre / France / trois / quatre

La lettre l. The French **l** is produced in the front of the mouth, with the tongue firmly pressed against the back of the upper teeth: **le lac, la librairie**.

Répétez les expressions suivantes. Vous les entendrez deux fois.

1. livres / mademoiselle / calme / bleu / avril
2. un film à la faculté
3. Lisez-le lundi.
4. Salut! Allons-y!

LEÇON 3: STRUCTURES

The Interrogative Adjective *quel*
Asking About Choices

A. Un sondage (*poll*). Le directeur du restaurant universitaire fait un sondage. Quelles questions pose-t-il?

MODÈLE: ___Quels légumes___ mangez-vous le plus souvent (*most often*)? Des petits pois ou des haricots verts?

1. _____ choisissez-vous en géneral? Des haricots verts ou des petits pois?
2. _____ préférez-vous, le bœuf ou le porc?
3. _____ préférez-vous, la glace ou la tarte?
4. _____ préférez-vous? Le camembert ou le gruyère?
5. Et _____ prenez-vous le plus souvent? De l'eau minérale ou du vin?
6. _____ préférez-vous? Le déjeuner ou le dîner?

✷ Maintenant, soulignez ce que *vous* préférez.

B. Questions. Vous faites la connaissance d'un(e) camarade de classe. Préparez six questions à lui poser. Attention aux accords masculin ou féminin.

MODÈLE: couleur préférée → Quelle est ta couleur préférée?

Suggestions: chansons préférées, cours favori, disques préférés, films favoris, livre favori, repas préféré

1. _____
2. _____
3. _____
4. _____
5. _____
6. _____

C. Déjeuner à deux. Vous déjeunez avec quelqu'un (*someone*) qui ne fait pas très attention. Réagissez (*React*) à ses remarques en traçant un cercle autour de l'adjectif correct.

Vous entendez: Tu veux aller dans ce restaurant?
Vous entendez et écrivez: Mais [(quel) quelle quels quelles] restaurant?

Allez à la page suivante.

Leçon 3: Structures 117

1. quel   quelle   quels   quelles
2. quel   quelle   quels   quelles
3. quel   quelle   quels   quelles
4. quel   quelle   quels   quelles
5. quel   quelle   quels   quelles
6. quel   quelle   quels   quelles

Les réponses se trouvent en appendice.

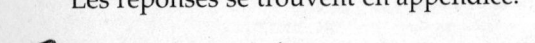
D. La curiosité. Écoutez les phrases suivantes et posez la question correspondante. Suivez les modèles.

Vous entendez: Vous ne savez pas quel jour nous sommes aujourd'hui.
Vous dites: Quel jour sommes-nous aujourd'hui?

Vous entendez: Vous voulez savoir quels films votre camarade préfère.
Vous dites: Quels films préfères-tu?

1. ...   2. ...   3. ...   4. ...   5. ...

The Placement of Adjectives Describing People and Things

A. Une critique. Une de vos amies fait la critique d'un restaurant. Essayez de rendre son article plus intéressant en ajoutant (*adding*) les adjectifs de la colonne de droite.

La Tour Cuivrée, un *restaurant*[1] de la rue	célèbre / vieux
du Château, a un *chef*[2] qui est	jeune / parisien
remarquable pour ses *pâtisseries*.[3] Il a fait	imaginatif / joli
ses études dans une *école*[4] au centre	grand / prestigieux
de la capitale. Maintenant il espère	
réussir dans notre *village*.[5] Il a un	petit
nom[6] que tout le monde connaît (*knows*).	respecté / vieux
Il s'appelle Escoffier.	

※B. **Dans un restaurant élégant.** Qu'est-ce qu'on fait? Faites des phrases en vous aidant de la liste ci-dessous. Utilisez deux adjectifs par phrase.

MODÈLE : On commande un bon vin rouge.

on	prendre	soupe	vieux
	admirer	serveur	nouveau
	commander	meubles	bon
	manger	carte des vins	français
	regarder	ambiance (f.)	sérieux
	parler à	décor (m.)	sympathique
	boire	menu	beau
		maître d'hôtel	charmant
			gentil
			traditionnel
			joli

1. _____
2. _____
3. _____
4. _____
5. _____
6. _____

C. **Les voisines** (*Neighbors*). Écoutez la conversation suivante et indiquez si les phrases ci-dessous sont vraies (**V**) ou fausses (**F**).

Antoinette, une jeune étudiante belge, parle avec sa voisine, Mme Michel, une dame d'un certain âge, qui vit avec son chien et ses chats. Mme Michel a l'air triste (*sad*).

Vrai ou faux?

1. V F   Mme Michel peut déjeuner au café aujourd'hui.
2. V F   Mme Michel achète beaucoup de nourriture pour animaux.
3. V F   Mme Michel cherche un nouvel appartement.
4. V F   Antoinette a de la sympathie pour sa voisine.

Leçon 3: Structures

5. V F L'immeuble de Mme Michel a un nouveau propriétaire.

6. V F Mme Michel est allergique à son vieux chien.

7. V F C'est la première fois que Mme Michel a ce problème.

D. La vie de Mme Michel. Écoutez les remarques suivantes. Contredisez en utilisant l'adjectif contraire. Suivez le modèle.

Vous entendez: C'est un nouvel appartement.
Vous dites: Non, c'est un vieil appartement.

1. ... 2. ... 3. ... 4. ... 5. ... 6. ...

LEÇON 4: PERSPECTIVES

Faire le bilan

A. Un snob. Loïc est assez snob. Il préfère tout ce qui est vieux et classique. Il aime les lignes simples et élégantes. Exprimez son point de vue.

MODÈLE: J'aime ___cette maison-ci___, mais je n'aime pas ___cette maison-là___.

1. _____ est belle. Mais je trouve _____ ridicule.

2. _____ sont trop modernes. Mais _____ sont superbes.

Hôtel Moderne   Hôtel Georges V

3. _____ n'est pas confortable, mais _____ a l'air excellent.

Leçon 4: Perspectives

B. Les universitaires. Dans cet article sur les professeurs d'université en France, il y a huit chiffres écrits en toutes lettres (*spelled out*). Soulignez-les (*Underline them*) et écrivez leur équivalent en chiffres arabes.

MODÈLE: __55__

_____

_____

_____

_____

_____

_____

_____

UN TIERS[a] DES UNIVERSITAIRES ONT AU MOINS[b] CINQUANTE-CINQ ANS.

L'âge moyen[c] d'un professeur d'université est de cinquante-deux ans ; un peu plus de quarante-six ans pour un maître de conférences[d]; près de trente-huit ans pour un assistant. Les enseignants[e] sont généralement plus âgés en lettres et sciences humaines, moins en sciences. En lettres, plus de 28 % des professeurs ont au moins soixante ans. Plus de la moitié[f] ont au moins cinquante-cinq ans, contre 40 % en santé[g] 27 % en sciences ou en droit. Toutes disciplines confondues[h], plus du tiers des professeurs d'université ont au moins cinquante-cinq ans, moins de 5 % ont moins de quarante ans.

a. *third*
b. au... *at least*
c. *average*
d. maître... *lecturer*
e. *educators*
f. *half*
g. *health*
h. *combined*

✳ **C. Idées fixes.** On associe souvent certains noms à certains adjectifs, par exemple, **un studio minuscule** ou **une grosse voiture américaine**. Quels adjectifs associez-vous avec les mots suivants?

Suggestions: ancien, arrogant, cher, confortable, élégant, excentrique, grand, joli, moderne, nouveau, raisonnable, sombre, spacieux, sympathique, vert, vieux

1. une plante _____
2. une voiture _____
3. un jean _____
4. des chaussures _____
5. des prix _____
6. des vêtements _____
7. un artiste _____
8. un médecin _____
9. une grand-mère _____
10. un ordinateur _____

Name _____ Date _____ Class _____

À l'écoute!

Un client difficile. Dans ce bistro, c'est Yvonne qui prend la commande (*order*). Qu'est-ce qui se passe avec ce client? Écoutez leur conversation, puis choisissez les bonnes réponses.

1. Le client s'intéresse aux (*is interested in*) vins _____.

    ❑ blancs

    ❑ rouges

2. Yvonne propose deux vins à plus de (*more than*) _____ francs la bouteille.

    ❑ 100

    ❑ 1 000

3. Comme plats, Yvonne mentionne _____.

    ❑ la salade niçoise et la quiche lorraine

    ❑ le filet de bœuf et le poulet rôti

4. Le client demande si l'on peut commander du _____.

    ❑ chocolat

    ❑ bourgogne (*burgundy* [*wine*])

5. Le client finit par commander (*ends up ordering*) _____.

    ❑ de la soupe et du thé

    ❑ une entrecôte et une carafe de vin

Par écrit

Function: More on describing (a place)

Audience: A friend or classmate

Goal: Write a note to a friend inviting him or her to dinner.

To persuade your friend to come, describe your chosen restaurant using the following questions as a guide. **Dans quel restaurant préférez-vous dîner? Mangez-vous souvent dans ce restaurant? Quand? Est-ce qu'il est fréquenté (*visited*) par beaucoup de clients? Est-ce que la carte est simple ou recherchée? Quel est votre plat préféré? Quelle est la spécialité du chef?** Begin the letter with **Cher (Chère)** _____. End with **À bientôt...** (*See you soon . . .*)

Steps

1. Begin your first draft with a strong introduction: an intriguing question or an amusing thought to attract your friend's attention: **Veux-tu faire un repas délicieux avec un(e) ami(e) très sympathique?**

2. Write the body of the note, answering the questions posed above.

3. Write a conclusion. Include some interesting information about the restaurant, or specific plans for the date and time of your dinner.

4. Take a break, then revise your composition, checking the organization of the opening and closing paragraphs. Have a classmate check your work. Prepare the final draft, keeping an eye on spelling, punctuation, and grammar (particularly your use of adjectives).

Journal intime

Imaginez que vos amis (ou des membres de votre famille) décident de fêter votre anniversaire au restaurant. Décrivez la soirée de vos rêves.

- Où dînez-vous?
- Qui est invité?
- Qu'est-ce que vous mangez et buvez? (Décrivez le menu en détails.)
- Que faites-vous avant et après le repas?

    MODÈLE :   Voici la soirée de mes rêves: un pique-nique au jardin du Luxembourg à Paris, avec mon ami Joël…

Name _____ Date _____ Class _____

En Vacances

CHAPITRE 8

LEÇON 1: PAROLES

Les vacances en France

A. Activités sportives. Dans chaque catégorie, nommez trois ou quatre sports.

1. Sports d'hiver _____

2. Sports d'été _____

3. Sports qu'on pratique au bord de la mer _____
   _____

4. Sports qu'on pratique à la maison _____
   _____

5. Sports qui ne nécessitent pas d'équipement _____

6. Sports qu'on pratique à la montagne _____

B. Choisir ses vacances. Complétez les phrases suivantes avec une des nouvelles expressions verbales.

   MODÈLE: Si on aime la montagne, on peut ___faire de l'alpinisme___.

1. Si vous aimez dormir en plein air (*sleep outside*), vous pouvez _____
   _____

2. Si vous avez besoin de repos, vous pouvez _____
   _____

3. Pour passer des vacances sportives, on peut _____
   _____

4. Si vous aimez la mer, vous pouvez _____
   _____

125

5. Si on a beaucoup d'énergie et qu'on est près de la mer, on peut _____

6. En hiver on peut _____

7. Si on veut voir la campagne (*countryside*) française, on peut _____

8. Si vous aimez manger du poisson, vous pouvez _____

C. Que fait Chantal en vacances? Répondez à chaque question en regardant les dessins.

Vous entendez: Que fait Chantal sur la rivière?
Vous dites: Elle fait du bateau.

1.
2.
3.
4.
5.

D. Mes vacances préférées. Écoutez la question et les réactions de deux personnes. Ensuite, répondez vous-même.

Vous entendez: Qu'est-ce que tu aimes faire en montagne? —Je suis alpiniste. Je fais de l'alpinisme. —Moi, j'aime faire de la marche. —Et toi?
Vous dites: Moi, j'aime faire du cheval.

1. ...   2. ...   3. ...   4. ...

Name _____ Date _____ Class _____

Au magasin de sports

A. Soupe de lettres. Trouvez les expressions suivantes dans le jeu: **anorak, lunettes de ski, maillot de bain, sac de couchage, serviette de plage, tente.**

```
L A I S K S D E P L A I N B R E
I K S E D S E T T E N U L F R E
S E R V I E T T E D E P L A G E
O U P R I T E N T E D O N N E R
S E R A N O R A B L E P A I N S
O M A I L L O T D E B A I N S I
I M P R A N O R A K M A I L O T
O O L M A R I O E V E L M O N I
L E U S L K A T H A L B O G R E
L E I L I E E M P R U N T E R E
D R E G A H C U O C E D C A S F
```

B. De quoi a-t-on besoin? Écoutez les phrases suivantes, et mettez un cercle autour de l'objet qui *n'est pas nécessaire*.

Vous entendez: Pour faire du bateau, on a besoin d'une rivière et…
Vous écrivez: (d'une voiture) / d'un gilet de sauvetage (*life jacket*) / d'un kayak

1. d'un maillot de bain / d'une raquette / d'un masque

2. d'un sac de couchage / d'un pantalon de ski / de provisions

3. de skis / d'une tente / d'une planche

4. d'un parapluie / de gants de ski / d'un anorak

5. d'un sac à dos / d'un casque (*helmet*) / de lunettes de soleil

Des années importantes

A. Leçon d'histoire. Écrivez les années en toutes lettres, selon le modèle. Devinez (*Guess*), si vous n'êtes pas certain(e).

Années: 1257, 1436, 1643, 1789, 1803, 1861, 1918

MODÈLE: Louis XIV monte sur (*takes*) le trône de France en ___seize cent quarante-trois___.

Leçon 1: Paroles

1. La Première Guerre mondiale (*World War I*) finit en _____

2. La Révolution française commence en _____

3. La Sorbonne est fondée (*founded*) par Robert de Sorbon en _____

4. La France vend la Louisiane aux États-Unis en _____

5. La Guerre civile aux États-Unis commence en _____

6. Gutenberg a inventé l'imprimerie en _____

B. Un peu d'histoire européenne. Mettez un cercle autour de la date que vous entendez.

Vous entendez: La victoire de Charlemagne contre les Saxons, c'est en sept cent quatre-vingt-cinq… c'est en sept cent quatre-vingt-cinq.

Vous écrivez: La victoire de Charlemagne contre les Saxons (785) 885

1. La fondation de l'Université de Paris   1142   1120
2. La première croisade (*Crusade*)   1096   1076
3. La mort (*Death*) de Jeanne d'Arc   1431   1471
4. La guerre (*War*) de Sept Ans   1776   1756
5. L'exécution de Louis XVI   1793   1796
6. L'abdication de Napoléon   1814   1804

Les réponses se trouvent en appendice.

C. Moments historiques. Écoutez la question. Trouvez la réponse sur la liste des années et prononcez-la (*it*). Devinez si vous n'êtes pas certain(e)!

Vous entendez: Quelle est l'année de l'arrivée aux Amériques de Christophe Colomb?
Vous dites: Quatorze cent quatre-vingt-douze

1492   1776   1865
1620   1789   1903

1. …   2. …   3. …   4. …   5. …

LEÇON 2: STRUCTURES

Dormir and Similar Verbs; *venir*
Expressing Actions

A. Ah, les verbes! Complétez le tableau.

	MES COPAINS	TU	NOUS	MOROWA
sortir				
venir				
sentir				
dormir				
servir				

B. Dimanche, le matin. Complétez les histoires suivantes, puis répondez aux questions.

Dimanche soir (dormir, sentir, servir ou **sortir?)**

Après un long week-end, Line est si fatiguée qu'à six heures elle _____[1] déjà.

Charles téléphone et demande si elle veut _____[2] Il a envie d'aller dans un

restaurant où on _____[3] de la pizza napolitaine. Au restaurant, Line

_____[4] l'odeur de la pizza, et elle n'a plus sommeil.

- Est-ce que Line préfère dormir ou manger? _____
- Et vous? _____

Au petit déjeuner (dormir, partir, sentir ou **servir?)**

Le matin nous _____[5] souvent jusqu'à (*until*) sept heures et demie. Au restau-U

on _____[6] le petit déjeuner de sept à huit heures. Quand nous entrons dans la

salle à manger, nous _____[7] l'odeur des tartines (*toast*) et du café. On mange

bien, et puis on _____[8] en cours.

- À quelle heure ces personnes doivent-elles quitter leur chambre pendant la semaine? Et vous?

_____

C. Mystères. Expliquez ces situations en utilisant le verbe **venir de**.

Suggestions: faire de l'aérobic, dîner, habiter au Mexique, vendre sa société (entreprise) à une multinationale

MODÈLE: Pourquoi votre amie n'a-t-elle pas faim? → Elle vient de dîner.

1. Pourquoi n'avez-vous pas soif? _____

2. Pourquoi avez-vous le visage (*face*) tout rouge? _____

3. Pourquoi vos cousines parlent-elles si bien l'espagnol? _____

4. Pourquoi votre oncle est-il si riche? _____

✷5. Et vous, pourquoi êtes-vous content(e) maintenant? _____

D. J'aimerais savoir… Écoutez la phrase, et changez-la en utilisant le nouveau sujet.

Vous entendez: Jeanne sort-elle ce soir?
Vous voyez: vous
Vous dites: Sortez-vous ce soir?

1. Jacqueline
2. les enfants
3. la famille
4. je
5. vous

E. Qui est le plus aventureux? Écoutez cette conversation entre Michèle, Édouard et Jean-Pierre, et complétez les phrases.

Michèle et Édouard…

- _____ ¹ faire un safari-photo.

- _____ ² bientôt en Afrique.

- _____³ sous la tente, ou à la belle étoile (*outdoors*).

- adorent _____⁴ la nuit dans le désert.

Jean-Pierre…

- _____⁵ seulement pour aller à la plage.

- _____⁶ très bien dans sa chambre d'hôtel.

- descend dîner quand il _____⁷ la bonne soupe qu'on _____⁸ à l'hôtel.

Les réponses se trouvent en appendice.

The *passé composé* with *avoir*
Talking About the Past

A. **Oh là là, les verbes!** Complétez le schéma avec des verbes au passé composé.

	TRAVAILLER	RÉUSSIR	VENDRE
j'			
on			
les copains			
vous			
nous			
tu			

B. **Formes.** Donnez le participe passé des verbes suivants.

1. agir _____
2. tenir _____
3. perdre _____
4. vouloir _____
5. dormir _____
6. recevoir _____
7. avoir _____
8. devoir _____
9. obtenir _____
10. boire _____
11. pleuvoir _____
12. pouvoir _____

C. Vacances à la mer. Un groupe de jeunes gens racontent leurs vacances à des amis. Utilisez le passé composé des verbes appropriés.

Nous _____¹ deux semaines sur la Côte d'Azur l'été dernier.

On _____² d'aller à Nice, et puis à Marseille. Claire et Vincent

_____³ un hôtel charmant près de la plage et nous avons passé

cinq jours à nager et à faire du bateau.

choisir
passer
trouver

Un jour, Claire et Claudine _____⁴ un voilier (*sailboat*). Moi,

j'_____⁵ d'aller avec elles. Mais Vincent _____⁶

une limonade au café, et Thierry _____⁷ à faire du ski nautique.

apprendre
louer
décider
prendre

Un soir nous _____⁸ visite à nos amis à Saint Tropez. Ces

vacances _____⁹ vraiment formidables. _____-tu

_____¹⁰ nos photos?

voir
rendre
être

✴Donnez deux activités que vous avez pratiquées pendant vos dernières (*last*) vacances.

_____

_____

✴**D. Avez-vous passé un bon week-end?** Avec les expressions données, dites ce que vous avez fait ou n'avez pas fait pendant ces deux jours. **Rappel:** L'article partitif change après le négatif.

MODÈLE: manger de pizza → Je n'ai pas mangé de pizza.

1. dormir dix heures par nuit _____

2. boire du champagne _____

3. prendre de l'aspirine _____

4. avoir peur _____

5. porter un maillot de bain _____

6. recevoir une lettre _____

7. regarder la télévision _____

8. accepter une invitation _____

Donnez trois activités différentes que vous avez pratiquées pendant le week-end.

Verbes possibles: boire, écouter, manger, obtenir, porter, regarder _____

_____

_____

Name _____ Date _____ Class _____

E. Les vacances de Bernard. Écoutez l'histoire suivante. Mettez les images dans ordre (#1, #2, #3 et #4).

A. _____

B. _____

C. _____

D. _____

F. Le déménagement (*Moving day*). Écoutez Annette qui répond aux questions d'une amie au téléphone. Écrivez les réponses.

—Oui, dans le journal (*newspaper*). _____¹ un gros camion (*truck*) à louer, pas trop cher, et Jeff et moi, _____² tous les préparatifs.

—Oui, _____³ par emballer (*packing*) nos livres.

—Oui, _____⁴ Georges et Solange à nous aider aussi, mais ils sont en voyage.

—Non, pas vraiment, _____⁵ de difficulté à descendre les meubles.

—Oui, _____⁶ à tout placer dans le camion, enfin…

—Simon et Marie _____⁷ les courses pour nous.

Les réponses se trouvent en appendice.

G. Et toi? Écoutez chaque conversation, et dites ce que vous avez fait vous-même la semaine dernière.

Vous entendez : Nicole a discuté avec ses parents. —Moi, j'ai discuté avec mes amis. —Et toi?
Vous dites : Moi, j'ai discuté avec mes profs.

1. … 2. … 3. … 4. … 5. … 6. …

Name _____ Date _____ Class _____

CORRESPONDANCE

Carte postale

Complétez la carte postale avec les expressions suivantes: **bien, cheval, dormir, faire, grand, obtenu, pars, tente, ton, viens, vient de, visité.**

CARTE POSTALE

Cher Malik,

Dans cinq mois, je _____¹ pour l'Arizona. J'ai _____² une première fois l'État du Grand Canyon avec mes parents, il y a trois ans. Un ami _____³ découvrir un bon tour guidé. Nous allons pouvoir _____⁴ dans le pays des Navajos, des Hopis et du _____⁵ chef, Cochise, un Hohoka!

    Nous allons sortir tous les jours pour faire du _____.⁶ Et nous avons _____⁷ la permission de _____⁸ du kayak à Jacob Lake, sur le plateau de Kaibab, où j'ai dormi une nuit sous la _____.⁹

    Alors, paresseux, tu _____?¹⁰ Écris-moi dès que possible!

_____¹¹ ami de toujours,

Michel

P.S Maman va très _____¹² et t'envoie son bon souvenir.

Flash-culture

Relisez les Flashs dans votre livre, puis trouvez la fin de chaque phrase.

1. _____ Les Français bénéficient
2. _____ En été, pendant les grandes vacances,
3. _____ Les amoureux de la nature choisissent
4. _____ L'Afrique a une réserve
5. _____ Avec un guide, vous pouvez visiter
6. _____ Les animaux des parcs nationaux d'Afrique

a. les parcs nationaux d'Afrique.
b. les « vacances à la ferme ».
c. n'aiment pas la présence des humains.
d. de cinq semaines de vacances payées.
e. d'espaces naturels uniques au monde.
f. Paris est vide.

Correspondance 135

Malik à l'appareil!

Au revoir, Malik! C'est la dernière fois que nous entendons notre vieux Malik. Aujourd'hui, il téléphone à un hôtel de Casablanca pour organiser des vacances. Écoutez sa conversation avec Azéma, la propriétaire de l'hôtel, puis complétez les phrases suivantes.

1. Évidemment, Malik a dû ____.
   - ❏ laisser plusieurs (*several*) messages
   - ❏ attendre

2. Azéma a ____ pour Malik.
   - ❏ tout arrangé
   - ❏ loué un ballon

3. Malik et ses touristes auront (*will have*) ____.
   - ❏ des tentes à la plage
   - ❏ des chambres avec vue sur mer

4. On va faire de la ____.
   - ❏ planche à voile
   - ❏ plongée sous-marine

5. Azéma dit à Malik d'emporter (*to bring*) ____.
   - ❏ des skis nautiques (*water*), un sac à couchage et des sandales
   - ❏ le minimum de vêtements et d'équipement sportifs

Prononciation

Les consonnes finales. Final consonants are generally not pronounced in French. To distinguish singular and plural forms, for example, it is necessary to listen to the article: **le parapluie, les parapluies; la tente, les tentes**. However, there are a few final consonants that are usually pronounced:

- Final **c**: avec, bec, parc
- Final **f**: bœuf, neuf, soif
- Final **l**: bal, mal, mille
- Final **r**: pair, par, pour

Be aware that there are several common words in which final **c** is not pronounced: **banc, blanc, porc, tabac**. Keep in mind, as well, that final **-er** is sometimes pronounced like French **air**, but often pronounced like **é**: **fier**, but **chanter, danser, parler**.

Répétez les expressions suivantes. Vous les entendrez deux fois.

1. parc / public / Québec / sac / banc / blanc / porc / tabac
2. chef / neuf / œuf / soif / bœuf / fief
3. alcool / bal / col / bol / mal / pull
4. air / fier / mer / pour / bronzer / nager / quitter / voyager

LEÇON 3: STRUCTURES

Depuis, pendant, il y a
Expressing How Long or How Long Ago

A. À Chamonix. Mariane et Fanny font connaissance pendant les vacances. Utilisez **depuis, pendant** ou **il y a**.

MARIANE: _____¹ quand es-tu ici à Chamonix?

FANNY: Je suis ici _____² trois heures. J'ai envie de faire de l'alpinisme _____³ les trois jours que je vais être ici. Tu es ici _____⁴ longtemps?

MARIANE: J'ai pris le train de Lyon _____⁵ une semaine. _____⁶ six jours je visite toutes les curiosités de la région: la mer de Glace, le mont Blanc. Et _____⁷ mon arrivée je goûte à tous les bons plats de la région.

FANNY: Est-ce qu'il fait toujours si beau _____⁸ le mois de juin?

MARIANE: Souvent, mais il a neigé en montagne _____⁹ deux semaines.

Donnez deux activités qu'on peut faire dans la région de Chamonix. _____
_____
_____

∗B. Évolution. Décrivez vos activités passées et présentes en complétant ces phrases. Notez bien le temps des verbes employés.

1. J'étudie le français depuis _____

2. Je joue à/de _____ depuis _____

3. J'habite à _____ depuis _____

4. J'ai fait _____ il y a 10 ans.

5. J'ai commencé mes études universitaires il y a _____

6. J'ai visité _____ en 1995.

7. J'ai acheté _____ la semaine passée.

C. Nouveaux intérêts. Écoutez la conversation entre Bernard et Sophie.

Un soir, à l'hôtel, Bernard Meunier parle avec une jeune fille, Sophie Morin…

Après les vacances. Sophie décrit ses vacances à une copine. Écoutez les questions de sa copine et complétez par écrit les phrases à la page suivante.

1. Je suis de retour _____ quelques jours seulement.

2. _____ je suis de retour, je pense à mon nouvel ami Bernard…

3. _____ mes vacances, j'ai passé beaucoup de temps avec Bernard.

4. Nous avons parlé pour la première fois _____ deux semaines.

5. Ce soir-là, nous avons discuté _____ des heures.

D. Question de temps. Écoutez la question et la réponse d'un étudiant. Puis répondez vous-même.

Vous entendez: Quand as-tu vu « Aladdin » ? —Moi j'ai vu ce film il y a trois ans! —Et toi?
Vous dites: Moi, il y a deux ans.

1. …   2. …   3. …   4. …   5. …

Prepositions with Geographical Names Expressing Location

A. Géotest. Connaissez-vous (*Do you know*) votre géographie?

MODÈLE: Pour faire du ski sans quitter les États-Unis, on va ___au Colorado___.

Londres	Colorado	Japon
Amérique Centrale	Amérique du Nord	Moscou
Allemagne	Virginie	Californie
Chine	Afrique	Madrid

1. Le Mexique est _____

2. On a inventé la Volkswagen _____

3. Les voitures Nissan viennent _____

4. On mange beaucoup de riz (*rice*) _____

5. Le théâtre Bolchoï se trouve _____

6. Le musée du Prado est _____

7. Notre café vient _____

8. George Washington est né _____

9. La Côte-d'Ivoire est _____

10. Les grands vins américains viennent _____

Name _____ Date _____ Class _____

B. Des annonces. On a publié ces annonces dans un magazine pour étudiants, *Le Monde de l'éducation*. Lisez-les et répondez aux questions.

Stages et loisirs

Prof. organise voyage en août 89, Chine-Tibet-Népal et H.-Kong, circuit complet, bonnes prestations.
Tél. : 43-40-66-84, soir.

Le Maroc en bus, 21 jours août, 4.600 F tt comp., camping style cool. Doc. à Foyer rural, 52000 Euffigneix.
Tél. : 25-32-31-46, soir.

Voyage en Chine, Route de la soie, 1 mois, juillet, août, 15 900 F TC, M. Chen, 60 bd Magenta, 75010 Paris.

Corse Porticcio, loue été, F3, dans villa calme, 500 m de la plage
Tél. : 93-20-18-14 ou 93-63-42-22, le soir.

VACANCES ANGLAISES POUR JEUNES
Joignez l'utile à l'agréable. Améliorez votre anglais sans peine dans l'ambiance chaleureuse de notre home. Cours particuliers et sorties variées.
FAMILY INTERNATIONAL
11 Ashwell Road
Whissendine, OAKHAM
Leics LE 15 7EN. G. B.
Tel : 19 44 66 479 219.

---

1. Que proposent ces annonces? _____
2. Où peut-on passer 21 jours en août? _____
_____
3. Combien coûte le voyage en Chine sur la route de la soie (*silk*)? _____
4. Quels sont les quatre pays où le professeur organise un voyage? _____
5. Dans quelle ville de Corse est-ce qu'on loue une villa? _____
✱ 6. Quelle annonce vous intéresse (*interests you*) le plus? Où aimeriez-vous aller? Pourquoi?
_____
_____

C. Voyages d'affaires. M. Auteuil est représentant (*salesman*) pour une entreprise internationale. Il voyage énormément. Racontez ses voyages selon son calendrier. Allez à la page suivante.

Verbes utiles: aller, arriver, être, partir, quitter, rentrer, revenir, visiter

septembre						
lundi	mardi	mercredi	jeudi	vendredi	samedi	dimanche
				1	2	3
4	5 *Rio*	6	7 →	8	9	10
11	12 *Marseille*	13 *Italie*	14 *Allemagne*	15 →	16	17
18	19	20 *Japon*	21	22	23	24
25 →	26	27	28	29 *Angleterre*	30 →	

Leçon 3: Structures 139

MODÈLE: Mardi le cinq, il va à Rio où il passe trois jours. Il rentre du Brésil le huit.

1. Mardi le douze _____
   _____

2. Mercredi le treize _____
   _____

3. Jeudi le quatorze _____
   _____

4. _____
   _____

5. _____
   _____

D. Voyages de rêve (*dream*). Écoutez les projets de voyage suivants, puis donnez la destination de ces gens.

Vous entendez: Sylvie veut voir des ruines mayas et aztèques en Amérique. Où va-t-elle?
Vous dites: Elle va au Mexique.

Destinations: l'Australie, la Belgique, le Canada, la Chine, le Mexique, New York, la Tunisie

1. ...   2. ...   3. ...   4. ...   5. ...   6. ...

E. La rentrée. Écoutez la description et dites d'où arrive chaque personne.

Cybèle   Monique   Gérard   Florence   Joseph

Vous entendez: Cybèle arrive d'Amérique du Sud. On parle portugais dans le pays qu'elle a visité. À Rio, une ville importante, on célèbre le carnaval du Mardi Gras au mois de février. D'où vient Cybèle?
Vous dites: Elle vient du Brésil.

1. ...   2. ...   3. ...   4. ...

LEÇON 4: PERSPECTIVES

Faire le bilan

✱ **A. Souvenirs.** Racontez trois événements de votre vie avant (*before*) l'âge de dix ans.

    MODÈLE: J'ai visité la Californie pour la première (*first*) fois avec ma famille.

1. _____
2. _____
3. _____

Racontez trois de vos souvenirs de l'école secondaire.

4. _____
5. _____
6. _____

B. Épisodes de l'histoire de France. Lisez ce texte, puis répondez aux questions suivantes.

La Révolution française commence le 14 juillet mil sept cent quatre-vingt-neuf quand le peuple de Paris prend la Bastille. Louis XVI est guillotiné en mil sept cent quatre-vingt-treize.

    Napoléon Bonaparte devient empereur en mil huit cent quatre, mais, après sa défaite à la bataille de Waterloo en mil huit cent quinze, Louis XVIII monte sur le trône. Son frère, Charles X, devient roi (*king*) mais il s'échappe (*escapes*) en Angleterre pendant la Révolution de mil huit cent trente.

    Le règne de Louis-Philippe finit en mil huit cent quarante-huit avec une autre révolution. Le peuple proclame la Seconde République. Mais le 2 décembre mil huit cent cinquante et un, Louis-Napoléon Bonaparte fait un coup d'état.

    Après la guerre (*war*) avec la Prusse, en mil huit cent soixante-dix, le peuple proclame la Troisième République, qui va continuer jusqu'en mil neuf cent quarante, au début de la Deuxième Guerre mondiale. Depuis mil neuf cent cinquante-huit, la Cinquième République gouverne la France.

1. Écrivez en chiffres les dix dates données dans le texte. Donnez aussi l'événement correspondant. (Nous avons commencé la liste pour vous.)

    1789—La Révolution française

    _____
    _____
    _____
    _____
    _____
    _____
    _____
    _____
    _____

Leçon 4: Perspectives   **141**

2. Combien de révolutions y a-t-il eu entre 1770 et 1900 en France? _____

3. Combien de monarques y a-t-il eu en France pendant cette période? _____

✶ C. Et vous? Répondez aux questions suivantes.

1. Que venez-vous de faire? _____
   _____

2. Qu'est-ce que vous avez pris au petit déjeuner ce matin? _____
   _____

3. Jusqu'à quel âge avez-vous dormi avec votre ours en peluche (*teddy bear*)? _____
   _____

4. Vous avez un anorak? De quelle couleur? _____
   _____

5. Où avez-vous passé les dernières vacances d'hiver? _____
   _____

6. En général, combien d'heures dormez-vous par nuit? _____
   _____

7. Depuis quand portez-vous les chaussures que vous avez aux pieds, en ce moment? _____
   _____

À l'écoute!

Marchons (*Let's walk*)! Paul et Marie parlent de leur sport favori, la marche. Écoutez leur conversation, puis complétez le passage par écrit.

Vocabulaire utile: courir (*p.p.* couru)   *to run*
                         m'acheter   *to buy myself*
                         en m'entraînant   *by training*

MARIE: Depuis quand fais-tu la marche, Paul?

PAUL: J'ai oublié _____1_____2 exactement... Deux ans?

MARIE: Tu as toujours _____3 marcher?

PAUL: Toujours. Et j'ai rêvé de _____4 un grand athlète.

MARIE: Tu as marché, la semaine _____5? Il a beaucoup plu.

142   *Chapitre 8*

PAUL: Oh oui, j'ai marché. J'ai même couru sous la pluie. J'adore ça! Mais je fais _____6 minutes de marche tous les jours.

MARIE: Et l'hiver _____7 quand il a _____8 et neigé, tu es sorti?

PAUL: Oui. J'oublie tout quand je marche. Je suis heureux dans la neige et le froid.

MARIE: Moi aussi. Mais les _____9 que je porte d'habitude sont mauvaises pour la pluie. J'ai _____10 m'en acheter une nouvelle paire.

PAUL: Combien de kilomètres fais-tu à l'heure?

MARIE: Oh, tu sais, j'ai _____11 de bons résultats en m'entraînant: je fais 4,8 km à l'heure.

PAUL: Bravo! Tu as raison: c'est une question d'entraînement.

MARIE: Tu m'as tout juste _____12 une idée. _____13 -tu courir sur la _____14 avec moi demain matin?

PAUL: Pourquoi pas?

Les réponses se trouvent en appendice.

Par écrit

Function: Narrating in the past

Audience: Friends

Goal: Write a story about a disastrous vacation (**des vacances désastreuses**) that you experienced, or invent such a situation.

Steps

1. Write an outline of your story.
   - Set the scene. Describe who was with you, where you were, and the general circumstances.
   - Describe the complications that beset you.
   - Explain your reactions, and those of your companions, to the adverse circumstances.
   - Tell how the vacation ended and how the difficulties were resolved.

2. Complete the outline, fill in any details and write the first draft.

3. Have a classmate reread the draft to see if what you've written is clear.

4. Finally, make any changes suggested by your classmate that seem germane and check the draft for spelling, punctuation, and grammar. Focus especially on your use of the **passé composé** with **avoir**.

Journal intime

Avant d'écrire dans votre journal, lisez les questions suivantes et cochez (✓) les réponses correctes.

Qu'est-ce que vous avez fait l'été passé?

J'ai...

_____ travaillé

_____ voyagé (où?)

_____ passé beaucoup de temps avec des amis

_____ fait des études

_____ regardé beaucoup de télévision

_____ fait beaucoup de natation

_____ (autre) _____

Maintenant décrivez brièvement ce que vous avez fait l'été passé.

- Qu'avez-vous fait?
- Avec qui?
- Où?
- Qu'est-ce que vous avez appris, acheté, vu, etc.?

MODÈLE: L'été passé, j'ai travaillé comme animatrice (*counsellor*) dans un camp de vacances pour enfants handicapés...

Name _____ Date _____ Class _____

EN ROUTE!

CHAPITRE 9

LEÇON 1: PAROLES

En avion / En train / En route!

A. **Analogies.** Complétez chaque analogie.

1. _____ : voler = voyage : voyager

2. aéroport : avion = _____ : train

3. steward : hôtesse de l'air = passager : _____

4. _____ : atmosphère = bateau : eau

5. conducteur : train = _____ : avion

6. piloter : avion = _____ : moto

7. rouler : voiture = faire : _____

8. _____ : billet = boulangerie : pain

B. **Thierry et Serge partent en Suisse.** Racontez leur départ. Mentionnez les objets marqués d'une flèche (*arrow*).

1. Thierry et Serge sont _____
   Ils portent _____
   Ils vont probablement _____

145

2. Le train _____
   Thierry et Serge _____
   Il est _____

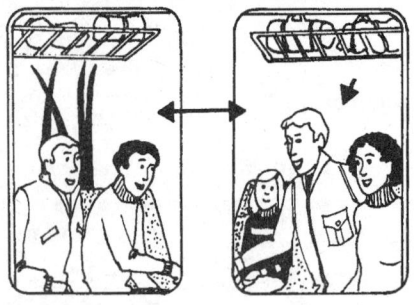

3. Maintenant Thierry et Serge sont _____
   Quelle surprise! Devant les jeunes gens, _____
   _____

C. À l'aéroport international. Trouvez le numéro du vol sur le tableau et écrivez les informations que vous entendez.

Vous entendez: Le vol numéro quatre-vingt-treize arrive du *Maroc* à *dix-sept heures quinze*.
Vous écrivez:

N° DU VOL	ARRIVE DE/DU/DES	HEURE D'ARRIVÉE
61		9H40
74		13H30
79		
81	*Russie*	
88		
93	*Maroc*	*17H15*
99	*Mexique*	

Les réponses se trouvent en appendice.

146   Chapitre 9

Name _____ Date _____ Class _____

D. Le voyage de Sabine. Écoutez l'histoire en regardant les dessins. Mettez les dessins en ordre en les numérotant de #1 à #6.

Sabine est étudiante en sociologie à Rouen. L'été passé, elle a fait un voyage d'études en Côte-d'Ivoire.

A. _1_

B. _____

C. _____

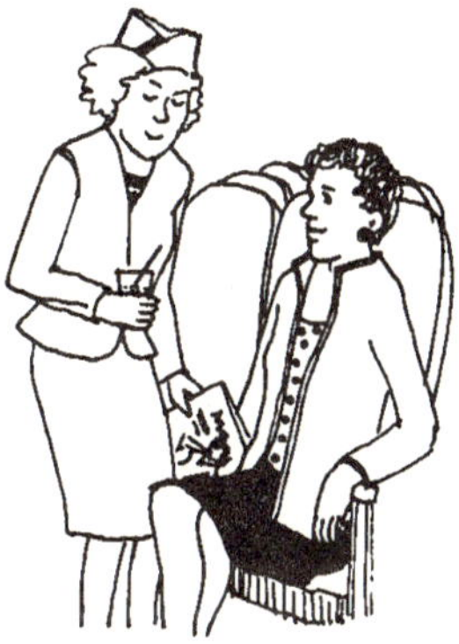

D. _____

E. _____

F. _____

E. Et vous? Réfléchissez à un voyage en train ou en avion que vous avez fait récemment, et donnez votre propre réponse aux questions suivantes. Vous n'entendrez pas de réponses suggérées.

    Vous entendez: Pourquoi as-tu fait ce voyage?
    Vous voyez: J'ai fait… pour…
    Vous dites: J'ai fait ce voyage pour voir ma famille.

1. J'ai voyagé…
2. J'ai pris…
3. J'ai choisi…
4. Oui, j'ai emporté (*took*)… (Non, je n'ai pas…)
5. Après le repas…
6. Oui, j'ai conduit (*drove*)… (Non, je n'ai pas…)

Leçon 1: Paroles   **147**

Les points cardinaux

Test de géographie. Au nord, au sud, à l'est, ou à l'ouest? Regardez les cartes dans votre livre si vous n'êtes pas certain(e).

MODÈLE: la France / le Luxembourg → La France est au sud du Luxembourg.

1. le Mexique / les États-Unis _____
2. la Colombie / le Brésil _____
3. le Sénégal / la Côte-d'Ivoire _____
4. l'Allemagne / la Belgique _____
5. l'Italie / la Grèce _____
6. l'Algérie / le Maroc _____

Le verbe *conduire*

A. Pensées diverses. Complétez les phrases avec les formes correctes de **conduire, construire, détruire,** ou **traduire**.

1. Nous avons besoin de _____ cet article en japonais.
2. Mon amie Cornelia va partout à pied. Elle ne _____ jamais sa voiture.
3. Les Riesel? Oui, ils _____ une nouvelle maison l'année dernière.
4. Notre professeur _____ des poésies de Senghor, il y a trois ans.
5. Léa et moi, nous _____ notre moto tous les jours!
6. On _____ beaucoup de villes françaises pendant les deux Guerres mondiales.

B. Moyens de transport. Écoutez la description et donnez le nom du véhicule.

Vous entendez: Viviane voyage en train sous la ville de Paris. Comment voyage-t-elle?
Vous dites: Elle voyage en métro.

1. ... 2. ... 3. ... 4. ... 5. ...

LEÇON 2: STRUCTURES

The *passé composé* with *être*
Talking About the Past

A. Ah, les verbes! Complétez le tableau.

	ARRIVER	PARTIR	RENTRER
vous, madame			
Déo et moi			
les stewards			
Marie-Anne, tu			

B. Qu'est-ce qui s'est passé? Faites des phrases logiques (affirmatives ou négatives) au passé composé. **Rappel:** Le participe passé s'accorde avec le sujet.

MODÈLE: Vendredi nous avons eu un examen de biologie très difficile.
Jeudi nous: aller au cinéma / rentrer du laboratoire à onze heures du soir →

Jeudi, nous ne **sommes** pas allés au cinéma. Nous **sommes** rentrés du laboratoire à onze heures du soir.

1. Il a plu à verse (*rained cats and dogs*) dimanche après-midi. Mes amies: aller à la piscine / rester à la maison / sortir dans le jardin / monter à cheval _____

2. Martine a voyagé en Afrique. Elle: passer par Dakar / rester une semaine à Marrakech / aller au Teatro alla Scala / rentrer à cheval _____

3. Le marquis de La Fayette a participé à la Révolution américaine. Il: naître en 1757 / mourir en 1834 / partir pour l'Amérique en avion / devenir président des États-Unis _____

✳ 4. Je suis moi-même… Je: naître avant 1970 / entrer à l'école primaire à cinq ans / arriver à l'université en avion / rentrer à la maison ce semestre _____

_____

_____

_____

_____

C. Une jeune femme francophone. Euzhan Palcy est une cinéaste martiniquaise. Reconstituez quelques moments importants de sa vie en utilisant les verbes **naître, devenir, partir, rentrer** et **venir** dans les phrases suivantes.

_____ En 1983 son premier film _____ célèbre à Paris.

_____ Jeune fille, elle _____ de Martinique pour faire ses études cinématographiques en France.

_____ Après le succès de *Rue Cases Nègres* (*Sugar Cane Alley*), Euzhan Palcy _____ aux États-Unis pour tourner son deuxième film, cette fois-ci avec Marlon Brando et Donald Sutherland, *A Dry White Season*.

___1___ Elle _____ à la Martinique dans une famille d'artistes.

_____ Elle _____ à la Martinique faire son premier film, *Rue Cases Nègres*.

- Quels pays Palcy a-t-elle habités? _____
- Combien de films cette jeune femme a-t-elle tournés? _____

Maintenant, numérotez les phrases selon leur ordre chronologique. (Nous l'avons commencé pour vous.)

D. Baudelaire. Mettez ce texte au passé. Utilisez une autre feuille de papier. Attention: on utilise **être** ou **avoir** comme auxiliaire?

Charles Baudelaire, célèbre poète français du 19ème siècle, *naît* [1] à Paris en 1821. Il *a* [2] une relation difficile avec son beau-père alors il *part* [3] à Lyon.

Il *revient* [4] bientôt à Paris, où il *continue* [5] ses études. Il *habite* [6] alors le Quartier latin, où il *mène* [7] une vie de bohème. Il *part* [8] de Paris en 1841 pour faire un voyage en bateau qui *enrichit* [9] sa sensibilité. De retour à Paris, son héritage paternel lui *permet* [10] de vivre (*to live*) dans le luxe pendant un moment, mais il *finit* [11] sa courte vie dans la misère. Il *meurt* [12] en 1867, mais ses poèmes, connus dans le monde entier, *survivent*. [13] Dans «L'Invitation au voyage,» il nous rappelle les joies du voyage.

E. Un premier voyage. Maryvonne, qui a douze ans, voyage seule pour la première fois. Écoutez les directives de son père, et marquez les activités qu'il mentionne.

_____ aller sur le quai   _____ changer de trains à Grenoble

_____ acheter un billet   _____ rencontrer des amis

_____ prendre sa valise   _____ aller voir tante Lucie

_____ monter dans le train   _____ rentrer dans deux semaines

_____ prendre le déjeuner   _____ faire une randonnée

_____ descendre à Lyon

Trois jours plus tard, Maryvonne écrit une carte postale à son père. Elle raconte son voyage *au passé*. Complétez sa carte postale.

> Before completing the postcard, listen again to the original statement by Maryvonne's father.

CARTE POSTALE

Cher Papa,

Oui, à la gare je suis allée sur le quai. Je/J' _____¹ ma valise. Je/J' _____²

dans le train. Je/J' _____³ à Lyon. Je/J' _____⁴ nos amis.

Je/J' _____⁵ voir tante Lucie. Et maintenant, papa, j'ai envie de rentrer. Est-ce que tu peux

venir me chercher?

Gros bisous,

Maryvonne

Les réponses se trouvent en appendice.

F. Un week-end en ville. Racontez le week-end de Marceline au passé composé.

Vous entendez: Marceline achète son billet.
Vous dites: Marceline a acheté son billet.

Vous entendez: Son train arrive.
Vous dites: Son train est arrivé.

1. ... 2. ... 3. ... 4. ... 5. ... 6. ... 7. ... 8. ...

Leçon 2: Structures **151**

The Present Conditional
Expressing Wishes and Polite Requests

A. Le savoir-faire. Complétez les phrases ci-dessous de façon polie en utilisant le conditionnel du verbe entre parenthèses.

   MODÈLE: ___Voudriez___-vous nous envoyer une réponse avant le 15 septembre?

1. (pouvoir) _____-vous me téléphoner avant de venir?

2. (avoir) _____-vous envie d'investir un peu d'argent?

3. (vouloir) Je _____ bien vous accompagner en voyage cet été.

4. (pouvoir) Daniela, tu _____ me prêter ton guide de Séville?

5. (vouloir) Madame, _____-vous nous accompagner?

6. (pouvoir) Excusez-moi. Je _____ m'asseoir (*sit down*) ici, s'il vous plaît?

7. (avoir) _____-vous l'horaire des trains?

8. (avoir) Yves, tu _____ une tente à me prêter?

B. Un week-end à Londres. Écoutez la conversation entre Julie et son agent de voyages.

Un nouveau voyage. Écoutez les phrases, et répétez-les (*them*) en substituant les éléments suivants.

Vous entendez: Auriez-vous des tarifs (*fares*) intéressants pour Londres?
Vous voyez: le Québec
Vous dites: Auriez-vous des tarifs intéressants pour le Québec?

1. pour Montréal
2. une couchette
3. aller
4. voir les Rocheuses canadiennes

C. Les bonnes manières. Vous donnez un goûter (*children's party*) pour les amis de votre petite sœur. Apprenez-leur à parler en société. Suivez le modèle.

Vous entendez: Nous voulons manger!
Vous dites: Non, dites... nous voudrions manger.

1. ...   2. ...   3. ...   4. ...   5. ...

CORRESPONDANCE

Courrier électronique

> Like your textbook, the *Vis-à-vis* Workbook / Laboratory Manual features correspondence exchanged by the video characters and their friends and relatives in other parts of the Francophone world. In **Chapitres 9–12**, you will find e-mail exchanged by Paul and his former girlfriend Nathalie, a journalist travelling through France, Belgium, and Switzerland. Remember to read through the e-mail once or twice before completing it. You do not need to understand every word in order to complete this activity successfully. **Allez-y!**

Complétez le courrier électronique avec les expressions suivantes: **à, conduire, dernier, en, es, montés, passée, sommes, suis, voudrais.**

```
> Nathalie,
> _____1 un tank en ville? Tu es sûrement tombée sur la
> tête! Moi, je n'aime pas l'autobus. Ma voiture rouge monte, descend,
> s'arrête quand je veux et va partout sur ses quatre roues. Quand je
> _____2 retourné à Chartres, vendredi _____,3
> mon auto est _____4 par les rues étroites comme un
> vélo._____5 Espagne, avec deux copains de fac, nous
> sommes _____6 à bord du bateau avec l'auto, et nous
> avons descendu le Guadalquivir. Nous _____,7 bien sûr,
> arrivés à l'heure à Séville pour la soirée de flamenco. Et toi,
> _____8-tu retournée _____9 Genève pour finir ton
> reportage sur la maison de Jean-Jacques Rousseau? Je _____10
> te voir…
> Paul
```

Flash-culture

Relisez les Flashs dans votre livre, puis complétez les phrases suivantes.

1. _____, c'est l'abbréviation de Société nationale des Chemins de fer français.
2. Avec la «Carte Inter Rail», vous pouvez voyager dans toute l'_____.
3. On peut acheter les cartes de réduction dans toutes les _____ de France.

Correspondance

4. Il y a plus de 100 000 _____ à Paris.

5. La bicyclette, c'est un moyen de locomotion non _____.

6. Les cyclistes protestent contre la dictature de la _____.

📼 Nathalie à l'appareil!

> In the **Correspondance** section of the *Vis-à-vis* Workbook/Laboratory Manual, you hear the correspondents of the Paris-based video characters in telephone conversations with friends, colleagues, and businesspeople from their region of the Francophone world. **Chapitres 9–12** feature Nathalie, Paul's former girlfriend, talking with people throughout French-speaking Europe. Remember: feel free to listen as many times as you need to, and aim to grasp the essential information in each conversation.

Ciao, Benslou! Nathalie est descendue a l'hôtel des festivals, le fameux Palace de Cannes. Elle téléphone à l'agent d'Isabelle Adjani, Benslou Ricci. Écoutez leur conversation, 📼 puis indiquez si les phrases suivantes sont vraies (**V**) ou fausses (**F**).

1. V F Nathalie est arrivée à Cannes en voiture.
2. V F Elle a eu un vol difficile.
3. V F Isabelle Adjani est malade et ne viendra pas au festival.
4. V F Finalement, Benslou réussit à aider Nathalie.
5. V F Benslou lui donne (*gives her*) rendez-vous à la gare de Nice.

📼 Prononciation

Révision d'orthographe (*Spelling review*). Répétez les lettres de l'alphabet et les mots correspondants.

a	abricot	h	haricot	o	omelette	u	ustensile
b	baguette	i	italien	p	pain	v	viande
c	carotte	j	jambon	q	quiche	w	whisky
d	dessert	k	kaki	r	raisin	x	xérès
e	escargot	l	lait	s	salade	y	yaourt
f	fondue	m	marron	t	tarte	z	zeste
g	gâteau	n	noisette				

Les accents. Épelez (*Spell out*) et prononcez les mots suivants. Attention aux accents.

Vous entendez: hôtel
Vous dites: H-O accent circonflexe-T-E-L, hôtel

Vous entendez: étagère
Vous dites: E accent aigu-T-A-G-E accent grave-R-E, étagère

1. voilà
2. théâtre
3. où
4. français
5. Zaïre

LEÇON 3: STRUCTURES

Affirmative and Negative Adverbs
Expressing Negation

✱ A. Projets. Faites des phrases utilisant **déjà** pour ce que vous avez fait, **pas… encore** pour ce que vous voulez faire à l'avenir et **ne… jamais** pour ce que vous n'avez pas envie de faire.

MODÈLES: voir la Chine → Je n'ai pas encore vu la Chine.

boire du champagne → J'ai déjà bu du champagne.

goûter des huîtres → Je ne vais jamais goûter d'huîtres.

faire la connaissance d'un Français (une Française)
camper dans la Forêt-Noire
dormir sur un futon
partir en vacances avec des amis
quitter ma famille pendant toute une année

nager dans le golfe du Mexique
nager dans l'océan Antarctique
conduire un Renault
tomber amoureux/euse
faire le tour de l'Afrique

1. _____
2. _____
3. _____
4. _____
5. _____
6. _____
7. _____
8. _____
9. _____
10. _____

B. À l'agence de voyages. Pauvre Yves. Il a toujours moins (*less*) de chance que les autres. Écrivez son rôle dans le dialogue suivant puis répondez à la question.

MODÈLE: MARC: Chic! (*Neat!*) J'ai mille dollars à dépenser cet été.
 YVES: Moi, je ___n'ai que deux cents dollars___ .

MARC: J'ai six semaines de vacances cette année.
YVES: Moi, je _____

MARC: Il y a une douzaine d'endroits que je voudrais visiter.
YVES: _____

MARC: Je peux choisir entre six grands hôtels dans plusieurs villes européennes.
YVES: _____

MARC: Je vais partir pour trois semaines au soleil.
YVES: _____

✱ Avez-vous la chance de Marc ou d'Yves, lorsque vous voyagez? _____
_____

Leçon 3: Structures   155

C. Paul et Richard. Écoutez la description de Paul et comparez-le à son frère Richard, qui est son opposé.

> **Rappel:** In the negative,
> déjà → ne/n'... pas encore and
> encore → ne/n'... plus.

Vous entendez: Paul a déjà un diplôme.
Vous dites: Richard n'a pas encore de diplôme.

Vous entendez: Paul a encore de l'argent.
Vous dites: Richard n'a plus d'argent.

1. ... 2. ... 3. ... 4. ... 5. ... 6. ...

D. Limites. Écoutez les phrases suivantes et remplacez l'expression **seulement** par **ne... que**.

Vous entendez: Nous avons seulement deux heures ici.
Vous dites: Nous n'avons que deux heures ici.

Vous entendez: J'achète seulement un billet.
Vous dites: Je n'achète qu'un billet.

1. ... 2. ... 3. ... 4. ...

Affirmative and Negative Pronouns
Expressing Negation

A. Après les vacances. On parle d'une personne ou d'une chose? Complétez.

MODÈLES: ___Rien n'___ est facile à la douane.

___Personne n'___ est tombé malade.

1. _____ est rentré avant dimanche dernier.
2. _____ a coûté plus de cinq cents francs.
3. _____ va avec la chemise que j'ai achetée à Alger.
4. _____ a aimé le restaurant à Auxerres.
5. _____ a pris le TGV.
6. _____ reste de toutes mes économies.

Name _____ Date _____ Class _____

B. Un esprit de contradiction. Jean-Louis est de mauvaise humeur. Il n'a rien de bon à dire. Répondez à sa place (au négatif!).

MODÈLE: Avez-vous vu quelqu'un d'intéressant ce matin? →
Non, je n'ai vu personne d'intéressant.

1. Avez-vous quelque chose à faire cet après-midi?

   _____

2. Avez-vous quelqu'un à voir aujourd'hui?

   _____

3. Y a-t-il quelque chose de bon au cinéma?

   _____

4. Est-ce que quelqu'un comprend vos problèmes?

   _____

5. Avez-vous déjà consulté un psychologue?

   _____

6. Vous êtes toujours satisfait de votre travail?

   _____

C. Voir tout en noir. Écoutez chaque question posée par des amis et répondez à la forme négative.

> Use **rien, personne,** or **jamais** as your answer.

Vous entendez: Qu'est-ce que tu as fait samedi soir?
Vous dites: Rien.

Vous entendez: Vas-tu parfois danser le week-end?
Vous dites: Non, jamais.

Vous entendez: Qui t'a invité à dîner cette semaine?
Vous dites: Personne.

1. ... 2. ... 3. ... 4. ... 5. ... 6. ...

Leçon 3: Structures

D. **À minuit.** Regardez le dessin et écoutez chaque question. Répondez avec **ne… personne** ou **ne… rien**.

Vous entendez: Y a-t-il quelqu'un sur le quai?
Vous dites: Non, il n'y a personne sur le quai.

1. … 2. … 3. … 4. … 5. …

E. **Un pessimiste.** Donnez les réactions d'une personne pessimiste.

> Use **personne de/d'** + adjective or **rien de/d'** + adjective in your answer.

Vous entendez: Il y a quelque chose d'amusant à faire.
Vous dites: Non, il n'y a rien d'amusant à faire.

Vous entendez: Quelqu'un d'intéressant est ici.
Vous dites: Non, personne d'intéressant n'est ici.

1. … 2. … 3. … 4. …

LEÇON 4: PERSPECTIVES

Faire le bilan

A. **Un tour des îles francophones.** Mettez l'histoire suivante au passé composé.

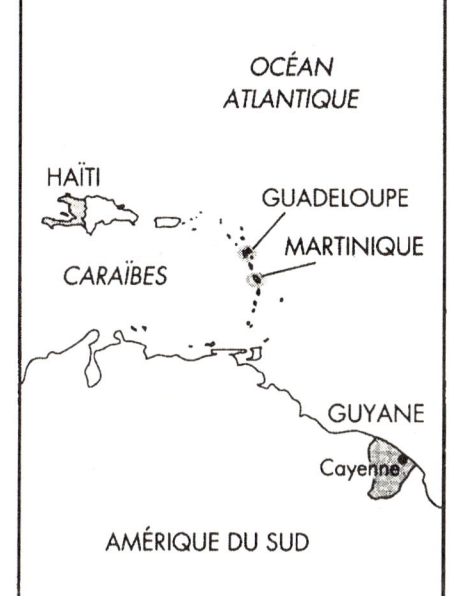
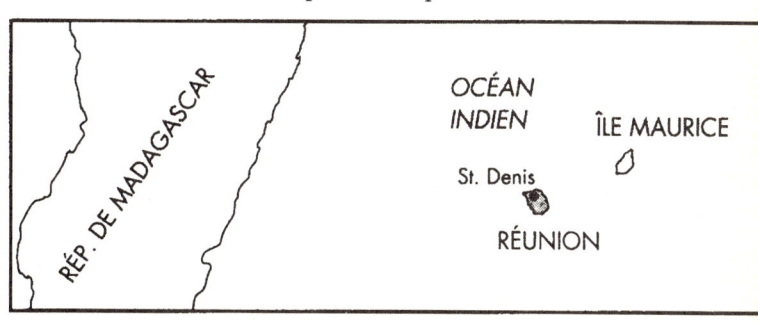
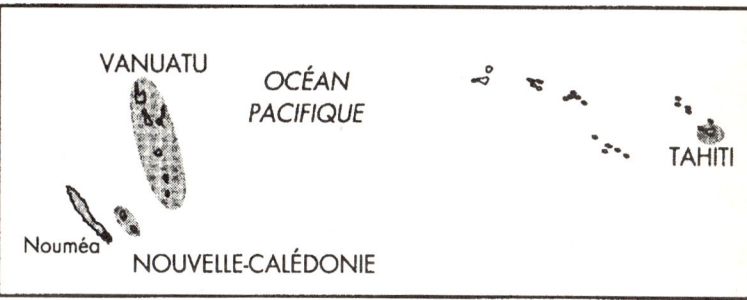

Un jour de septembre, nous _____¹ New York pour aller à la Guadeloupe. Ensuite, nous _____² à la Martinique. Nous _____³ les plages de ces îles si reposantes! Après une semaine nous _____⁴ à la Réunion, une petite île à l'est de Madagascar, dans l'océan Indien.

aller
partir
quitter
trouver

Puis, on _____⁵ pour Tahiti où on _____⁶ deux semaines magnifiques. Moi, je _____⁷ du bateau; mes amis _____⁸ sur les plages. On _____⁹ des fleurs splendides et... les villages que Gauguin _____ tant (*so much*) _____.¹⁰

voir
partir
aimer
faire
bronzer
passer

Moi, je _____¹¹ de visiter la Nouvelle-Calédonie. Mais mes amis _____¹² à Tahiti. À la fin du voyage, nous _____¹³ ensemble aux États-Unis. Quand nous _____¹⁴ de l'avion à New York, j'étais (*was*) triste de voir les couleurs sombres de cette ville—mais très heureux de revoir ma famille.

rentrer
descendre
décider
rester

Leçon 4: Perspectives 159

✳ **B. Questionnaire.** Complétez chaque phrase avec **quelque chose de** ou **quelqu'un de** + un adjectif.

   Adjectifs utiles: passionnant (*fascinating*), frais, formidable, cher, surprenant, charmant, nouveau, facile, intellectuel, amusant

   MODÈLE: Je voudrais manger quelque chose de frais.

   1. Je voudrais épouser (*to marry*) _____
   2. Je voudrais boire _____
   3. Je voudrais faire _____
   4. Je voudrais parler avec _____
   5. Je voudrais danser avec _____
   6. Je voudrais voir _____

✳ **C. Et vous?** Donnez votre réponse, en utilisant les nouvelles expressions du chapitre.

   1. Avez-vous déjà des neveux? _____
   2. Prenez-vous toujours du vin au petit déjeuner? _____
   3. Qui parle latin dans votre classe? _____
   4. Voyez-vous quelque chose d'intéressant en ce moment? Quelqu'un d'intéressant? _____
   5. Quand espérez-vous partir à l'étranger? _____

✳ **D. Autobiographie.** Racontez quelques événements importants de votre vie. Essayez d'employer les verbes suivants au passé composé. Donnez autant de détails que possible (où, quand, avec qui, pourquoi, etc.).

   1. naître _____
   2. entrer à l'école _____
   3. faire un voyage _____
   4. déménager (*to move*) _____
   5. quitter ma famille _____
   6. rester _____
   7. retourner _____

Name _____ Date _____ Class _____

🎧 À l'écoute!

Un voyage agréable? Jacqueline a visité les îles francophones de l'océan Indien. Écoutez son histoire. Ensuite, écoutez une deuxième fois et complétez le passage par écrit. 🛑

Pour commencer, mon _____¹ d'Orly est parti en retard. Je _____²

_____³ à quatre heures du matin! À l'île de la Réunion, il _____⁴

_____⁵ un temps splendide presque tous les jours. J'ai fait de la _____⁶ à

voile dans des lagunes pittoresques. Mais malheureusement, je _____⁷ _____⁸

malade juste avant de _____⁹ en France. Sur le bateau, j'ai quand même rencontré

des personnes très _____,¹⁰ des étudiants australiens! Mais, plus tard, en route,

j'_____¹¹ _____¹² par perdre deux valises…

Les réponses se trouvent en appendice.

Par écrit

Function: Persuading

Audience: Students, staff, and faculty of your college or university

Goal: Write an article for the campus newspaper on the problems of transportation at your college or university. Use the following questions as a guide.

1. Quels sont les problèmes de transport sur le campus? Est-ce qu'il est difficile de garer (= stationner) sa voiture? Y a-t-il trop de voitures? assez de transports en commun? Est-il facile de sortir le soir sans voiture? Peut-on déplacer à pied (*get around on foot*) sans ennuis (*problems*)?

2. Quel moyen de transport préfèrent la plupart (*majority*) des étudiants? Êtes-vous d'accord avec ces étudiants? Pourquoi ou pourquoi pas?

3. Proposez quelques réformes pour améliorer les problèmes de transport sur le campus.

Steps

1. Jot down some answers to the above questions. Make educated guesses and give your own opinions.

2. Start to reorganize your thoughts. Write a brief introduction, using the answer to the first question under number 1 as your topic sentence.

3. Answer the set of questions under number 2 by presenting any evidence you have about the kinds of transportation preferred by students at your college.

4. Suggest some solutions to the problems. Use some of the following expressions: **Il faut** + infinitive; **On doit**; **On dit que**; **Il est certain que**; **Il est probable que** (*It's likely that*); **J'espère que** (*I hope that*); **ne… plus**; **ne… jamais**; **Personne… ne**; **Rien… ne**.

Leçon 4: Perspectives

Autres mots utiles: les parkings (*parking lots*); les transports en commun; les parcomètres (*m., parking meters*); les navettes (*f., shuttles*)

5. Have a classmate read your first draft to see if what you've written is clear.

6. Make any necessary changes suggested by your classmate and check the draft for spelling, punctuation, and grammar errors. Focus especially on your use of the negative expressions and the past tense with **être.**

Journal intime

Décrivez un voyage que vous avez fait.

- Où êtes-vous allé(e)?
- Avec qui?
- À quel moment?
- Pour quelles raisons?
- Qu'est-ce que vous avez fait de mémorable?
- Qu'avez-vous appris?
- Mentionnez aussi deux ou trois endroits que vous avez envie de visiter et expliquez pourquoi.

MODÈLE: L'année dernière j'ai visité la Polynésie française avec ma famille. Nous sommes partis en février…

La communication et les médias

CHAPITRE 10

LEÇON 1: PAROLES

La communication et les médias

A. Communications. Associez chaque mot avec sa définition.

1. _____ On y achète des timbres.
2. _____ On y trouve des magazines.
3. _____ On cherche un numéro de téléphone dans ce livre.
4. _____ Ce qu'on fait pour téléphoner.
5. _____ Ce que nous faisons des lettres que nos amis nous écrivent.
6. _____ On en a au moins cinq en France, plus si l'on a le câble.
7. _____ C'est ici qu'on poste les lettres.
8. _____ On regarde cette partie du journal si l'on cherche du travail.

a. les petites annonces
b. l'annuaire
c. les lire
d. la boîte aux lettres
e. le kiosque à journaux
f. les chaînes
g. la poste
h. composer le numéro

B. La communication. Écoutez la description des activités. Pour chaque activité, indiquez le dessin correspondant et répondez à la question.

> Before you start, review the vocabulary you need to name the items in the sketches.

Vous entendez: Je veux acheter un *Paris-Match*. Où est-ce que je vais?

Vous voyez et écrivez: a.   (b.)

Vous dites: Tu vas au kiosque.

Tournez la page.

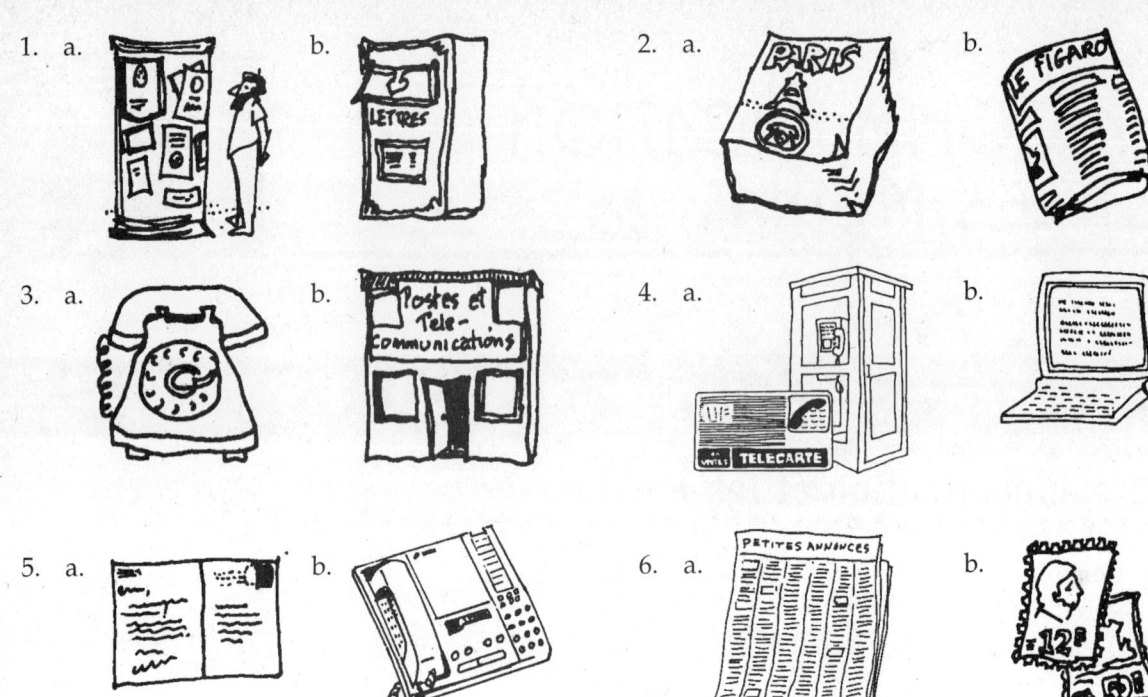

C. AlloCiné. Comment trouver le film que vous voulez voir à Paris? Écoutez la publicité, et décidez si les phrases suivantes sont vraies (**V**) ou fausses (**F**).

1. V F   AlloCiné vous permet de trouver les films projetés à la télévision en Région Parisienne.
2. V F   Il suffit de téléphoner.
3. V F   On ne peut pas téléphoner après minuit.
4. V F   Les lignes d'AlloCiné ne sont jamais occupées.
5. V F   L'appel (*phone call*) ne coûte pas plus qu'un appel normal.

Quelques verbes de communication

A. Des verbes pour communiquer. Complétez le tableau.

	DIRE	LIRE	ÉCRIRE	METTRE	DÉCRIRE
nous					
tu					
on					
vous					
mes copains					
je					

B. Correspondances. Complétez chaque phrase avec la forme appropriée d'un des verbes indiqués, puis répondez à la question. Utilisez **écrire, décrire** ou **mettre**.

En France, c'est une tradition d'_____¹ à tous ses amis au début du mois de janvier pour leur souhaiter (*to wish*) une bonne année. On _____² ses activités de l'année et on envoie ses meilleurs vœux (*best wishes*). Il y a des personnes qui _____³ très longuement, et d'autres qui envoient une carte où elles _____⁴ seulement leur nom.

Aux États-Unis, nous avons une tradition semblable, mais nous _____⁵ à Noël. Au lieu d'envoyer une carte, certaines personnes _____⁶ une lettre photocopiée dans une enveloppe et l'envoient à tous leurs amis.

✷ Que pensez-vous des lettres photocopiées? Commentez. _____
_____

C. L'art de communiquer. Écoutez les questions suivantes, et donnez une réponse logique. Faites attention aux mots de vocabulaire sur le dessin ci-dessous.

Vous entendez: Le matin, qu'est-ce que le vendeur dit à son client?
Vous dites: Il dit bonjour.

1. …   2. …   3. …   4. …   5. …

Leçon 1: Paroles

Les nouvelles technologies

A. Les nouvelles technologies. Donnez une légende aux dessins suivants, puis répondez à la question.

MODÈLE:  un magnétoscope

1. _____   2. _____

3. _____   4. _____

✳ Quelle forme de communication utilisez-vous le plus? Commentez. _____
_____
_____

B. Le Télétel. Vous utilisez le Télétel, le système d'informations français rattaché au téléphone. Indiquez vos préférences en répondant aux questions. Vous n'entendrez pas de réponses suggérées.

Vous entendez: Préférez-vous consulter la météo (*weather report*) ou réserver une chambre d'hôtel?
Vous dites: Je préfère consulter la météo.

1. ... 2. ... 3. ... 4. ... 5. ...

Name _____ Date _____ Class _____

LEÇON 2: STRUCTURES

The *imparfait*
Describing the Past

A. Qu'est-ce que l'on faisait? Le professeur est arrivé cinq minutes en retard. Que faisaient les étudiants quand il est entré dans la salle de classe? Complétez les phrases selon le modèle, puis mettez un cercle autour de nom de l'étudiant(e) ayant le moins de (*the least*) patience.

MODÈLE: (regarder leur montre [*wrist watch*]) → Paul et Paule ___regardaient leur montre___.

1. (finir son travail) Françoise _____

2. (dormir) François _____

3. (mettre ses affaires sous sa chaise) Morowa _____

4. (lire le journal) Michel et Déo _____

5. (sortir) Patrice _____

6. (penser partir) Nous _____

7. (prendre sa place) Abena _____

8. (écrire au tableau) Pierre et Annick _____

B. « Quand j'avais ton âge… » Complétez les phrases du grand-père.

MODÈLE: je / réussir à mes examens → Je réussissais à mes examens.

1. mon père / travailler douze heures par jour _____

2. ma mère / commencer à faire le ménage à sept heures du matin _____

Leçon 2: Structures

3. nous / ne... pas avoir beaucoup d'argent _____

4. ... mais nous / être / heureux _____

5. on / aller à l'école à pied _____

✳ Maintenant, donnez trois commentaires que vous entendiez souvent quand vous étiez petit(e).

6. Mon oncle (Ma tante) disait que _____

7. Ma mère disait que _____

8. _____ disait que _____

C. Créez une atmosphère. Vous êtes romancier/romancière (*novelist*) et vous commencez un nouveau livre. Vous avez déjà composé le paragraphe suivant:

Il est huit heures du matin. De ma fenêtre, je vois le kiosque de la rue de la République. Les rues sont pleines de gens[1] qui vont au travail. Un groupe d'hommes attend l'autobus. Un autre groupe descend dans la station de métro. Près d'une cabine téléphonique, un homme lit le journal et une jeune femme met des enveloppes dans une boîte aux lettres. À la terrasse du café, les garçons servent du café et des croissants. Il fait chaud. Je suis content(e).

Mais non! Vous n'êtes pas satisfait(e). Recommencez. Mettez le paragraphe à l'imparfait: « Il était... »

_____
_____
_____
_____
_____
_____
_____
_____

✳ Mais vous n'êtes toujours pas satisfait(e). Essayez encore une fois. Créez une atmosphère sombre et mystérieuse. Commencez par: « Il était onze heures du soir... ». Adaptez l'histoire à la nouvelle heure. Utilisez une autre feuille.

---

[1] **Les gens** (*m. people*) is used to refer to an indeterminate number of people (**Ces gens-là sont très polis**). If the number of people can be counted, **les personnes** is used (**Il y avait dix personnes dans la salle**). One person is always **une personne**.

D. L'enfance de ma grand-mère. Écoutez Mme Chabot, et indiquez sur la liste qui suit les activités qu'elle mentionne.

Ma grand-mère…

_____ voyait des amis _____ s'occupait de (*took care of*) ses frères et sœurs

_____ allait à l'école _____ jouait dans la rue

_____ n'avait pas beaucoup d'argent _____ plantait des fleurs dans le jardin

_____ aidait ses parents _____ lisait le soir

_____ habitait à la campagne _____ écoutait la radio

_____ faisait le ménage

E. Mon enfance. Regardez un moment les dessins ci-dessous. Vous êtes un musicien célèbre. Vous répondez aux questions d'un journaliste. Basez vos réponses sur les dessins.

Vous voyez:

Vous entendez: En été, vous alliez à la montagne ou à la plage?
Vous dites: En été, j'allais à la plage.

1.

2.

3.

4.

5.

F. Quand vous aviez treize ans… Écoutez la question et la réponse d'une étudiante. Ensuite, répondez vous-même.

Vous entendez: Aviez-vous beaucoup d'amis? —Non, je n'avais pas beaucoup d'amis, mais mes amis étaient très sympa. —Et vous?
Vous dites: Moi, oui, j'avais beaucoup d'amis.

1. … 2. … 3. … 4. …

Direct Object Pronouns
Speaking Succinctly

A. Beaucoup d'anniversaires! Distribuez ces cadeaux à qui vous voulez. (Attention à la préposition!) Puis expliquez pourquoi.

le monsieur

la dame

les enfants

l'étudiant

Wolfgang

MODÈLE: Des shorts Adidas? →
Je les donne aux enfants parce qu'en général les enfants sont sportifs.

1. Ces rouges (*m.*) à lèvres (*lipsticks*)? _____

2. Cet argent? _____

3. Ces cigarettes en chocolat? _____

4. Cette cravate? _____

5. Ces anciens livres de classe? _____

6. Ce parfum (*m.*)? _____

7. Ces notes de cours? _____

8. Cette vieille chaussure? _____

B. J'ai entendu... Pendant une soirée élégante vous entendez ces bribes (morceaux) de conversation. De quoi parle-t-on? Choisissez deux possibilités pour chaque pronom. **J'ai entendu...**

Possibilités:

ce nouveau film
cet exercice
Guy
la nouvelle étudiante
la pièce de théâtre
Laurent

ton gilet (*vest*)
mon livre de grammaire
notre ménage
ses amis
ses parents
ton pyjama

1. Paul ne les écoute jamais.

   _____ ou

   _____

2. Nous ne voulons pas le faire ce soir.

   _____ ou

   _____

3. Je l'ai mis dans ta commode.

   _____ ou

   _____

4. Tout le monde l'adore, mais moi, je le déteste.

   _____ ou

   _____

5. Mes amis l'ont trouvée assez intéressante.

   _____ ou

   _____

6. On essaie de le comprendre, mais ce n'est pas facile.

   _____ ou

   _____

Leçon 2: Structures

C. **Conversations.** Complétez ces conversations avec les pronoms qui manquent.

Une question de goût

FLORETTE: Pourquoi veux-tu sortir avec André?

PÉNÉLOPE: Parce que je _____¹ trouve sympathique. Mais aussi parce qu'il _____² écoute et qu'il _____³ comprend.

FLORETTE: Et toi, tu _____⁴ comprends? Moi, je _____⁵ trouve souvent bizarre.

PÉNÉLOPE: C'est vrai. Il _____⁶ surprend (*surprises*) parfois, mais je _____⁷ trouve charmant quand même (*anyway*).

Maman est curieuse

MAMAN: Avez-vous des nouvelles de Tante Mariette?

LES JUMEAUX (*twins*): Elle _____⁸ a appelés la semaine passée de Londres.

MAMAN: Est-ce qu'elle _____⁹ a invités à venir à Londres cet été?

LES JUMEAUX: Non, mais nous _____¹⁰ avons vue à Noël et nous espérons _____¹¹ revoir au printemps.

D. **Personnes et objets.** Écoutez les phrases et mettez un cercle autour de la lettre correspondante à l'objet ou à la personne.

Vous entendez: Je les écoute tous les jours.

Vous écrivez: ⓐ les informations   b. ma mère

1. a. ma voiture   b. mes devoirs
2. a. les cartes postales b. la dissertation de sciences po
3. a. la télé   b. le répondeur
4. a. les timbres   b. le journal
5. a. mon piano   b. mes petits chats
6. a. notre voisine d'à côté b. le facteur (*letter carrier*)

E. **Ma patronne** (*boss*). Éric parle du travail qu'il est obligé de faire au bureau. Complétez les phrases d'Éric selon le modèle.

Vous entendez: Elle me dit d'écrire ces lettres…
Vous dites: …et je les écris.

1. … 2. … 3. … 4. … 5. …

CORRESPONDANCE

Courrier électronique

Complétez le courrier électronique avec les expressions suivantes: **as, décrire, disait, emprunter, l', lire, marchait, ordinateur, quelqu'un, répondeur.**

> Cher Paul,
> Est-ce que tu _____¹ laissé un message sur mon
> _____?² Je finissais de _____³ une interview de
> Gérard Depardieu sur Internet quand _____⁴ a téléphoné hier
> soir. Je ne _____⁵ ai pas clairement entendu parce que le
> répondeur _____⁶ mal. J'étais aussi occupée à
> _____⁷ mes problèmes de traitement de texte et d'imprimante
> à une copine. Elle _____⁸ qu'elle était tout à fait prête à
> m'aider et à mettre mon texte sur son _____.⁹ Je vais donc
> l'_____¹⁰ pour envoyer mon article!
> Gros bisous,
> Nathalie
> P.S. Oui, mon article sur la maison de Rousseau a paru.

Flash-culture

Relisez les Flashs dans votre livre, puis indiquez si les phrases suivantes sont vraies (**V**) ou fausses (**F**).

1. V F D'après le Flash, les accords du GATT protègent le cinéma européen.

2. V F Le cinéma est exclu des accords du GATT.

3. V F Pour la France, le cinéma n'est pas un produit de consommation: c'est « l'exception culturelle ».

4. V F Beaucoup de Français utilisent le minitel.

5. V F On peut acheter un billet de train avec le minitel.

6. V F Le minitel est un service gratuit (*free*).

Correspondance   173

Nathalie à l'appareil!

Allô, la Suisse! Nathalie téléphone à Jacques Saingall, l'éditeur en chef d'un quotidien suisse de langue française. Écoutez leur conversation, puis créez des phrases complètes avec les éléments des deux colonnes.

1. ____ «J'essayais justement
2. ____ «Je disais à une amie
3. ____ «Ils voulaient vous demander
4. ____ «Ils parlaient avec admiration
5. ____ «Qui est celle qui leur
6. ____ «Mais bien sûr que je la connais,

a. d'écrire un scénario pour un téléfilm.»
b. téléphonait souvent de Casablanca?»
c. c'est moi!»
d. de vous appeler.»
e. de ce que vous écriviez sur la Croix-Rouge.»
f. que j'allais vous envoyer mon deuxième article avec du retard.»

Prononciation

Les voyelles orales. Répétez les phrases suivantes. Faites attention aux voyelles soulignées (*underlined*).

1. C'est un ami de madame.
2. J'aime cette fenêtre.
3. Écoutez, répétez.
4. Yves dîne ici.
5. C'est un objet normal.
6. Voilà beaucoup d'hôtels.
7. C'est une ouverture au tourisme.
8. Cette musique est utile.
9. Ce chanteur ne mange pas de bœuf.
10. Eugénie étudie le neutron.

Répétez les phrases suivantes. Faites attention aux voyelles soulignées.

1. On arrive à Madagascar le vingt-deux novembre? À quelle heure?
2. Vous avez quelque chose de formidable: un safari-photo de quatre jours.
3. Dites-moi encore. Où retrouvons-nous le bateau?

Souvenirs. Écoutez Dominique qui raconte des souvenirs de son enfance. Ensuite, écoutez une deuxième fois, et complétez le passage par écrit.

Les souvenirs les plus agréables _____¹ correspondent sans aucun doute à _____² en Bretagne _____.³ Alors que _____⁴ toute l'année, _____⁵ à la mer au bord d'_____⁶ de quatre kilomètres. _____⁷ vraiment le rêve! _____⁸ mes journées (*days*) sur la plage à _____,⁹ à pêcher (*fishing*), à me baigner (*swimming*), à faire des châteaux de sable (*sand*), etc. Ces vacances _____¹⁰ tellement _____,¹¹ du reste de l'année que _____¹² je ne vais _____.¹³

Les réponses se trouvent en appendice.

LEÇON 3: STRUCTURES

Agreement of the Past Participle
Talking About the Past

A. Georges a fait quoi? Votre ami Georges pense que tout lui appartient. Imaginez une réponse et utilisez un pronom d'objet direct. Attention aux participes passés.

Suggestions: boire, écouter, emprunter, lire, louer, mettre, regarder

MODÈLE: Qu'est-ce que Georges a fait de notre voiture? → Il l'a empruntée.

1. Qu'est-ce qu'il a fait des vins français de son père? _____

2. Qu'est-ce qu'il a fait des lettres de Madeleine? _____

3. Qu'est-ce qu'il a fait de la chambre de son ami? _____

4. Qu'est-ce qu'il a fait des chaussures de son camarade de chambre? _____

5. Qu'est-ce qu'il a fait des disques de sa voisine? _____

6. Qu'est-ce qu'il a fait de nos photos? _____

B. Coup de téléphone (*Phone call*). Écoutez la conversation d'Odile en regardant le texte ci-dessous. Ensuite, écoutez-la encore une fois en complétant tous les verbes que vous entendez.

Allô, Brigitte? Oui, c'est moi... Oui, oui, ça va... mais cet après-midi _____¹ mes clés (*f. pl.*) pendant une heure... Oui, je _____ finalement _____² —c'est incroyable—derrière le sofa et à côté d'une pile de magazines. C'est que ce matin, mes clés _____³ près du téléphone. Je _____⁴ sur ma table de nuit hier soir, j'en suis certaine. Mais, vers onze heures, Gérard _____⁵ pour nous inviter à déjeuner. Comme Monique _____,⁶ je _____⁷ avec moi.

Elles _____⁸ tomber quand les deux chiens des voisins _____⁹ dans l'appartement. Tu ne comprends toujours pas?... eh bien... tu as encore un moment? Je peux t'expliquer le reste...

Les réponses se trouvent en appendice.

C. Richard est trop curieux. Écoutez les questions et répondez, en reprenant chaque fois sa deuxième question.

Vous entendez: C'est la motocyclette de Richard? Il ne l'a pas prise?
Vous dites: Non, il ne l'a pas prise.

1. ...   2. ...   3. ...   4. ...   5. ...

Indirect Object Pronouns
Speaking Succinctly

A. Test de logique. De quoi parle-t-on?

1. _____ le russe
2. _____ la voiture
3. _____ son devoir
4. _____ à sa tante en France
5. _____ sa réponse
6. _____ à son père
7. _____ le journal intime de sa sœur
8. _____ à son petit frère
9. _____ à son ennemi
10. _____ à son meilleur ami

a. Marc ne le parle pas.
b. Marc lui prête de l'argent.
c. Marc l'envoie à son hôtesse.
d. Marc lui lit des histoires le soir.
e. Marc l'emprunte à son père.
f. Marc ne lui parle pas.
g. Marc ne le prête pas.
h. Marc lui envoie des lettres.
i. Marc le lit tous les soirs!
j. Marc lui emprunte de l'argent.

B. Cadeaux! Jouez le rôle d'un philanthrope anonyme et distribuez vos cadeaux. Utilisez un pronom objet indirect.

Suggestions: des disques français, des skis, la clé de ma voiture, mon numéro de téléphone, une douzaine d'huîtres, une nouvelle robe, une semaine de vacances, un gros poste de télé, un livre de cuisine diététique, un roman d'aventure, un voyage en Sibérie, 50 millions de dollars

MODÈLE: À votre professeur de français? → Je lui donne 50 millions de dollars.

1. Aux enfants d'un champion de ski? _____

2. À votre copain (copine)? _____

3. À votre grand-mère? _____

4. Au recteur (*president*) de l'université? _____

5. À une très bonne amie? _____

6. À vos camarades de classe? _____

7. À un ami sportif? _____

8. Aux gens (*people*) qui préparent les repas au restaurant universitaire? _____

C. Interview. Vous allez interviewer des gens célèbres. Qu'est-ce que vous allez leur **demander / dire / confesser / expliquer**?

    MODÈLE: Keanu Reeves →
          Je vais lui demander s'il veut danser.
      ou Je vais lui demander son âge.

1. Naomi Campbell et Kate Moss _____

2. le président des États-Unis _____

3. votre prof de français _____

4. votre équipe sportive favorite _____

5. un lauréat du prix Nobel de physique _____

✱**D. L'ami idéal (l'amie idéale).** Vous êtes absolument parfait(e). Que faites-vous pour vos ami(e)s? Attention à la distinction entre le complément d'objet direct et d'objet indirect.

    Je fais tout pour mes ami(e)s. Je leur écris quand je pars en vacances. _____

_____

_____

_____

_____

_____

_____

_____

Leçon 3: Structures

E. À qui donnes-tu... ? Marc quitte son travail. Avant de partir, il donne ou prête certains articles à ses collègues. Écoutez la description et rattachez avec un trait l'objet à la personne.

Vous entendez : Marc donne son téléphone à Richard.
Vous écrivez :

1. ...   2. ...   3. ...   4. ...   5. ...

Maintenant, répondez aux questions posées, selon le dessin que vous avez marqué. Suivez le modèle.

Vous entendez : Qu'est-ce que Marc a donné à Richard ?
Vous dites :   Il lui a donné son téléphone.

1. ...   2. ...   3. ...   4. ...   5. ...

F. Ordinateur à vendre. Écoutez l'histoire de Sonya et son ordinateur. Répondez selon le modèle.

Vous entendez : Sonya a mis une petite annonce dans le journal. —Où est-ce qu'elle a mis la petite annonce ?
Vous dites :   Elle l'a mise dans le journal.

1. ...   2. ...   3. ...   4. ...   5. ...

LEÇON 4: PERSPECTIVES

Faire le bilan

A. Un récit. La mère de Monique lui raconte la période de l'après-guerre (*postwar period*) à Clermont-Ferrand (Auvergne). Choisissez un des verbes de la liste à droite pour compléter chaque phrase à l'imparfait.

J'_____¹ encore très jeune; j'_____² seulement sept ans, mais mes souvenirs de cette époque-là sont encore très vifs (*vivid*). Mon père n'_____³ pas à la maison; il _____⁴ dans l'armée. Il nous _____⁵ beaucoup. J'_____⁶ ses lettres avec impatience. Mais après la Libération, il _____⁷ bientôt rentrer chez nous.

aller
avoir
attendre
écrire
être (2 fois)
habiter

La vie _____⁸ difficile. Il n'y _____⁹ pas toujours assez à manger. Nous _____¹⁰ certaines choses au marché noir à des prix exorbitants. Mais les fermiers (*farmers*) _____¹¹ peu à peu à vendre leurs produits au marché de la ville. Aux repas, nous _____¹² de nouveau (*once again*) du beurre, de la viande et du poisson.

acheter
avoir
commencer
être
manger

Les habitants des villes _____¹³ de nouveau dans les usines (*factories*) qui _____¹⁴ des choses ordinaires—choses qui n'_____¹⁵ pas de rapport avec la guerre: vêtements, meubles, pneus (*tires*) de voitures privées. Ils _____¹⁶ des salaires corrects. Le week-end, nous _____¹⁷ sortir à la campagne en toute liberté. Nous _____¹⁸ des pique-niques et nous _____¹⁹ avec nos amis.

avoir
fabriquer (*to make*)
faire
gagner
jouer
pouvoir
travailler

B. La télévision. Voici un sondage (*survey*) qui analyse les préférences des Français en ce qui concerne la télévision. Lisez les résultats et répondez aux questions.

```
              Semaine du 25 au 31 octobre
              Les émissions les plus regardées
         (1% Médiamat = 514 500 individus âgés de quatre ans et plus)

   En début de soirée                    En milieu de soirée
Série :                              Cinéma :
  L'Instit ..................... 22,5 %   Les Colts des sept mercenaires ..... 7 %
  (mercredi 27, France 2)              (dimanche 31, TF 1)
Cinéma :                             Magazine :
  Les Aventures de Rabbi Jacob 19,9 %   Faut pas pousser ................. 6,4 %
  (dimanche 31, TF 1)                  (lundi 25, TF 1)
Cinéma :                             Divertissement :
  Le Château de ma mère ....... 19 %   Juste pour rire .................. 6,3 %
  (mardi 26, TF 1)                     (jeudi 28, France 2)
Série :                              Magazine :
  Navarro ..................... 15,7 %  Leçon d'amour .................... 6,1 %
  (jeudi 28, TF 1)                     (jeudi 28, TF 1)
Variétés :                           Magazine :
  Dorothée Rock'n'Roll                 Faut pas rêver ................... 6 %
  Show ........................ 14,2 %  (vendredi 29, France 3)
  (vendredi 29, TF 1)
```

1. On regarde plus (*more*) la télévision à 20 heures / à 23 heures .

2. Les gens préfèrent regarder la chaîne TF 1 / France 2 .

3. Les deux types d'émissions préférées sont les séries / les magazines / les films .

4. L'émission regardée par le plus grand nombre de personnes est _____

C. Touristes au Canada. Il y a trop de répétitions dans les dialogues suivants. Remplacez les mots en italique par un pronom complément d'objet direct ou indirect selon le cas. Utilisez une autre feuille.

1. —Voici le journal. Est-ce que vous avez déjà lu *le journal* ce matin?
   —Non, je n'ai pas lu *le journal*, mais j'ai regardé les nouvelles à la télé. Avez-vous aussi regardé *les nouvelles*?
   —Non, je ne regarde jamais *les nouvelles* le matin.
2. —Quand tu étais à Montréal, écoutais-tu la radio?
   —Oui, j'écoutais souvent *la radio*.
   —Tu comprenais l'accent québécois?
   —Oui, je comprenais *l'accent québécois*, mais avec difficulté. Une fois, j'ai téléphoné à tes amis Jacques et Marie, qui ont un accent assez fort.
   —De quoi as-tu parlé *à Jacques et Marie*?
   —D'un film qu'on allait voir ensemble.
   —Avez-vous réservé les places?
   —Oui, c'est-à-dire que (*that is*) c'est Jacques qui a réservé *les places*.

À l'écoute!

Quand j'étais petite. Marie-Laure parle de son enfance. À quoi s'intéressait-elle (*What interested her*)? Écoutez son histoire, puis complétez les phrases à la page suivante.

Vocabulaire utile: jouer à la poupée   *to play with dolls*
                       tapoter sur les touches *to tap on the keys*
                       l'écran   *screen*
                       le personnage   *character*

180 *Chapitre 10*

1. Quand elle était petite, Marie-Laure aimait _____.

   ❑ jouer à la poupée

   ❑ tapoter sur les touches de l'ordinateur

2. Elle n'aimait pas _____.

   ❑ les histoires d'enfants

   ❑ la radio

3. Elle aimait aussi les personnages comme _____.

   ❑ le monstre de Frankenstein

   ❑ E.T.

4. Elle fait mention d'une nouvelle technologie: _____.

   ❑ l'Internet

   ❑ le télécopieur (*fax machine*)

5. Évidemment, Marie-Laure s'intéresse _____.

   ❑ aux jeux vidéo

   ❑ à l'astronomie

Par écrit

Function: Writing letters

Audience: Someone you do not know

Goal: Write a letter to apply for a job.

The situation is the following: The owner of a French restaurant, Madame Dupuy, has advertised in your campus newspaper. She would like to hire an American student waiter (waitress) because many of her clients are English-speaking tourists. She is looking for someone with at least a few months of experience who would benefit from working in France. Apply for the job. Say why you are interested, why you are qualified, and when you are available (**du 6 juin au 15 septembre,** for example). Mention your long-term goals (**le but à long terme**). Ask for more information. A useful opening line: **J'aimerais me présenter pour le poste de serveur (serveuse) annoncé dans le** (*nom du journal*).

Steps

1. Use the following letter and suggestions as guidelines. In French, a business letter begins with **Monsieur, Madame,** or **Mademoiselle.** If you do not know the gender of the recipient (**le destinataire**), use **Monsieur, Madame** together. Note the conventional closing sentence for the final paragraph of the letter; this sentence is loosely the equivalent of *Please accept my best wishes*.

2. Write a rough draft. It should contain all the information requested under **Goal** above.

3. Divide the letter into several paragraphs. Close with a strong statement about why you are qualified for this position.

4. Reread your draft, checking for organization and details. Make sure you used the proper format and that you included your address and the date.

Leçon 4: Perspectives

> New York, le 6 mai 1995
> votre nom
> votre adresse
>
> > nom du destinataire
> > adresse du destinataire
>
> Monsieur, Madame,
> J'ai l'intention de passer six mois en France pour perfectionner mon français. Pourriez-vous m'envoyer des renseignements sur vos cours de langues pour étudiants étrangers?
> Je suis étudiant(e) en Sciences économiques à Columbia University; j'étudie le français depuis huit mois.
> Je voudrais donc recevoir tous les renseignements nécessaires sur votre programme: description des cours, conditions d'admission, frais d'inscription, possibilités de logement, etc.
> Veuillez agréer, Monsieur, Madame, l'expression de mes sentiments les meilleurs.

5. Have a classmate read your letter to see if what you have written is clear and interesting. Make any necessary changes.

6. Reread the composition again for spelling, punctuation, and grammar errors. Focus especially on your use of object pronouns and the imperfect tense.

Journal intime

Première partie: Décrivez comment vous passiez l'été quand vous étiez à l'école primaire. Donnez autant de détails que possible.

- Alliez-vous quelquefois en colonie de vacances (*summer camp*) ou restiez-vous à la maison?
- Que faisiez-vous le matin? l'après-midi? le soir?

Rappel: On utilise l'imparfait pour parler des actions habituelles au passé, et le passé composé pour indiquer qu'une action a eu lieu une fois.

MODÈLE: Quand j'étais à l'école primaire, pendant l'été j'allais souvent chez ma tante, à la mer. Le matin on faisait des promenades et on bronzait sur la plage...

Deuxième partie: Maintenant décrivez (au passé composé) un voyage que vous avez fait l'été passé.

EN VILLE

LEÇON 1: PAROLES

Une petite ville

A. En ville. Regardez bien le plan de la ville. Puis complétez le paragraphe en utilisant un seul mot par espace.

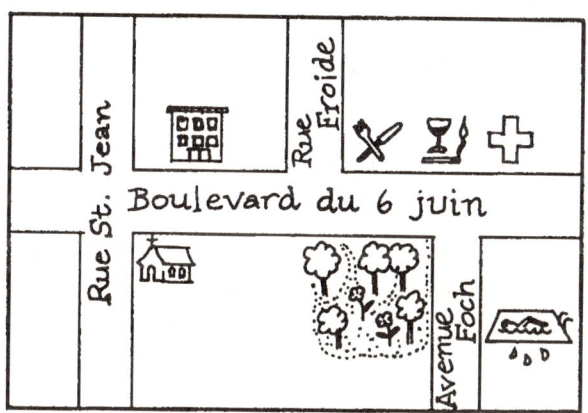

L'église Saint-Jean est au _____¹ de la rue. Si on descend le Boulevard du 6 juin en direction de la piscine, on trouve la mairie à _____.² On _____³ la rue Froide, et on passe devant un restaurant et des magasins. En _____⁴ du restaurant, il y a un parc. On prend la première rue à _____⁵ pour aller à la piscine.

B. Les endroits importants. Où doit-on aller?

1. En France, si on ne possède que des dollars, on cherche tout de suite un bureau de change ou une _____.

2. Quand on n'habite pas au bord de la mer ou d'un lac, si on a envie de nager, on doit aller à la _____.

3. Pour obtenir un passeport et pour régler toutes sortes d'affaires on est obligé d'aller à la _____.

4. Quand on a besoin de médicaments, on cherche une croix (*cross*) verte. On achète de l'aspirine dans une _____.

5. Les touristes qui ont des difficultés à trouver une chambre pour la nuit vont au _____.

6. En cas d'urgence ou simplement pour demander des renseignements (*information*), on cherche un agent de police au _____.

C. Dans une petite ville. Regardez ce plan de ville. Maintenant, écoutez les descriptions, et donnez le nom de l'endroit.

Vous entendez: C'est l'endroit où on va pour prendre le train.
Vous dites: C'est la gare.

1. ... 2. ... 3. ... 4. ... 5. ... 6. ...

D. Le bon chemin. Vous vous promenez dans la petite ville ci-dessus. Écoutez les instructions. Tracez la route sur la carte et indiquez où vous arrivez.

Vous entendez: Vous êtes au bureau de poste, rue Soufflot. Tournez à gauche, puis tournez à droite dans la rue St-Jacques. Continuez tout droit. Regardez le bâtiment à votre droite. Où êtes-vous?

Vous cochez: ✓   à la piscine   _____ au commissariat

1. _____ à la gare   _____ au parc
2. _____ au jardin public   _____ à l'hôtel
3. _____ à la banque   _____ à l'hôtel
4. _____ à l'église   _____ à la mairie

184   *Chapitre 11*

Paris et sa banlieue

A. Invitations. Vous distribuez des invitations pour une fête dans le quartier, aux personnes de votre immeuble. Il n'y a que nom de famille sur les enveloppes. Regardez le dessin et décidez où vous allez laisser (*to leave*) chaque invitation. (Remarquez que le **premier étage** correspond au *second floor* en anglais.)

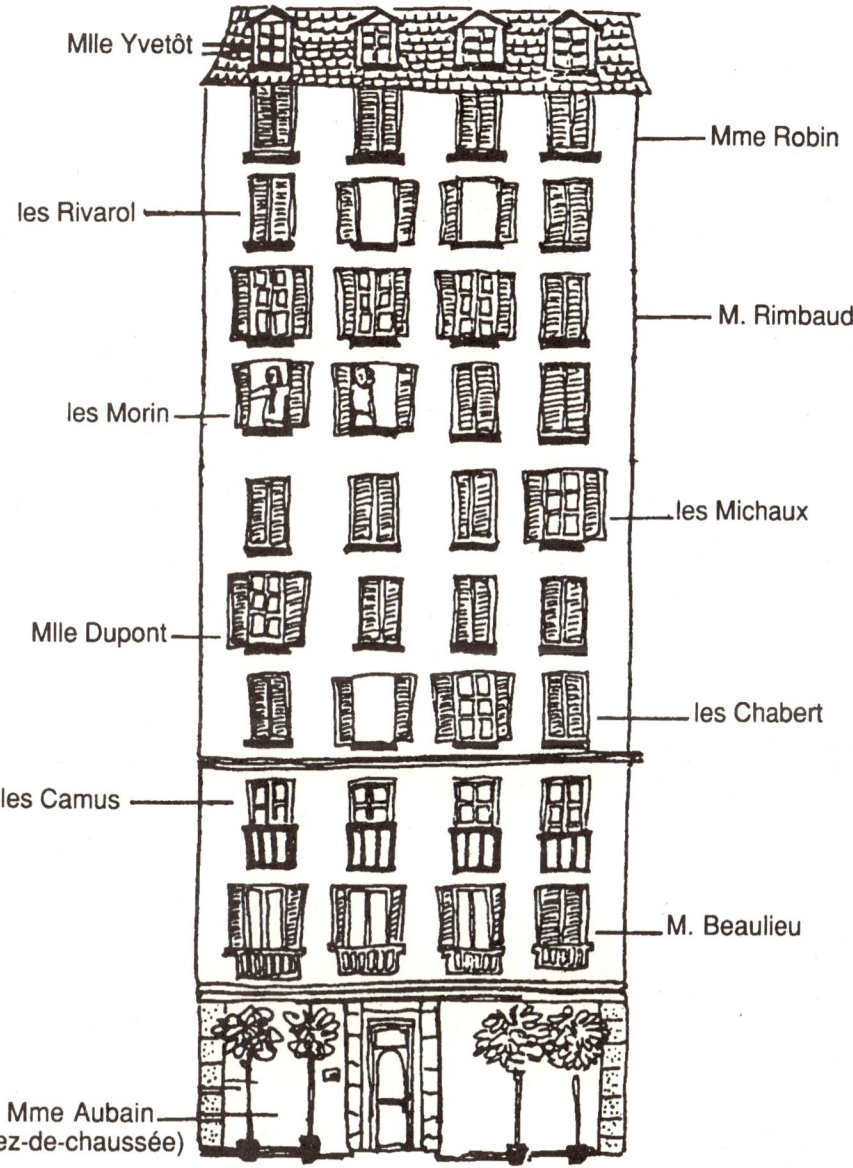

MODÈLE :   Les Morin habitent au sixième étage.

1. Les Chabert _____
2. M. Beaulieu _____
3. Mlle Dupont _____
4. Les Rivarol _____
5. M. Rimbaud _____
6. Les Camus _____

Leçon 1: Paroles   **185**

7. Mme Aubain _____

8. Les Michaux _____

9. Mme Robin _____

10. Mlle Yvetôt _____

B. Au centre de Paris. Regardez le plan et la légende ci-dessous. 🛑 Maintenant, écoutez les questions et répondez selon le modèle. Cet endroit est-il dans l'Île de la Cité, sur la Rive gauche ou sur la Rive droite? Qu'est-ce que c'est?

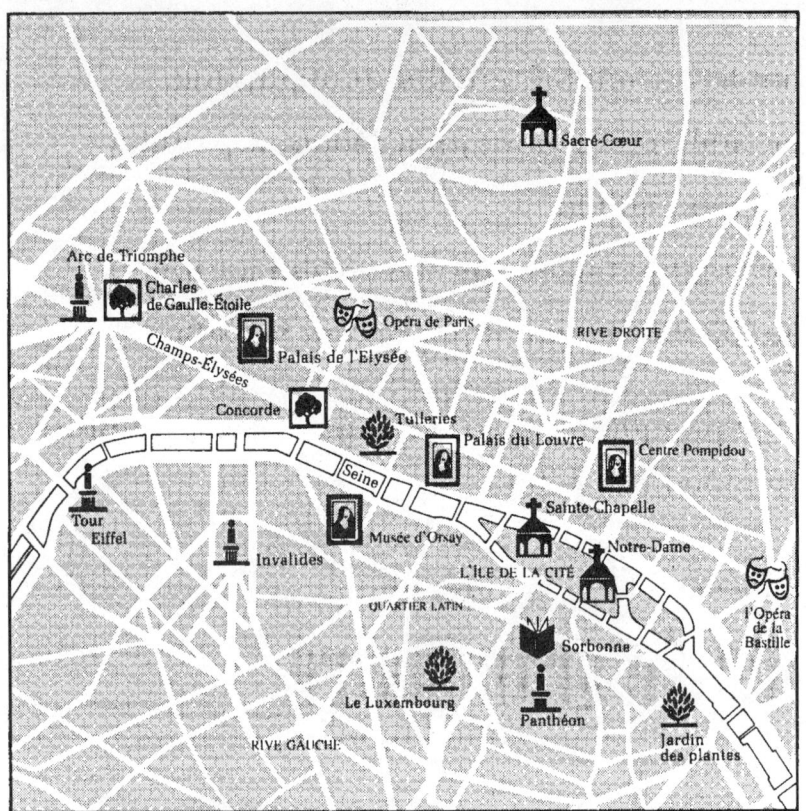

 l'église   le musée   la place   le monument   le jardin   une université   un théâtre

Vous entendez: Où se trouve la Sainte-Chapelle? Qu'est-ce que c'est?
Vous dites: Dans l'Île de la Cité. C'est une église.

1. ... 2. ... 3. ... 4. ... 5. ... 6. ... 7. ...

C. Et vous? Quelle est l'attitude des étudiants envers les villes? Écoutez la question et les réponses de deux camarades, puis répondez vous-même. Vous n'entendrez pas de réponses suggérées.

Vous entendez: Préférez-vous habiter en ville, en banlieue ou à la campagne? Pourquoi?
—Moi, je préfère la ville. J'adore sortir le soir! —Moi, j'aime la banlieue. C'est plus tranquille. —Et vous?
Vous dites: Moi aussi, j'aime la ville, parce que j'adore les boîtes.

1. ... 2. ... 3. ... 4. ...

Name _____ Date _____ Class _____

LEÇON 2: STRUCTURES

The *passé composé* versus the *imparfait*
Describing Past Events

A. Quelle mauvaise journée! Mettez les verbes au passé composé ou à l'imparfait selon le cas. Attention à la logique des phrases.

MODÈLE: (téléphoner / être) →
J' __étais__ sous la douche (*shower*) quand vous __avez téléphoné__.

(parler / entrer) En cours ce matin on _____¹ du professeur quand il

_____.² (penser / poser) Au moment où il _____³ sa première

question, je (j') _____⁴ aux prochaines vacances et je n'ai pas pu répondre. (parler /

perdre) Je (J') _____⁵ devant tout le monde quand je (j') _____⁶

ma voix. Quel désastre!

Le soir nous sommes sortis, Arnaud et moi. (arrêter / conduire) Je (J') _____⁷

la voiture de ma mère quand un agent de police me (m') _____⁸ pour avoir brûlé

un feu rouge (*run a red light*). (sortir / arriver) Plus tard, nous _____⁹ chez les

Dufort au moment où ils _____.¹⁰ Mais ils nous ont invités à entrer. (tomber / servir)

Pendant que Madame Dufort _____¹¹ les boissons, je (j') _____¹²

malade. Quelle journée!

✷ Racontez un moment embêtant (embarrassant) que vous avez vécu. _____

_____

_____

B. Reconstitutions. Reconstituez chaque paragraphe. Mettez les phrases dans le bon ordre en utilisant **d'abord, puis, ensuite** et **enfin**.

1. **La gourmandise** (*gluttony*): Nous sommes rentrés chez nous aussi vite que possible. Elle nous a

   donné notre boîte (*package*). Nous avons choisi la pâtisserie la plus appétissante. Nous avons

   payé la boulangère. _____

   _____

   _____

   _____

   _____

Leçon 2: Structures **187**

2. **Une question difficile:** Il a compris le sens. Il l'a relue trois ou quatre fois. Gilles a lu lentement (*slowly*) la question sans la comprendre. Il a écrit sa réponse. _____

_____

_____

_____

_____

C. **Les Trois Ours** (*The Three Bears*). Complétez l'histoire en mettant les verbes au passé composé ou à l'imparfait.

Il était une fois (*Once upon a time, there were*) trois ours qui _____¹ (habiter) une petite maison au fond de la forêt. Un jour, la maman ours _____² (préparer) de la soupe, mais parce qu'elle _____³ (être) trop chaude, les ours _____⁴ (décider) de faire une promenade.

Pendant leur absence, une jeune fille qui s'_____⁵ (s'appeler) Boucles d'or et qui _____⁶ (faire) aussi une promenade, _____⁷ (voir) la maison et _____⁸ (entrer).

Elle _____⁹ (être) fatiguée et elle _____¹⁰ (essayer) les trois chaises des ours. Comme elle _____¹¹ (avoir) très faim, elle _____¹² (goûter) la soupe du papa ours, mais elle était trop chaude. La soupe de la maman ours _____¹³ (être) trop froide, mais la soupe du bébé ourson était parfaite, et Boucles d'or _____¹⁴ (dévorer) tout ce qu'il y avait dans le bol.

Parce qu'elle _____¹⁵ (avoir) sommeil, Boucles d'or _____¹⁶ (monter) au premier étage. Elle _____¹⁷ (essayer) le lit du papa ours, qui était trop dur (*hard*). Le lit de la maman ours _____¹⁸ (être) trop mou (*soft*). Mais le lit du bébé ourson était parfait, et elle _____¹⁹ (fermer) les yeux tout de suite.

Pendant (*While*) qu'elle _____²⁰ (dormir), les ours _____²¹ (rentrer). Le papa ours _____²² (voir) que quelqu'un s'était assis (*had sat*) sur sa chaise. Le bébé ourson _____²³ (dire) que quelqu'un avait mangé toute sa soupe. Les ours _____²⁴ (monter) au premier étage où Boucles d'or _____²⁵ (dormir).

Name _____ Date _____ Class _____

✷ Finissez cette histoire: _____

_____

_____

_____

_____

_____

_____

D. Une traversée mouvementée (*eventful crossing*). Hier, M. Laroche avait rendez-vous en ville avec un ami. Écoutez son histoire et mettez les dessins dans l'ordre correct (1 → 5).

A. ____ *une marchande de fleurs / renverser (knock down)*

B. ____ *rentrer dans (collide with)*

C. ____ *rencontrer (meet up with)*

D. ____ *arriver* (Café du Commerce / Jacques)

E. ____ *mettre les pieds (step into)*

Répondez aux questions suivantes selon l'histoire ci-dessus.

　Vous entendez:　M. Laroche a dû traverser le boulevard. Qu'est-ce qu'il a fait d'abord?
　Vous dites:　　 Il a mis les pieds dans la rue.

　1. …　2. …　3. …　4. …　5. …　6. …

E. La liberté. Écoutez l'anecdote suivante.

Maintenant, regardez les expressions suggérées ci-dessous et écrivez une *nouvelle* histoire sur le même modèle.

　1. hier soir / je / regarder / bon film / quand

_____

_____

Leçon 2: Structures

2. ce / être

3. il (elle) / me / demander / de

4. je / lui répondre / que

5. tout(e) content(e) / il (elle) / me / inviter…

Les réponses se trouvent en appendice.

 F. Le premier jour de mes vacances. Écoutez l'histoire suivante. Pensez à la mettre au passé.

Vendredi, je <u>quitte</u> le travail à midi, parce que j'<u>ai</u> des courses à faire. Je <u>descends</u> dans les rues de la ville. Il <u>fait</u> beau et chaud. Les magasins <u>sont</u> pleins de jolies choses. Les autres clients <u>ont</u> aussi l'air heureux.

J'<u>achète</u> des cartes routières (*road maps*) et un chapeau très drôle. J'<u>oublie</u> de faire mes autres courses. Avant de rentrer faire mes valises, je <u>prends</u> une limonade dans un café très sympa.

Maintenant, écoutez les phrases de l'histoire et mettez les verbes au passé composé *ou* à l'imparfait, selon le cas.

Vous entendez: Vendredi, je quitte le travail à midi…
Vous dites: Vendredi, j'ai quitté le travail à midi…

1. … 2. … 3. … 4. … 5. … 6. … 7. … 8. …

The Pronouns *y* and *en*
Speaking Succinctly

A. Problèmes de maths. Lisez les trois problèmes suivants, tirés d'un manuel scolaire français. Soulignez le pronom **en** chaque fois qu'il apparaît. Ensuite, répondez aux questions.

Addition et soustraction

Quel énoncé?[a]

$$120 - (35 + 48)$$

Lequel des 3 énoncés ci-dessous correspond à cette écriture? _____

1. • En partant à l'école, José a 120 billes.[b] Le matin, il en perd[c] 35; l'après-midi, il en gagne[d] 48.
   Combien de billes lui reste-t-il à la fin de la journée?

2. • Céline a 35 bonbons. Elle en achète 120, puis en donne 48 à sa petite sœur.
   Combien lui en reste-t-il?

3. • Maman est allée au marché. Elle a dépensé[e] 48 francs chez le fromager et 35 francs chez le marchand de légumes.
   Sachant qu'avant[f] de partir elle avait dans son portefeuille[g] un billet de 100 francs et un billet de 20 francs, *combien lui reste-t-il?*

a. *statement*
b. *marbles*
c. *loses*
d. *wins*
e. *spent*
f. *before*
g. *wallet*

B. **Questions personnelles.** Répondez en utilisant le pronom **y**.

MODÈLE: Que trouvez-vous dans votre poche (*pocket*) maintenant? →
J'y trouve de l'argent.

1. Avez-vous dîné au restaurant universitaire hier soir? _____

2. Êtes-vous déjà allé(e) au Canada? _____

3. Que faites-vous dans votre chambre? _____

4. Répondez-vous immédiatement aux lettres de vos amis? _____

5. Pensez-vous à l'argent quand vous faites vos projets de vacances? _____

6. Que mettez-vous sur votre bureau? _____

7. Combien de temps passez-vous chez vos amis chaque semaine? _____

C. **Conversations.** Complétez avec **y** ou **en**.

Une visite au grand magasin

MARIANE: J'_____¹ suis allée seulement faire du lèche-vitrine (*window shopping*), mais j'ai trouvé des parfums extraordinaires dans le rayon (*department*) parfumerie. Il y _____² avait qui étaient sensationnels.

STÉPHANIE: Tu _____³ as acheté?

MARIANE: Non, c'était bien trop cher. Mais j'espère _____⁴ retourner avec mon père: peut-être qu'il va m'_____⁵ acheter. C'est bientôt mon anniversaire.

En route pour la bibliothèque

RAOUL: Tiens, tu veux venir avec moi à la bibliothèque?

PIERRE: Pourquoi est-ce que tu _____⁶ vas? Tu as du travail?

RAOUL: J'_____⁷ ai un peu, mais je veux aussi prendre quelques romans policiers pour les vacances. Mado m'a dit qu'il y _____⁸ a des nouveaux.

PIERRE: J'_____⁹ ai trois ou quatre à la maison. Je te les passe. Comme ça, tu n'auras pas besoin (*will not need*) de les rendre la semaine prochaine.

RAOUL: Bon, d'accord. Allons-_____¹⁰ tout de suite.

D. Des touristes extraterrestres. Vous accompagnez des extraterrestres qui visitent une ville française. Répondez à leurs questions.

Vous entendez: Qu'est-ce qu'on fait dans une boulangerie?
Vous dites: Eh bien, on y achète du pain.

1. … 2. … 3. … 4. … 5. …

E. Carine découvre sa ville. La semaine dernière, Carine a décidé d'explorer sa ville. Écoutez l'histoire et cochez (✓) tous les endroits qu'elle a visités.

_____ le musée   _____ le jardin public

_____ la mairie   _____ la piscine

_____ le jardin zoologique _____ le marché en plein air

_____ le vieux cimetière _____ la banlieue

_____ la pâtisserie   _____ le restaurant

Maintenant, répondez aux questions suivantes en vous basant sur l'histoire. Utilisez le pronom **y** dans vos réponses.

Vous entendez: La semaine dernière, Carine est-elle allée au vieux cimetière?
Vous dites: Non, elle n'y est pas allée.

1. … 2. … 3. … 4. … 5. … 6. …

F. Un marché d'Abidjan. Paul et Sara sont au marché en plein air. Écoutez leurs remarques, et mettez un cercle autour de **a** ou **b** selon la chose qu'ils mentionnent.

Vous entendez: J'en ai déjà acheté.

Vous écrivez: (a.) des bananes   b. à la plage

1. a. à ces statuettes   b. de l'argent
2. a. deux masques   b. une carte de la ville
3. a. des sandales   b. du café
4. a. au marché   b. à la marchande de fleurs
5. a. des danses locales   b. à l'arrêt d'autobus

CORRESPONDANCE

Courrier électronique

Complétez le courrier électronique avec les expressions suivantes: **ai été, ai revu, en, étais, était, gauche, quand, tout droit, y, y.**

> Chère Nathalie,
> La première fois où j'_____¹ à Bruxelles j'avais huit ans,
> et j'ai rêvé d'_____² retourner depuis. Quand j'y suis
> retourné, neuf ans plus tard, j'_____³ la ville, sur la
> canal de Willebroek, mais j'_____⁴ un peu perdu. Je ne
> savais plus où _____⁵ ce Café-Frites d'autrefois, à
> _____⁶ ou à droite du fleuriste «À la reine Béatrice»?
> J'_____⁷ allais avec papa, _____⁸ j'étais petit,
> d'abord le dimanche, puis, quand j'ai grandi, le dimanche et de
> nouveau le jeudi. Nous mangions des frites, papa et moi, et nous
> _____⁹ achetions pour le dîner. Après, nous achetions des
> roses pour maman, et nous rentrions _____¹⁰ à l'hôtel pour
> l'embrasser.
> Ton gentil Paul

Flash-culture

Relisez les Flashs dans votre livre, puis choisissez la bonne réponse.

1. La Closerie des Lilas et les Deux-Magots sont deux _____ très connus (*well-known*).

    a. bistrots   b. cafés   c. écrivains

2. _____ fréquentent les cafés de Paris.

    a. Seuls les touristes   b. Seuls les existentialistes   c. Diverses personnes

3. Un «petit crème», c'est un genre de _____.

    a. café   b. dessert   c. journal

Correspondance

4. Bruxelles est la capitale _____ de l'Europe.

   a. gastronomique   b. culturelle   c. administrative

5. La Commission européenne siège à _____.

   a. Strasbourg   b. Bruxelles   c. Berlin

6. Cette institution a un rôle _____.

   a. symbolique   b. insignifiant   c. exécutif

Nathalie à l'appareil!

Un bijoutier (*jeweller*). De Bruxelles, Nathalie téléphone à Éric Deman, un grand bijoutier d'Anvers, le port belge et centre mondial du diamant. Écoutez leur conversation, puis indiquez si les phrases suivantes sont vraies (**V**) ou fausses (**F**).

Vocabulaire utile: les pierres précieuses — *precious stones*
la bague — *ring*
les chaînes en or, en platine — *gold, platinum chains*
À tantôt! (*regional*) — *See you shortly (this afternoon)!*

1. V F Nathalie va peut-être acheter quelque chose à (*from*) M. Deman.
2. V F Elle va aussi écrire un article sur le port d'Anvers.
3. V F M. Deman lui dit qu'il est trop occupé pour la voir cette semaine.
4. V F Nathalie s'intéresse aussi à la nouvelle collection de bagues.
5. V F M. Deman invite Nathalie à loger (*to stay*) chez lui.
6. V F M. Deman va passer la prendre (*pick her up*) à l'aéroport.

Prononciation

Les voyelles nasales. Répétez les sons et les exemples suivants.

1. d<u>an</u>s / l<u>am</u>pe / t<u>en</u>te / ex<u>em</u>ple
2. s<u>on</u> / c<u>om</u>bien / réacti<u>on</u> / b<u>on</u>b<u>on</u>
3. <u>un</u> / mat<u>in</u> / v<u>in</u>gt / s<u>ym</u>pathique / b<u>ien</u> / tr<u>ain</u> / f<u>aim</u> / pl<u>ein</u>

Répétez les mots suivants. Faites bien le contraste entre les voyelles nasales et les voyelles non nasales.

1. dans / Jean / roman / bande
2. Anne / Jeanne / romane / banane
3. bon / nom / pardon / comptez
4. bonne / nomme / donner / comme
5. italien / saint / train / vin
6. italienne / Seine / traîne / vaine

LEÇON 3: STRUCTURES

Savoir and *connaître*
Saying What and Whom You Know

A. Les experts sur Paris. Utilisez le verbe **savoir** ou **connaître**.

1. Jean _____ comment toucher un chèque à Paris.

2. Nous _____ les rues du Quartier latin.

3. Mon père _____ un bon restaurant, pas cher.

4. _____ -vous où se trouve la Sorbonne?

5. Tout le monde _____ les jardins du Luxembourg.

6. Mon professeur de français _____ une dame qui habite à côté d'une librairie.

7. Mais il ne _____ pas son numéro de téléphone.

8. Nous ne _____ personne dans cet arrondissement.

✳ **B. Questionnaire.** Savez-vous ou connaissez-vous?

   MODÈLES: Votre adresse? → Je la sais.

   Frank Abbot? → Je ne le connais pas.

1. Votre nom? _____

2. Jouer au tennis? _____

3. Suzanne Riesel? _____

4. Les pièces de Shakespeare? _____

5. La date d'aujourd'hui? _____

6. Quelle est l'autoroute pour aller dans le sud? _____

7. Venise? _____

8. La théorie de la relativité? _____

9. Compter en espagnol? _____

10. Les plages de la Côte d'Azur? _____

C. Confusion. Vous rentrez chez vous après une longue absence et un vol transatlantique. Vous êtes un peu désorienté(e). Écoutez les remarques de vos amis et mettez un cercle autour de **a** ou **b.**

Vous entendez: Quelle heure est-il?
Vous écrivez: (a.) Je ne sais pas.   b. Je ne le connais pas.

1. a. Je ne sais pas.   b. Je ne le connais pas.
2. a. Je ne sais pas.   b. Je ne le connais pas.
3. a. Je ne sais pas.   b. Je ne le connais pas.
4. a. Je ne sais pas.   b. Je ne le connais pas.

D. Les Jones visitent Paris. Regardez ce couple de touristes américains et répondez aux questions en vous basant sur leur apparence.

Vous entendez: Les Jones savent-ils où est le musée d'Orsay?
Vous dites: Non, ils ne savent pas où il est.

1. ...   2. ...   3. ...   4. ...   5. ...   6. ...

The Verbs *voir* and *croire*
Expressing Observations and Beliefs

A. Ah, les verbes! Écrivez la forme correcte de chaque verbe.

	voir PRÉSENT	croire PRÉSENT	voir PASSÉ COMPOSÉ	croire PASSÉ COMPOSÉ
tu				
mes amis				
tout le monde				
Paul et moi				
servir				
ton frère et toi				
je				

B. Question d'identité. Conjuguez **croire** et **voir** dans les phrases suivantes.

—Je _____[1] que j'ai oublié mon passeport dans la chambre.

_____[2] -tu mon sac?

—Non. As-tu ta carte d'identité?

—Je ne _____[3] pas. (*Elle cherche.*) Non, je ne la _____[4] pas dans mon sac. Tu _____[5] qu'on doît retourner à l'hôtel?

—Non. Quand on _____[6] tes cheveux blonds, et quand on entend ton accent, on va tout de suite _____[7] que tu es américaine.

C. Une rencontre fantastique. Écoutez l'histoire en regardant le dessin. Ensuite, tournez la page.

Un soir, dans son chalet de montagne, Jean-Paul a une expérience terrifiante.

Leçon 3: Structures

Maintenant, écoutez les questions. Mettez un cercle autour de la lettre qui accompagne la réponse correcte, dans l'histoire de Jean-Paul.

1. a. Les étoiles (*stars*) et les planètes.
   b. Des jumelles (*binoculars*).
   c. Des extraterrestres.

2. a. Un avion.
   b. Des fenêtres.
   c. Deux créatures.

3. a. Oui, il en croit ses yeux.
   b. Non, il n'en croit pas ses yeux.
   c. Ce sont des voisins qui descendent.

4. a. Les extraterrestres.
   b. Les voisins.
   c. Les étoiles.

5. a. Oui, toujours.
   b. Non, généralement pas.
   c. Ses parents ont raconté certaines histoires.

6. a. Non, probablement pas.
   b. Oui, on va croire à son histoire.
   c. Oui, cela arrive souvent.

LEÇON 4: PERSPECTIVES

Faire le bilan

A. Une excursion mémorable. Utilisez le passé composé ou l'imparfait.

Quand (je / visiter) _____¹ la France pour la première fois, (je / avoir) _____² 18 ans et (je / être) _____³ assez naïve, mais (je / vouloir) _____⁴ tout voir et tout essayer. (Je / faire) _____⁵ la connaissance d'un jeune homme un jour sur la plage. (Il / me / inviter) _____⁶ à aller entendre une conférence. Après, (nous / aller) _____⁷ prendre une bière. Ensuite (il / suggérer) _____⁸ une promenade en motocyclette, mais (il / dire) _____⁹ que (nous / devoir) _____¹⁰ aller chez lui chercher le siège arrière (*back seat*) de sa moto. (Je / hésiter) _____¹¹ longtemps à l'accompagner parce que (je / ne / le / connaître / pas) _____,¹² mais enfin (je / accepter) _____.¹³ (Nous / faire) _____¹⁴ un tour de la ville en moto pendant que Jopie, qui ne (parler) _____¹⁵ pas un mot d'anglais, (chanter) _____¹⁶ « My Blue Heaven » très fort (*loudly*). (Ce / être) _____¹⁷ magnifique. (Il / me / raccompagner [*to take*]) _____¹⁸ chez moi et (me / dire) _____¹⁹ bonsoir. Le lendemain (*next day*) (il / partir) _____²⁰ en Bretagne pour l'été, et (je / ne / le / revoir / jamais) _____.²¹

Leçon 4: Perspectives **199**

B. Une soirée agréable. Faites une ou deux phrases pour décrire ce que vous voyez sur chaque dessin. Utilisez le passé composé et l'imparfait.

1. Maryvonne et Jacques _____

2. Il faisait froid et il _____

3. Maryvonne et Jacques _____

4. _____

5. _____

6. Dans le café, des gens _____

200 *Chapitre 11*

Name _____ Date _____ Class _____

🎧 À l'écoute!

Anvers. Vous allez entendre un reportage sur Anvers (Belgique), le troisième port d'Europe. Écoutez-le, puis cochez (✓) les choses mentionnées dans le reportage. 🛑

_____ le peintre (*painter*) Rubens   _____ « la Venise du Nord »

_____ le peintre Rembrandt   _____ la cathédrale Notre-Dame

_____ les digues (*dams*)   _____ la cathédrale Saint-Michel

_____ les maisons aux façades vitrées (*windowed façades*)   _____ les boîtes de nuit

_____ la place Grote Markt   _____ les musées

_____ la bourse de commerce (*stock market*)

Par écrit

Function: Narrating in the past

Audience: Instructor or classmates

Goal: Write a three-paragraph story in the past. Choose one of the following genres: **reportage ou fait divers** (*miscellaneous small news item*), **autobiographie,** or **biographie.**

Steps

1. Make an outline of your story. The introduction should describe the main characters, the setting, the time, and the circumstances. In the second paragraph, bring in a complication that changes the state of affairs. In the third paragraph, tell how the situation was resolved. End with a conclusion which summarizes what, if anything, was learned from the experience.

2. Write the rough draft, making sure it contains all the information mentioned above.

3. Take a break, then check your work. Refine the details and descriptions.

4. Have a classmate read your story to see if what you have written is interesting, clear, and organized. Make any necessary changes.

5. Finally, reread the composition for spelling, punctuation, and grammar. Focus especially on your use of the past tenses.

Journal intime

Des moments inoubliables. Racontez un événement émouvant, quelque chose qui vous a rendu(e) heureux/euse, furieux/euse, honteux/euse (*ashamed*), etc. Utilisez les questions suivantes comme guide:

Leçon 4: Perspectives

- Quand cela s'est-il passé?
- Où?
- Pourquoi y étiez-vous?
- Quelle heure était-il?
- Quel temps faisait-il?
- Avec qui étiez-vous?
- Que faisiez-vous?
- Qu'est-ce qui est arrivé?
- Quelles ont été les réactions de tout le monde?
- Comment l'épisode s'est-il terminé?

MODÈLE: Une fois, il y a trois ans, j'étais chez ma mère en Lousiane. On devait donner une fête surprise…

Beaux Arts

CHAPITRE 12

LEÇON 1: PAROLES

Le patrimoine historique

A. Quel monument décrit-on? Lisez les quatre descriptions et identifiez les monuments ci-dessous.

On a commencé à construire l'église de Beauvais en 1225. Mais après 25 ans de construction, la partie terminée est tombée. On l'a rebâtie, mais il n'y a jamais eu assez d'argent pour terminer l'énorme cathédrale gothique.

Le 17 août 1661 dans son nouveau château de Vaux-le-Vicomte, Nicolas Fouquet offre une fête somptueuse à Louis XIV. Dix-neuf jours plus tard, Louis, envieux de la splendeur du château, met Fouquet en prison. Le salon sous le grand dôme central n'a jamais été décoré.

François I (roi de France de 1515 à 1547) venait chasser (*to hunt*) dans la forêt de Chambord, qui a donné son nom à ce château connu pour ses 365 cheminées.

Pendant le Premier Empire (1804–1815), Napoléon donne l'ordre de construire un temple à la gloire de la Grande Armée. Cette église, qui s'appelle la Madeleine, ressemble à un temple grec.

1. monument _____
   époque _____
   siècle _____

2. monument _____
   époque _____
   siècle _____

3. monument _____   4. monument _____

   époque _____   époque _____

   siècle _____   siècle _____

B. Époques. Écoutez la description, et écrivez le nom de la personne, du bâtiment ou du lieu associé à l'époque.

Vous entendez : La tour Eiffel a été construite à Paris pour une grande exposition universelle. Cette exposition fêtait le 100ème anniversaire de la Révolution française. De quelle époque date la tour Eiffel ?

Vous écrivez :

- l'époque moderne   *la tour Eiffel*   _____
- l'époque classique   _____   _____
- la Renaissance   _____   _____
- le Moyen Âge   _____   _____
- l'époque romaine   _____   _____

Les réponses se trouvent en appendice.

Name _____ Date _____ Class _____

C. L'art de l'histoire. Écoutez les descriptions et associez chacune avec un des noms suivants. Donnez aussi le siècle associé.

Christophe Colomb (v. 1451–1506) Benjamin Franklin (1706–1790)
Guillaume le Conquérant (1027–1087) Jeanne d'Arc (v. 1412–1431)
Louis XIV (1638–1715) François Mitterrand (1916–1996)
Napoléon Bonaparte (1769–1821) Louis Pasteur (1822–1895)

Vous entendez: C'était un roi très puissant (*powerful*) qui a fait construire le palais de Versailles. C'est lui qui disait: « L'État, c'est moi. »
Vous dites: C'est Louis XIV. Il est du dix-septième siècle.

1. ... 2. ... 3. ... 4. ... 5. ... 6. ... 7. ...

Le patrimoine artistique

A. Classifications. Classez les mots suivants: **roman, tableau, actrice, écrivain, poème, sculpteur, sculpture, peintre, pièce de théâtre, compositeur, cinéaste.**

ARTISTES   ŒUVRES (*works*)

_____   _____
_____   _____
_____   _____
_____   _____
_____   _____

✴ **B. Les arts.** Créez une carte sémantique pour chacun (*each*) des mots de la liste suivante. Sur une autre feuille de papier, écrivez un mot de la liste au centre et les quatre catégories du modèle. Puis ajoutez toutes les idées que vous associez avec les quatre catégories. (Il n'est pas nécessaire de vous limiter au vocabulaire de ce chapitre.)

MODÈLE: la peinture →

réalisme
impressionnisme
cubisme

(genres)

(créateur) ◇ *la peinture* ◇ (produits)

un(e) peintre   *tableaux*
                                              chefs-d'œuvre

(actions)

peindre
dessiner

La liste

1. la musique
2. le cinéma
3. la littérature
4. l'architecture

Leçon 1: Paroles   **205**

Deux verbes pour parler des arts

A. Ah, les verbes! Complétez le tableau.

	POURSUIVRE	VIVRE	SUIVRE (passé composé)
je			
on			
nous			
les gens			

B. En Afrique. Robert, étudiant américain, parle de ses expériences en Afrique avec un étudiant du Zaïre. Complétez la conversation avec **vivre, poursuivre,** ou **suivre.** Attention au temps du verbe.

SIMON: Tu _____¹ au Mali pendant quatre ans?

ROBERT: Oui, j'y suis allé en 1986 avec le Corps de la Paix (*Peace Corps*). Je suis rentré aux États-Unis pour _____² des études de génie civil, mais j'ai envie de retourner y _____³ un jour.

SIMON: Alors tu espères _____⁴ ta carrière en Afrique?

ROBERT: Oui, les cours que je _____⁵ maintenant m'y préparent.

- En quelle année Robert a-t-il quitté le Mali? _____
- En quoi se spécialise-t-il à l'université? _____

C. Christine et Alain, des étudiants mariés. Écoutez la description de leur vie, puis indiquez si les phrases suivantes sont vraies (**V**) ou fausses (**F**).

1. V F Christine et Alain sont étudiants et vivent assez bien.
2. V F Christine aimerait devenir compositrice.
3. V F Alain fait de la musique électronique.
4. V F Le mardi, les jeunes mariés suivent tous les deux un cours d'histoire de l'art.
5. V F Alain compte poursuivre une carrière dans l'enseignement (*teaching*).
6. V F Il est probable que Christine et Alain poursuivent leurs études encore quelques années.

LEÇON 2: STRUCTURES

Stressed Pronouns
Emphasizing and Clarifying

A. Quelle surprise! Stéphanie est étonnée (*astounded*) d'apprendre ce qui s'est passé à un grand dîner. Inventez et écrivez ses réactions. Utilisez un pronom disjoint.

MODÈLE: Tout le monde a dîné chez Franz. → Chez lui? Mais il est si snob!

1. Suzanne est venue avec Marc et moi. _____

2. Mais nous sommes arrivés avant Franz! _____

3. Geoffroy est venu sans sa petite amie. _____

4. Il a pris place à côté de Mme Karinsky. _____

5. Suzanne était à gauche de M. Karinsky. _____

6. Pierre voulait une place auprès de M. et Mme Karinsky. _____

7. Donc nous l'avons mis entre Suzanne et Madame. _____

*B. **Opinions et préférences.** Vous parlez de gens que vous connaissez. Répondez brièvement avec un de ces pronoms: **moi, lui, elle, eux, elles.** Utilisez **non plus** si vous êtes d'accord (*if you agree*) ou **si**, si vous n'êtes pas d'accord.

MODÈLE: Mon père n'aime pas la musique reggae. Et votre père? →
     Lui non plus. (Il n'aime pas la musique reggae.)
  ou Lui si. (Il aime la musique reggae.)

Ma mère n'aime pas la peinture moderne.

1. Et vous? _____

2. Et votre meilleur ami (meilleure amie)? _____

3. Et vos frères et vos sœurs? _____

_____

4. Et votre professeur de français? _____

Ma sœur n'aime pas écrire des poèmes.

5. Et vos parents? _____

6. Et vos meilleures amies? _____

7. Et votre copain (copine)? _____

8. Et vous? _____

C. **Panne d'électricité.** Il y a une panne d'électricité dans la galerie d'art. Ces personnes essaient de se retrouver dans l'obscurité. Répondez selon le modèle.

Vous entendez: C'est M. Legrand?
Vous dites: Oui, c'est lui.

1. ... 2. ... 3. ... 4. ... 5. ...

D. **C'est incroyable!** Ce que vous entendez vous surprend. Réagissez en vous basant sur les modèles.

Vous entendez: Jean parle de vous et de Charles.
Vous dites: Il parle de nous?

Vous entendez: Jean va chez les Legrand.
Vous dites: Il va chez eux?

1. ... 2. ... 3. ... 4. ... 5. ... 6. ...

Pronominal Verbs (Introduction)
Expressing Actions

A. **Les copines.** Zoé et Abena sont étudiantes de première année dans une université américaine. Elles vont partager (*to share*) une chambre à la maison française. Complétez leur conversation.

Verbes utiles: s'arrêter, se demander, se dépêcher, se détendre, s'installer

Zoé et Abena _____¹ dans leur nouvelle chambre. Elles ont toutes sortes de caisses (*boxes*) et de valises.

ZOÉ: Je _____² où nous allons ranger (*to put*) toutes nos affaires. Cette chambre est vraiment trop petite.

ABENA: Nous devons _____.³ Je ne veux pas être en retard au premier repas.

ZOÉ: Écoute, on a encore trois heures. Je propose que nous _____⁴ de travailler dans deux heures et demie. Qu'en penses-tu? Comme ça, nous avons trente minutes pour _____⁵ un peu. Tu es d'accord?

Name _____ Date _____ Class _____

Verbes utiles: s'amuser, se demander, s'entendre, se rappeler, se souvenir (de)

(*Plus tard.*)

ABENA: Je _____⁶ si nous allons nous comprendre. D'habitude je _____⁷ bien avec les autres. Mais je _____⁸ d'une fille insupportable (intolérable) avec qui j'ai été obligée de partager une chambre. Elle n'écoutait que de l'opéra. Je _____⁹ un jour où j'ai eu tellement besoin de silence que j'ai caché (*hid*) sa radio.

ZOÉ: Je suis sûre que nous allons _____¹⁰ ensemble. Mais tiens, où est ma radio?

B. Portrait d'un bon prof. Améliorez (*Improve*) cette description en remplaçant les expressions entre parenthèses par des verbes pronominaux. Barrez (*Cross out*) les expressions entre parenthèses.

Si Mme Lévi (fait une erreur) _____,¹ elle (demande pardon) _____.²

Voilà pourquoi elle (a de bons rapports) _____³ avec tous ses étudiants. Et si nous (faisons des erreurs) _____,⁴ elle nous encourage sans se moquer de nous. Elle a l'air de (passer des moments agréables) _____⁵ en classe.

En cours elle (n'oublie pas) _____⁶ nos objectifs, et nous travaillons dur. Nous n'avons pas le temps de (nous reposer) _____,⁷ en général; nous (allons vite) _____⁸ pour tout finir. Mais nous (passons des moments agréables) _____⁹ aussi.

C. Les distractions des étudiants. Complétez les phrases suivantes en écoutant le passage.

1. Je _____ parfois si les étudiants français ont le temps de _____.

2. Pourtant, les étudiants doivent aussi _____.

3. On a besoin de _____ quelquefois…

4. Le soir, les étudiants _____ souvent dans le quartier universitaire.

5. Ils _____ à une table dans un café pour prendre un verre et discuter avant de rentrer travailler.

6. Le dimanche, beaucoup d'étudiants déjeunent, sans _____, chez leurs parents ou leurs grands-parents.

7. Ils _____ en faisant un peu de sport, en allant à une exposition ou au cinéma.

Les réponses se trouvent en appendice.

Leçon 2: Structures

D. Une vie d'étudiant. Écoutez chacune des situations suivantes, et choisissez l'expression verbale qui la décrit.

Vous entendez: Tu sors le samedi soir avec tes amis: d'abord, au restaurant; ensuite, en boîte.

Vous écrivez: a. Tu t'excuses.   ⓑ Tu t'amuses.

1. a. Je me dépêche.   b. Je m'arrête.
2. a. Je me souviens de toi.   b. Je me demande si c'est vrai.
3. a. Ils se trouvent là-bas maintenant.   b. Ils vont s'installer là-bas plus tard.
4. a. Je me trompe.   b. Je me repose.
5. a. Nous nous entendons bien.   b. Nous nous détendons bien.

CORRESPONDANCE

Courrier électronique

Complétez le courrier électronique avec les expressions suivantes: **a vécu, les, Louvre, lui, me repose, nous arrêter, œuvre, pars, peintres, siècle, suivi, toi.**

> Cher Paul,
>
> Je _____¹ demain pour l'Île de la Réunion.
>
> Aujourd'hui, je me détends. J'ai _____² ton conseil. Je
>
> _____³ à la terrasse du Van Gogh avec un ami bruxellois,
>
> journaliste _____⁴ aussi. Nous flânions en ville, il y a une
>
> heure, à la recherche de chocolat pour _____.⁵ Nous irons
>
> tout à l'heure au musée lui et moi. Nous allons suivre sur les murs
>
> du musée l'_____⁶ des deux Bruegel. Les grands
>
> _____⁷ flamands étaient vraiment les «reporters-
>
> photographes» du XVIème _____⁸! Nous voulons _____⁹
>
> un moment devant «Les sept péchés capitaux», mon ami et moi. Il
>
> _____¹⁰ à Paris et aimait aller au _____¹¹ pour
>
> admirer «Les Mendiants» de Pieter Bruegel l'Ancien. Et toi, mon petit
>
> Paul, tu _____¹² aimes, les peintres flamands?
>
> Bisous,
>
> Nathalie

Flash-culture

Relisez les Flashs dans votre livre, puis trouvez la fin de chaque phrase.

1. _____ Pour gagner sa vie, Suzanne Valadon
2. _____ Elle fait son autoportrait sous forme de nu
3. _____ Suzanne Valadon a laissé au monde
4. _____ Auguste Rodin a passé les dernières années de sa vie
5. _____ *Le Penseur* et *Le Baiser* sont parmi
6. _____ Dans le jardin du musée Rodin on trouve

a. 478 tableaux et 273 dessins.
b. des sculptures exposées en plein air.
c. en dépit des tabous de l'époque.
d. les chefs-d'œuvre de Rodin.
e. est devenue le modèle de Renoir.
f. à l'hôtel Biron à Paris.

Nathalie à l'appareil!

Au revoir, Nathalie! C'est la dernière fois qu'on entend la vaillante Nathalie. Elle téléphone à son cousin, Phil, vendeur chez Intel et Cie., un magasin spécialisé dans l'informatique. Écoutez leur conversation, puis indiquez si les phrases suivantes sont vraies (**V**) ou fausses (**F**).

1. V F Nathalie a décidé d'acheter un nouvel ordinateur.
2. V F Elle a aussi besoin d'un nouveau modem.
3. V F Elle ne comprend rien aux ordinateurs.
4. V F Nathalie et Phil parlent aussi du bistrot qu'il vient de découvrir.
5. V F Évidemment, Nathalie va acheter son ordinateur dans le magasin de Phil.

Prononciation

Voyelles fermées et voyelles ouvertes. The "closed" French vowels, in such words as **pot, allée,** and **deux,** contrast with the "open" vowels: **homme, belle, heure.** Very generally speaking, closed vowels occur as the final vowels in a syllable, while open vowels occur before a consonant + silent **e**. Listen carefully for the difference: **été, tête.**

Répétez les expressions suivantes.

1. chaud / gros / robe / poste
2. parlé / nez / fraise / tête
3. œufs / feu / jeune / œuf

Écoutez le passage suivant. Ensuite, écoutez-le une deuxième fois, et répétez chaque phrase.

Quand il f<u>ai</u>s<u>ai</u>t b<u>eau</u>, / j'<u>ai</u>m<u>ai</u>s all<u>er</u> à la plage / pour f<u>ai</u>re du sp<u>o</u>rt / ou pour ch<u>e</u>rch<u>er</u> d<u>es</u> c<u>o</u>quillages (*seashells*). / Quand il pl<u>eu</u>v<u>ai</u>t, / j'<u>ai</u>m<u>ai</u>s f<u>ai</u>re une pr<u>o</u>menade sur la plage / <u>au</u> ch<u>au</u>d dans m<u>es</u> b<u>o</u>ttes <u>et</u> mon pull, / <u>et</u> regard<u>er</u> la temp<u>ê</u>te!

LEÇON 3: STRUCTURES

Double Object Pronouns
Speaking Succinctly

A. Au musée. Voici une conversation entre la directrice d'un musée d'art et un collègue. Ajoutez les pronoms nécessaires.

DIRECTRICE: Avez-vous déjà montré notre nouveau tableau à ce groupe de philanthropes?

COLLÈGUE: Non. Pas encore. Je vais _____ _____¹ montrer demain.

DIRECTRICE: Montrez-_____-_____² cet après-midi, s'il vous plaît. Ils veulent nous donner leur décision tout de suite.

COLLÈGUE: S'ils ne _____ _____³ donnent pas ce soir, est-ce que nous les invitons à l'exposition demain?

DIRECTRICE: Oui, invitons-_____.⁴

COLLÈGUE: Et la soirée?

DIRECTRICE: Non, ne _____ _____⁵ parlez pas.

B. Conseils. Justin est assez timide et très prudent. Julie a beaucoup de courage. Quels donnent-ils chacun conseils dans les situations suivantes? (Utilisez deux pronoms objets si possible.)

MODÈLE: Marcel et Françoise veulent faire du camping sauvage en Afrique. →
JUSTIN: N'en faites pas. C'est dangereux.
JULIE: Faites-en. Vous allez voir de belles choses.

1. Constantin veut visiter la Nouvelle-Calédonie.

   JUSTIN: _____

   JULIE: _____

2. Les Finkelstein veulent emprunter la BMW de leur voisin.

   JUSTIN: _____

   JULIE: _____

3. Raoul veut montrer sa nouvelle sculpture à un groupe d'étudiants.

   JUSTIN: _____

   JULIE: _____

4. Daniela veut enseigner l'alpinisme à son amie.

   JUSTIN: _____

   JULIE: _____

5. Nicole et Patrick veulent écrire une lettre à Jacques Chirac.

   JUSTIN: _____

   JULIE: _____

Leçon 3: Structures

C. **Limites.** Quelles sont les limites de l'amitié (*friendship*)? Donnez votre réponse pour chaque situation. Utilisez un pronom objet.

   MODÈLE: Votre camarade de chambre veut montrer vos photos à ses amis. Vous lui dites: →
   Ne les leur montre pas. *ou* Montre-les-leur.

1. Votre camarade de chambre vous demande s'il (si elle) peut prêter la clé de votre chambre à un autre ami.

   Vous lui dites: _____

2. Une camarade veut envoyer un de vos poèmes à sa mère, poète célèbre.

   Vous lui dites: _____

3. Une amie veut montrer à tous les étudiants les questions de l'examen d'histoire qu'elle a trouvées dans le bureau du professeur.

   Vous lui dites: _____

4. Un camarade de classe veut fumer des cigarettes.

   Vous lui dites: _____

5. Une voisine veut vous donner six petits chats.

   Vous lui dites: _____

D. **Confrontations.** Avec quelle image va chaque situation? Mettez la lettre correspondante ci-dessous.

a.    b.    c.

d.    e.

1. ____   2. ____   3. ____   4. ____   5. ____

E. **Ordres.** Répétez les ordres du prof selon les modèles.

   Vous entendez: Lisez ce paragraphe!
   Vous dites: Lisez-le!

   Vous entendez: Ne parlez pas à vos camarades!
   Vous dites: Ne leur parlez pas!

   1. ...   2. ...   3. ...   4. ...   5. ...   6. ...

Name _____ Date _____ Class _____

Adverbs
Saying How To Do Something

A. Confessions. Répondez à ce que dit Marc, selon votre point de vue personnel. Si vous êtes de la même opinion, dites « Moi aussi, je... » Si vous n'êtes pas d'accord, utilisez un des adverbs **trop, peu,** ou **ne... pas du tout.** Attention à la place des adverbes.

MODÈLE: MARC: J'ai beaucoup voyagé le semestre dernier. →
VOUS: Moi, je n'ai pas du tout voyagé le semestre dernier. *ou*
Moi aussi, j'ai beaucoup voyagé.

1. MARC: J'ai trop dormi hier soir.
   VOUS: _____

2. MARC: J'ai peu étudié au lycée.
   VOUS: _____

3. MARC: Je n'ai pas du tout travaillé l'été passé.
   VOUS: _____

4. MARC: J'ai beaucoup mangé ce matin.
   VOUS: _____

5. MARC: J'ai beaucoup pensé aux cours que je vais suivre l'année prochaine.
   VOUS: _____

6. MARC: J'ai bien compris le dernier chapitre de français.
   VOUS: _____

B. Tristement! Rendez cette histoire plus vivante en mettant l'adverbe correspondant à la place de l'adjectif proposé. Barrez (*Cross out*) les adjectifs.

Le téléphone a sonné _____¹ (violent) à deux heures du matin. Le détective a essayé _____² (vain) de trouver l'appareil. Il l'a décroché _____³ (final) et a dit « Allô? » Une voix de femme lui a répondu _____⁴ (rapide) avec des mots qu'il n'a pas compris _____⁵ (immédiat). « Répétez plus _____⁶ (lent), s'il vous plaît, Madame » lui a-t-il demandé _____⁷ (poli). « Il est mort » a dit _____⁸ (bref) la dame. « Qui? » lui a-t-il demandé _____⁹ (gentil). « Mon chien. N'êtes-vous pas vétérinaire? »

C. Qui connaissez-vous? Nommez quelqu'un qui correspond aux descriptions ci-dessous. Utilisez un adverbe et substituez un verbe à l'expression en italique.

MODÈLE: Nommez quelqu'un qui *donne des réponses* intelligentes. →
Linda Ellerbee répond intelligemment.

1. Nommez quelqu'un qui *mange* de mauvais *plats*. (adverbe correspondant: **mal**) _____
   _____
   _____

2. Nommez quelqu'un qui a *fait un voyage* récent. _____
   _____
   _____

Leçon 3: Structures

3. Nommez quelqu'un qui *donne de* brèves *réponses*. _____

4. Nommez quelqu'un qui *a une façon* polie *de parler*. _____

5. Nommez quelqu'un qui *a une pensée* (*way of thinking*) très claire. _____

6. Nommez quelqu'un qui *donne des refus* rapides. _____

D. Une fable traditionnelle. Voici une course à pied (*foot race*) très célèbre. Écoutez la présentation deux fois et indiquez si les expressions suivantes décrivent le **lièvre** (*hare*) (**L**) ou la **tortue** (**T**). (Nous avons commencé pour vous.)

Nous assistons aujourd'hui à une course tout à fait spéciale. Elle est bien sûr télévisée. Écoutons le speaker…

1. _L_ prend rapidement la tête (*the lead*)
2. _____ avance lentement
3. _____ avance à une vitesse incroyable
4. _____ s'arrête tout à coup
5. _____ ne se dépêche que doucement
6. _____ s'installe confortablement sous un arbre
7. _____ a gagné sans difficuté
8. _____ dort
9. _____ essaie désespérément de rattraper son retard
10. _____ continue imperceptiblement sur la piste (*track*)

Maintenant, écoutez parler le lièvre, et donnez la réaction de la tortue.

Vous entendez: Chez nous, on s'amuse beaucoup.
Vous voyez: assez
Vous dites: Chez nous, on s'amuse assez.

1. doucement
2. calmement
3. rarement
4. très peu
5. modestement

E. Comportements. Voici des questions sur votre manière de faire certaines choses. Utilisez un adverbe dans chaque réponse. Vous n'entendrez pas de réponses suggérées.

Vous entendez: Comment chantez-vous?
Vous dites: Je chante très, très mal!

1. … 2. … 3. … 4. …

Name _____ Date _____ Class _____

LEÇON 4: PERSPECTIVES

Faire le bilan

A. Il a séché (*cut*) **le cours.** Marc a séché le cours de philosophie hier matin. Il vous demande de lui prêter votre cahier, vos notes de classe, etc. Comme vous êtes une personne généreuse, vous voulez bien l'aider. Suivez le modèle.

    MODÈLE: MARC: Tu me prêtes tes notes de classe?
                       VOUS: Oui, je te les prête.
                       MARC: Alors, prête-les-moi.

1. MARC: Tu me prêtes ton cahier?
   VOUS: _____
   MARC: _____

2. MARC: Tu me donnes ta copie de la bibliographie?
   VOUS: _____
   MARC: _____

3. MARC: Tu prêtes aussi tes notes de classe à mon ami Olivier?
   VOUS: _____
   MARC: _____

4. MARC: Tu me montres tes devoirs?
   VOUS: _____
   MARC: _____

5. MARC: Tu donnes la copie de l'examen à tes camarades?
   VOUS: _____
   MARC: _____

B. Commentaires personnels. Complétez chaque phrase en expliquant à quel moment ces événements arrivent et pourquoi.

    MODÈLE: Je / se dépêcher → Je me dépêche tout le temps parce que j'ai beaucoup à faire.

À la maison

1. Mes amis / se détendre _____
   _____

2. Mes amis et moi / s'amuser _____
   _____

3. Mes parents et moi / s'entendre _____
   _____

4. Je / s'installer / devant mes livres _____
   _____

Leçon 4: Perspectives   **217**

En cours

5. Mon professeur de français / s'excuser _____

   _____

6. On / s'arrêter de travailler _____

   _____

7. Nous / se souvenir du vocabulaire _____

   _____

8. Je / se tromper _____

   _____

✴ **C. Une fiche.** Vous pensez étudier en France cette année. Donnez tous les renseignements demandés.

DEMANDE D'INSCRIPTION

ETAT-CIVIL

Nom et Prénom:
Date de naissance:
Sexe: F/M
Nationalité:

Adresse postale complète:

Pays:

Collez ici une photo récente de vous-même

Téléphone:
Indiquez les heures durant lesquelles on peut vous rejoindre:

VOTRE SITUATION

Précisez ici l'établissement scolaire/universitaire que vous fréquentez cette année (nom et adresse)

Vous êtes inscrit(e) en (matière principale)

Sinon, indiquez ici votre profession:

HOBBIES ET GOUTS

En dehors de votre occupation principale, précisez ici vos occupations secondaires et vos goûts:

CONNAISSANCE DE LA FRANCE ET DU FRANCAIS

Etes-vous déjà venu en France?   Oui/Non

Indiquez vos motivations principales pour (re)venir en France:

Estimez-vous que vous comprenez et parlez le francais:
très bien
moyennement
passablement
médiocrement
pas du tout

Name _____ Date _____ Class _____

📼 À l'écoute!

Une visite de la chapelle Matisse. Karen et Francine explorent Saint-Paul-de-Vence, un vieux village perché en Provence. Écoutez leur conversation et indiquez les réponses aux questions suivantes. 📼

Vocabulaire utile:	conçu	*designed*
	la lumière	*light*
	les vitraux	*stained glass windows*
	recouverts	*covered*
	exprès	*on purpose*
	le fond	*background*

Un jour à Saint-Paul-de-Vence, Karen et Francine visitent la chapelle du Rosaire, appelée aussi la chapelle Matisse. Francine connaît bien la chapelle; elle en parle à Karen.

1. Henri Matisse était _____.

    a. architecte   b. peintre   c. compositeur

2. La chapelle Matisse a été bâtie _____.

    a. vers 1950   b. vers 1920   c. vers 1850

3. La lumière y est brillante parce que/qu' _____.

    a. il fait soleil à Vence   b. les vitraux sont transparents   c. il y a un système d'illumination

4. Les murs de la chapelle sont recouverts de _____.

    a. verre   b. céramique   c. briques

5. _____ prédominent dans les compositions murales.

    a. Le noir et le gris   b. Le rouge et le noir   c. Le noir et le blanc

6. Dans la galerie d'à côté se trouvent _____.

    a. les études faites par Matisse   b. une petite librairie   c. des cours d'art

Par écrit

Function: Describing a cultural activity

Audience: Classmates

Goal: To write an account of a cultural activity you engage in fairly often.

Choose an activity you enjoy as a spectator (attending theater, concerts, films, etc.), viewer, reader, collector, browser, performer, or creator (arts or crafts). Discuss how the activity fits into your everyday life: how often, where, with whom, what you accomplish, why you enjoy it.

Steps

1. Make an outline. For each point, make a list of the vocabulary terms you will use. Arrange the points so that the discussion flows smoothly.

2. Write a rough draft. Have a classmate read the draft and comment on its clarity and organization. Add new details and eliminate irrelevant ones if necessary.

3. Make any necessary changes. Finally, reread the composition for spelling, punctuation, and grammar. Focus especially on your use of adverbs and direct and indirect object pronouns.

Journal intime

Expliquez votre opinion sur les arts.

- Quel rôle est-ce qu'ils jouent dans votre vie?
- Qui sont les auteurs, poètes, compositeurs, peintres et cinéastes que vous trouvez intéressants? Pourquoi?
- Si vous lisez un roman (ou regardez un film), est-ce pour vous détendre ou pour vous faire réfléchir?

MODÈLE: Moi, j'écoute des CDs tous les jours, même le matin quand je me lève. J'aime plusieurs types de musique: le jazz, l'opéra, les chansons de variété…

La vie quotidienne

LEÇON 1: PAROLES

L'amour et le mariage

A. L'amour et le mariage. Mettez un cercle autour de la meilleure expression pour compléter les phrases suivantes.

MODÈLE: Le coup de foudre (précède) / suit le voyage de noces.

1. On voit les nouveaux mariés pour la première fois à l'église / pendant leur voyage de noces.

2. Les gens qui préfèrent le célibat ne se marient pas / se marient.

3. En général, les gens qui ne s'entendent pas se disputent / se marient.

4. La période où l'on se promet de se marier s'appelle les rendez-vous / les fiançailles.

5. Pour s'installer dans une nouvelle maison, on a besoin d'amis / de meubles.

B. Une histoire d'amour. Écoutez l'histoire de Mireille et de Jacques. Marquez si c'est vrai (**V**) ou faux (**F**).

1. V F Mireille et Jacques sont tombés amoureux immédiatement.

2. V F Ils se sont mariés après trois ans.

3. V F Ils se sont installés dans la maison de la mère de Jacques.

4. V F Le mariage n'a pas réussi.

Maintenant, écoutez les déclarations suivantes sur l'histoire de Mireille et de Jacques. Elles ne sont pas en ordre. Écrivez-les dans la colonne appropriée: **au début, au milieu** ou **vers la fin**. Tournez la page.

> Use the infinitive when writing verbal expressions in the chart.

Vous entendez: Mireille et Jacques sont tombés follement amoureux.
Vous écrivez:

AU DÉBUT	AU MILIEU	VERS LA FIN
tomber amoureux		

Les réponses se trouvent en appendice.

Le corps humain

A. Aïe (*Ouch*)! Ça fait mal! À quelles parties du corps a-t-on mal?

   MODÈLE: J'ai un rhume (*cold*). → J'ai mal ___à la gorge___.

   1. Henri et Paul écoutent quinze disques de rock. Ils ont mal _____

   2. Je vais chez le dentiste ce matin. J'ai mal _____

   3. Nous portons des cartons très lourds. Nous avons mal _____

   4. Les nouvelles chaussures de Charles sont trop petites. Il a mal _____

   5. Vous apprenez à jouer de la guitare. Vous avez mal _____

   6. Mathilde lit un roman pendant douze heures sans s'arrêter. Elle a mal _____

   7. Il fait très froid et Raymond n'a pas de chapeau. Il a mal _____

   8. Mireille court (*is running*) dans un marathon. Elle a mal _____

B. Énigme. Écoutez chaque définition et donnez la partie ou les parties du corps définies.

   Vous entendez: Ils servent à jouer du piano.
   Vous dites: Les mains et les doigts.

   1. …   2. …   3. …   4. …   5. …   6. …

C. Et maintenant... un moment de détente (*relaxation*)! L'exercice physique nous est bénéfique, même pendant une leçon de français! Restez assis(e) à votre place, et faites les exercices suivants.

1. ... 2. ... 3. ... 4. ... 5. ... 6. ... 7. ... 8. ... 9. ... 10. ... 11. ... 12. ...

La vie quotidienne

A. Une journée typique. Numérotez les phrases suivantes pour les mettre dans un ordre logique.

a. ___ Elles s'endorment.

b. ___ Laure et Lucette se réveillent.

c. ___ Elles s'en vont.

d. ___ Elles s'habillent.

e. ___ Elles se couchent.

f. ___ Elles se maquillent.

g. ___ Elles se lèvent.

✱**B. Ma journée.** Complétez les phrases avec des informations personnelles.

MODÈLE: Je me réveille à ___six heures et demie___ .

1. Je me réveille à _____
2. Je me lève à _____
3. Je me brosse les dents dans _____
4. Je me peigne dans _____
5. Je m'habille dans _____
6. Je m'en vais à _____
7. Je me couche à _____
8. Je m'endors à _____

Leçon 1: Paroles **223**

✷ C. **Associations.** Écrivez trois ou quatre expressions associées à chaque verbe.

   MODÈLE: se réveiller →
   le lit, le réveil, ouvrir les yeux

1. se brosser les dents

2. se maquiller

3. s'habiller

4. s'en aller

5. se coucher

LEÇON 2: STRUCTURES

Pronominal Verbs (continued)
Reporting Everyday Events

A. Les contraires. Trouvez les contraires!

1. ___ s'en aller
2. ___ s'endormir
3. ___ s'ennuyer
4. ___ s'entendre
5. ___ se fâcher
6. ___ s'installer
7. ___ se mettre à
8. ___ se perdre
9. ___ se tromper

a. avoir raison
b. se calmer
c. arriver
d. finir
e. faire ses valises
f. trouver sa route
g. se réveiller
h. s'amuser
i. se disputer

B. Habitudes. Tout le monde a des habitudes différentes. Faites des phrases complètes avec les mots donnés, puis imaginez une explication.

MODÈLE: Geoffroy / se raser / samedi soir →
Il se rase samedi soir parce qu'il sort avec sa copine (*girlfriend*).

1. Marcel / se réveiller tôt / lundi matin _____

2. tu / se lever à midi / jeudi _____

3. M. Dupont / se coucher / cinq heures _____

4. je / s'habiller bien / après-midi _____

5. les enfants / s'ennuyer / week-end _____

6. Laure / se regarder / miroir / minuit _____

C. Le baby-sitter. Marc va garder (*watch*) le petit garçon d'un ami pendant le week-end. Complétez leur dialogue avec les verbes suivants, en utilisant la forme pronominale ou non-pronominale: **(se) promener, (se) coucher, (s')habiller, (se) lever.**

MARC: Comment est-ce que je (j') _____[1] le petit?

SON AMI: Exactement comme tu _____,[2] en tee-shirt et en short.

MARC: Et le soir je le _____[3] à quelle heure?

SON AMI: Toi, tu _____[4] vers onze heures?

MARC: Oui, ou même avant.

SON AMI: Donc tu le _____[5] un peu avant. Comme ça tu peux _____[6] tard le matin.

MARC: Ça va si nous _____[7] après le dîner?

SON AMI: Bien sûr, je te laisse sa poussette (*stroller*).

D. La vie quotidienne. Écoutez les remarques de Thomas, et transformez-les en questions contenant un verbe pronominal. Suivez le modèle.

Expressions utiles: s'amuser, se coucher, s'en aller, s'habiller, se lever, se réveiller

Vous entendez: Le matin, j'ouvre les yeux difficilement.
Vous dites: Tu te réveilles difficilement?

1. … 2. … 3. … 4. … 5. …

E. Une journée dans la vie de Jeanne-Marie. Regardez le dessin et écoutez les questions. Répondez à chaque question en vous basant sur le dessin.

Vous entendez: À quelle heure est-ce que Jeanne-Marie se réveille?
Vous dites: Elle se réveille à sept heures.

Vous entendez: Imaginez: à quelle heure est-ce qu'elle se brosse les dents?
Vous dites: Elle se brosse les dents à sept heures vingt.

1. … 2. … 3. … 4. … 5. … 6. …

Name _____ Date _____ Class _____

F. Comparez-vous Philippe. Écoutez la description des habitudes de Philippe, puis donnez à votre propre réponse. Vous n'entendrez pas de réponses suggérées.

Vous entendez: Philippe se réveille à six heures et demie. Et vous? À quelle heure est-ce que vous vous réveillez?
Vous dites: Moi? À sept heures.

1. ... 2. ... 3. ... 4. ... 5. ...

Pronominal Verbs (continued)
Expressing Reciprocal Actions

A. Qu'est-ce qui se passe? Les personnes suivantes se rencontrent pour la première fois. Décrivez leurs réactions. Utilisez des verbes pronominaux et non-pronominaux.

Verbes utiles: (s')adorer, (se) détester, (se) disputer, (se) parler

MODÈLES:

Paul et Marie se regardent.

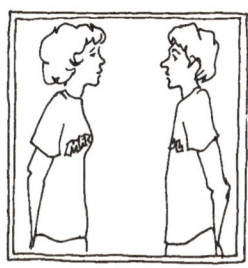
Marie regarde Paul. Paul regarde Marie.

1. Denise et Pierre _____
_____

2. Béatrice _____
_____ Yves _____
_____

3. Gérard _____
_____ Marthe _____
_____

4. Marcel et Eugénie _____
_____
_____

Leçon 2: Structures   **227**

5. Véronique et Denis _____
_____
_____

B. Que font les voisins du quartier? Écoutez chaque question et répondez en vous basant sur le dessin.

Expressions utiles: se dire bonjour, se disputer, se parler, se regarder, se téléphoner

Vous entendez: Que font le professeur Renaud et Jean-Louis?
Vous dites: Ils se parlent.

C. Avec enthousiasme. Une vedette (*celebrity*) parle de son prochain mariage. Écoutez les questions, et répondez pour la vedette.

Begin each question with **Ah oui...** or **Ah non...**

Vous entendez: Votre fiancé et vous, vous vous connaissez bien?
Vous dites: Ah oui, nous nous connaissons très bien!

1. ... 2. ... 3. ... 4. ...

D. La déprime (*depression*). Maintenant, la vedette parle de sa séparation récente. Donnez les réponses de la vedette.

Use **ne... plus** in your answers.

Vous entendez: Alors, parlez-nous de l'admiration que vous avez l'un pour l'autre.
Vous dites: Nous ne nous admirons plus, vous savez.

1. ... 2. ... 3. ... 4. ...

Name _____ Date _____ Class _____

CORRESPONDANCE

Carte postale

> Like your textbook, the *Vis-à-vis* Workbook / Laboratory Manual features postcards exchanged by the video characters and their friends and relatives in other parts of the Francophone world. In **Chapitres 13–16,** the correspondents are Bénédicte and her friend Jérôme, a tennis instructor at Club Med in Martinique. Remember to read through the postcards once or twice before completing them. You do not need to understand every word in order to do this activity successfully. **Allez-y!**

Complétez la carte postale avec les expressions suivantes: **à, avons données, dois, gâteau, invitons, lui, mal, me réveille, nous aimons, s'adorent.**

CARTE POSTALE

Chère Bénédicte,

Je _____¹ ce matin, je me lève, et aïe! J'ai affreusement _____² au bras. Probablement à cause des cinq heures de leçons que nous _____³ hier, Déo et moi. Je _____⁴ faire quelque chose pour son anniversaire. Il est fiancé à Nanette. Les deux _____.⁵ Mais—et c'est un SECRET—nous allons _____⁶ faire une surprise, Nanette et moi. Nous lui préparons un _____⁷ et nous _____⁸ tous les copains. Nous avons grandi ensemble _____⁹ Fort-de-France, Déo et moi, et nous _____¹⁰ comme des frères.

Amitiés sportives,

Jérôme

Flash-culture

Relisez les Flashs dans votre livre, puis indiquez si les phrases suivantes sont vraies (**V**) ou fausses (**F**).

1. V F   La plupart des Français expatriés se trouvent aux États-Unis.
2. V F   D'après le Flash, les Français doivent rester en France pour défendre la francophonie.
3. V F   Les Français bénéficient de plusieurs privilèges sociaux.
4. V F   Le Club Med, c'est la monotonie du quotidien.
5. V F   Le Club Med se trouve uniquement en Europe et dans les Caraïbes.
6. V F   Les Gentils Membres (les clients) du Club Med viennent du monde entier.

📼 Jérôme à l'appareil!

> In the **Correspondance** section of the *Vis-à-vis* Workbook/Laboratory Manual, you hear the correspondents of the Paris-based video characters in telephone conversations with friends, colleagues, and businesspeople from their region of the Francophone world. **Chapitres 13–16** feature Jérôme, Bénédicte's friend, talking with acquaintances in Martinique. Remember: feel free to listen as many times as you need to, and aim to grasp the essential information in each conversation.

Bonjour, docteur! Aïe! Jérôme a mal au bras. Docteur Hélène Fruchot, spécialiste de la médecine du sport, répond au téléphone. Écoutez leur conversation, puis indiquez si les phrases suivantes sont vraies (**V**) ou fausses (**F**). 📼

1. V F Jérôme ne pratique qu'un sport, le tennis.
2. V F D'après (*According to*) le docteur, ce n'est pas grave.
3. V F Elle lui conseille (*advises*) de se reposer.
4. V F Jérôme est très heureux de se reposer.
5. V F Docteur Fruchot est très sévère avec Jérôme.

📼 Prononciation

Les voyelles orales. The French vowel sounds [y], [œ] and [ø] have no equivalent sounds in English. Listen carefully to these sounds in French: **une, fleur, peu.**

Répétez les mots suivants.

1. salut / numéro / Luc / lunettes
2. deux / sérieux / adieu
3. heure / œuvre / acteur / meuble

Voyelles finales. Pay attention to the clearly distinct vowel sounds at the end of these words: the [i] sound in **six;** the [e] sound in **été;** and the [ɛ] sound in **lait.**

Répétez les mots suivants.

1. mis / mémé / mais
2. fit / fée / fait
3. Marie / marée / Marais
4. dit / des / dès
5. si / ces / c'est
6. pris / pré / prêt

Name _____ Date _____ Class _____

LEÇON 3: STRUCTURES

Pronominal Verbs (continued)
Talking About the Past and Giving Commands

A. Métro, boulot, dodo. Voici comment un jeune ménage (*couple*) passe la journée aujourd'hui. Qu'ont-ils fait hier? (Attention à l'accord du participe passé. Il y a un verbe à l'imparfait.)

MODÈLE: Francine s'est levée la première…

Francine se lève la première et Julien se réveille une demi-heure plus tard. Ils s'habillent. Ils prennent leur petit déjeuner dans la cuisine. Ensuite Francine part en cours, pendant que Julien lit le journal.

À midi Francine et Julien se retrouvent au café. Après le déjeuner, ils se promènent pendant un moment, puis ils retournent à leurs activités.

Le soir Julien se repose après le dîner avant la télévision, mais sa femme étudie. Quand Francine s'endort sur ses livres, Julien la réveille. Ils se couchent vers onze heures.

Ils se plaignent (*complain*) tous les deux de ne pas avoir assez d'énergie.

_____
_____
_____
_____
_____
_____
_____
_____
_____
_____
_____
_____

✳ Que doivent faire Francine et Julien pour avoir plus d'énergie?

_____
_____

B. Des gens contrariés. Yves donne des conseils aux invités (*guests*). Son ami, Paul, qui est de mauvaise humeur, contredit tout ce qu'il dit.

Suggestions: s'amuser, se brosser les dents, se coucher, s'en aller, s'excuser, se marier

MODÈLE: Suzette dit qu'elle veut partir. →
  YVES: Alors va-t'en.
  PAUL: Non, ne t'en va pas.

1. Les Robin disent qu'ils ont oublié de dire bonsoir aux amis qui les ont invités.

   YVES: _____

   PAUL: _____

2. Claude Robin dit qu'il a sommeil.

   YVES: _____

   PAUL: _____

3. Danielle dit qu'elle n'aime pas la vie de célibataire.

   YVES: _____

   PAUL: _____

4. Richard dit qu'il a un goût (*taste*) horrible dans la bouche.

   YVES: _____

   PAUL: _____

5. Nous annonçons que nous prenons nos vacances demain.

   YVES: _____

   PAUL: _____

C. Ordres. Vous êtes moniteur ou monitrice dans une colonie de vacances (*counselor in a children's camp*). Écoutez chaque situation et donnez des ordres aux jeunes campeurs.

Vous entendez: Maurice ne s'est pas encore réveillé.
Vous voyez: maintenant
Vous dites: Réveille-toi maintenant!

1. plus tôt
2. maintenant
3. tout de suite
4. immédiatement
5. immédiatement

D. Ma journée d'hier. Parlez de ce que vous avez fait hier en répondant aux questions. Vous n'entendrez pas de réponses suggérées.

Vous entendez: À quelle heure vous êtes-vous réveillé(e)?
Vous dites: Je me suis réveillé(e) vers six heures et demie.

1. ... 2. ... 3. ... 4. ... 5. ...

E. Une rencontre. Pensez à votre première rencontre avec un bon ami ou une bonne amie. Écoutez les questions et les réponses, puis donnez votre propre réponse.

> Vous entendez: Votre ami(e) et vous, où est-ce que vous vous êtes vus pour la première fois? —En cours de biologie. —Nous? Chez des amis. —Et vous?
> Vous dites: Nous nous sommes vus pour la première fois à une fête.

1. ... 2. ... 3. ...

The Comparative and Superlative of Adjectives
Making Comparisons

✳ **A. Les gens que vous connaissez.** Faites des comparaisons en choisissant un adjectif de la liste.

> MODÈLE: Mes grands-parents sont ____aussi conservateurs que mes parents____.

+ bavard
= conservateur
− ennuyeux
+ heureux
+ intelligent
− occupé (*busy*)
− riche
= vieux

1. Mon professeur de français est _____

2. Mes grands-parents sont _____

3. Les étudiants dans ce cours sont _____

4. Les femmes sont _____

5. Les politiciens sont _____

6. Les enfants sont _____

7. Je suis _____

B. Un peu de géographie. Si vous n'êtes pas sûr(e) des réponses, tentez votre chance (*try your luck*)! Attention à la place de l'adjectif.

> MODÈLE: Quelle ville est la plus grande, Paris, Honfleur ou Marseille? →
> Paris est la plus grande ville.

Leçon 3: Structures 233

1. Quelle rivière est la plus longue, la Seine, la Loire ou le Rhône?

2. Quelle province est le plus au nord, l'Alsace, la Provence ou la Bourgogne?

3. Quelle région a le territoire le plus étendu (*extensive*), le Texas, la France ou l'Espagne?

4. Quel département d'outre-mer (*overseas*) est le plus petit, la Guyane française, la Guadeloupe ou la Réunion?

5. Quelle province a le climat le moins froid, la Provence, la Normandie ou la Champagne?

C. Le bon vieux temps. M. Martin est très négatif; il critique tout ce qui est moderne. Donnez son opinion sur les sujets suivants en complétant les phrases.

MODÈLE: les jeunes / travailleur / en 1955 →
Les jeunes sont moins travailleurs qu'en 1955.

1. les jeunes / paresseux / pendant ma jeunesse

2. les gens / égoïste / autrefois

3. les écoles / bon / autrefois

4. la vie / intéressant / pendant les années soixante

5. les gens / malheureux / autrefois

6. le gouvernement / mauvais / pendant les années cinquante

7. en général, la vie / ne… pas / bon / autrefois

Name _____ Date _____ Class _____

D. Votre opinion! Faites des phrases complètes en mentionnant des personnes réelles ou imaginaires. Rappel: On dit **de,** non pas **dans!** Attention aussi à la forme de l'adjectif.

    MODÈLE: personne / important / université →
                     Le professeur de français est la personne la plus importante de l'université.

1. femme / talentueux / cinéma américain _____
   _____

2. politicien / honnête / administration actuelle (*current*) _____
   _____

3. chanteuse / bon / États-Unis _____
   _____

4. professeur / bon / Faculté des Lettres _____
   _____

5. personnes / respecté / États-Unis _____
   _____

6. femme / dynamique / ma famille _____
   _____

E. François fait toujours des comparaisons. Écoutez ses propos et donnez la conclusion logique, selon le modèle.

    Vous entendez: Hélène est plus sportive que moi.
    Vous dites: Eh oui, tu es moins sportif qu'elle.

    1. ... 2. ... 3. ... 4. ... 5. ...

F. Personnages extraordinaires. Écoutez les descriptions et dites si vous êtes d'accord. Utilisez un superlatif en suivant le modèle.

    Vous entendez: Pinocchio a un long nez.
    Vous voyez: monde
    Vous dites: C'est vrai... il a le nez le plus long du monde.

Maintenant tournez la page.

Leçon 3: Structures

1. monde
2. littérature
3. Hollywood
4. univers
5. Français

Name _____ Date _____ Class _____

LEÇON 4: PERSPECTIVES

Faire le bilan

A. Un nouvel ami. Vous travaillez pour un journal. On vous donne la description d'un être qui vient d'arriver de la planète Mars. Dessinez-le (*Draw it*).

Il était assez grand. Sa tête et son corps étaient ronds et séparés par un long cou. Ses trois bras étaient aussi courts que ses huit jambes. Ses mains et ses pieds n'avaient que trois doigts. Sa petite bouche ronde était juste au centre de son visage avec une seule dent pointue (*pointed*). Ses cinq yeux formaient un cercle. Je n'ai pas réussi à voir s'il avait des cheveux parce qu'il portait un chapeau en forme de croissant.

B. Conversations. Complétez chaque conversation avec la forme correcte du verbe qui correspond. Répondez ensuite aux questions.

1. Le sommeil des justes? (s'endormir / se coucher)

   — _____ -tu facilement?

   — Oui, si je ne _____ pas trop tôt, et toi?

   — Je ne _____ jamais avant minuit.

   ✴ Et vous? _____

   _____

2. Le fils du dentiste (se brosser)

   — Combien de fois par jour _____ -vous les dents?

   — J'essaie de _____ les dents trois fois par jour, mais il est souvent difficile de

   _____ les dents à midi.

   ✴ Où et quand vous brossez-vous les dents? _____

   _____

Leçon 4: Perspectives   **237**

3. Chez le psychiatre (s'appeler / se tromper / s'installer)

   — Comment _____-vous? Pierre?

   — Non, vous _____. Maintenant, je _____ Napoléon.

   — Eh bien, Napoléon. _____-vous sur le divan et parlez-moi.

   ✱ Est-ce que cette personne a des complexes de supériorité ou d'infériorité? _____

   _____

✱C. **Le coup de foudre.** Voici l'histoire d'amour de Pierre et de Sophie. Complétez les phrases suivantes avec un verbe pronominal au passé composé. Ensuite, trouvez d'autres conclusions possibles. (Utilisez une autre feuille de papier.)

Pierre et Sophie _____¹ chez des amis l'année dernière. Le lendemain matin ils _____² très tôt. Ils _____³ longtemps. L'après-midi ils _____⁴ dans le parc.

D'abord ils _____⁵ du coin de l'œil, puis ils _____⁶ par la main. Ils _____⁷ des mots d'amour et ils _____⁸ timidement.

Après, ils (ne... plus) _____.⁹ Ils _____¹⁰ deux mois plus tard. Ils forment le couple parfait. Ils _____¹¹ (*présent*) très bien et depuis qu'ils sont mariés, ils (ne... jamais) _____.¹²

✱D. **Les records.** Pourquoi les noms suivants sont-ils célèbres?

   MODÈLE: Bill Gates... → est un des hommes les plus riches du monde.

1. New York _____

2. Les Alpes _____

3. L'Amazone _____

4. La Rolls-Royce _____

5. Steffi Graf _____

6. Jodie Foster _____

Name _____ Date _____ Class _____

🎧 À l'écoute!

Une famille ivoirienne. Abena, née en Côte-d'Ivoire, présente sa famille. Cochez (✓) les détails qui sont mentionnés dans sa description. 🎧

Détails culturels

1. ___ une famille nombreuse

2. ___ la fréquence du divorce

3. ___ les disputes familiales

4. ___ le père qui travaille dans un bureau

5. ___ une mère ménagère (*homemaker*)

6. ___ une maison avec cour (*courtyard*) intérieure

7. ___ la nécessité de partager (*sharing*) une chambre

8. ___ la solitude

9. ___ l'importance de la technologie dans la vie quotidienne

10. ___ les cousines et les nièces comme membres de la famille

11. ___ une éducation traditionnelle

12. ___ le besoin d'aller vivre dans une grande ville

Par écrit

Function: Writing about a memorable event

Audience: Your instructor and/or classmates

Goal: Telling about a memorable day or event from your childhood. (If nothing interesting comes to mind, make something up. This may be a unique opportunity to reinvent the past!)

Steps

1. Take 15 minutes to brainstorm: jot down everything that comes to mind about the topic. Put your notes aside and take a break.

2. Come back from your break and organize your notes. Discard the ones that seem irrelevant. Choose the most interesting points and organize your essay around them. Add supporting details, and be as specific and descriptive as possible.

3. Write the rough draft. Whenever appropriate, use comparisons and reflexive and pronominal verbs. Put the draft aside for a while, then reread it for continuity and clarity.

Leçon 4: Perspectives

4. Have a classmate check your work.

5. Read the composition one last time, checking spelling, punctuation, and grammar. Prepare your final draft.

Journal intime

Choisissez un des sujets suivants.

- Racontez comment deux personnes que vous connaissez se sont connues: vos parents, vous et votre meilleur(e) ami(e), par exemple.

- Racontez ce que vous avez fait ce matin, à partir de votre réveil jusqu'à midi. Expliquez en quoi votre matinée a été normale ou anormale.

    MODÈLE: Ma matinée? Très banale. Je me suis levé(e) à sept heures, le chat m'a dit «bonjour» (miaou!), nous sommes allés prendre le petit déjeuner…

Name _____ Date _____ Class _____

Le travail, c'est la santé!

CHAPITRE 14

LEÇON 1: PAROLES

Les Français au travail

A. Au travail. Complétez chaque phrase en utilisant le vocabulaire du chapitre.

1. Les gens qui travaillent normalement 35–40 heures par semaine dans une usine (*factory*) sont des _____

2. Une femme qui travaille dans une école avec des enfants de 8 ans s'appelle une _____

3. Un homme qui produit des fraises et du maïs à la campagne est un _____

4. À l'hôpital, la femme qui a la responsabilité principale des soins d'un malade est son _____

5. Le commerçant qui vous vend de la viande est le _____

B. Professions. Écoutez les descriptions suivantes en regardant les images. Donnez le nom de la profession.

une architecte

un instituteur

un secrétaire

un agriculteur

une journaliste

un pharmacien

Vous entendez: Cette personne voyage partout dans le monde pour faire des reportages sur l'actualité. Elle écrit des histoires et des articles tous les jours.
Vous dites: C'est une journaliste.

1. ...   2. ...   3. ...   4. ...   5. ...

À la banque

A. Question d'argent, I. Complétez les phrases de façon logique.

1. Si vous n'aimez pas avoir de l'argent liquide sur vous, mais vous aimez faire des courses, vous avez probablement un compte-_____.

2. Dans un magasin, le caissier calcule le _____ parce que la cliente veut savoir combien elle doit payer.

3. Les nouveaux mariés qui veulent un jour acheter une maison doivent avoir un compte _____.

4. Oh zut! Je ne peux pas écrire de chèque. J'ai laissé mon _____ à la maison.

*B. **Il coute combien, le magnétophone** (*tape recorder*)? Cette page provient d'un cahier d'exercices de maths pour des enfants de 8 ans. Pouvez-vous faire ce travail?

En espèces ou par chèque

• Le maître peut payer le magnétophone que nous avons acheté pour la coopérative avec les pièces et les billets suivants :

Mais il peut aussi faire un chèque. *Calcule le prix du magnétophone, puis complète le chèque à l'aide des indications données.*
Pose ici tes opérations.

Name _____ Date _____ Class _____

C. Question d'argent, II. Écoutez chaque phrase et mettez un cercle autour de la définition.

1. C'est…

    a. un compte d'épargne
    b. un bureau de change

2. Ce sont…

    a. vos économies
    b. vos cartes de crédit

3. Ce sont…

    a. vos billets de banque
    b. vos dépenses

4. C'est…

    a. un chèque
    b. la monnaie

5. C'est…

    a. un bureau de change
    b. un cours de change

6. C'est…

    a. le cours du dollar
    b. le coût de la vie

Le budget de Marc Convert

A. Un budget. Un ami qui a des ennuis financiers vient vous demander conseil. Il vous décrit son budget. Indiquez ses quatre dépenses principales et proposez-lui quatre façons de faire des économies.

MODÈLE: Tu achètes au moins six compact-discs par mois. Si tu les empruntes à la bibliothèque au lieu de (*instead of*) les acheter, tu vas économiser environ 100$ par mois.

1. _____

2. _____

3. _____

4. _____

Leçon 1: Paroles

B. Mon budget. Vous avez demandé une bourse (*scholarship*) à l'université. Écoutez les réponses de deux autres étudiants avant de répondre vous-même à chaque question. Vous n'entendrez pas de réponses suggérées.

Vous entendez: Quelles sont vos ressources financières? D'où provient votre argent? —Eh bien, de mes parents, de petits jobs, et d'une bourse. —Moi, j'ai un compte d'épargne que mes grands-parents ont ouvert à mon nom. —Et vous?

Vous dites: Mon argent vient de petits jobs.

1. ... 2. ... 3. ... 4. ...

Pour parler d'argent: le verbe *ouvrir*

A. Ah, les verbes! Complétez ce tableau avec les formes convenables.

	DÉCOUVRIR	SOUFFRIR
je		
les scientifiques		
vous		
un malade		

B. Pensées diverses. Complétez les phrases suivantes avec un de ces verbes: **souffrir, ouvrir, couvrir** ou **offrir**. Attention: Quelques verbes sont au passé composé ou à l'imparfait.

1. **En cours.** Le professeur de calcul a dit: « _____¹ votre livre à la page soixante, mais _____² les réponses. Si vous ne les finissez pas ce matin, vous allez _____³ à l'examen.»

2. **Une maladie.** Nous _____¹ de l'aspirine à Marc hier matin parce qu'il _____² d'un mal de tête abominable. Il avait si mal qu'il n'est pas arrivé à _____³ la bouteille.

3. **Curiosité.** Quand on lui _____¹ une jarre contenant tous les maux de la Terre, Pandore, qui était terriblement curieuse, l'_____² tout de suite. Et le monde entier _____³ de sa faiblesse.

LEÇON 2: STRUCTURES

The Future Tense
Talking About the Future

A. Ah, les verbes! Complétez ce tableau avec les formes correctes du futur.

	TU	LES GENS	JE	NOUS
venir				
avoir				
voir				
envoyer				
être				
faire				
pouvoir				
savoir				
aller				
acheter				

B. Préparatifs pour la visite de Grand-mère. Gérard et sa famille ont tendance à tout remettre (*put off*) à demain. Imaginez les réponses de Gérard quand son amie l'interroge. Utilisez un pronom objet et une expression de temps dans chaque réponse.

MODÈLES: Ton frère a-t-il pris des billets pour le théâtre? →
Pas encore. Il en prendra bientôt.

Avez-vous fait le ménage? →
Pas encore. Nous le ferons la semaine prochaine.

1. As-tu acheté une pellicule photo? _____

2. Evelyne a-t-elle fait son gâteau? _____

3. Ton père lui a-t-il envoyé des billets pour le train? _____

4. Ton frère et toi, vous avez vu votre Tante Louise? _____

_____

5. Est-ce que tes parents ont acheté les provisions? _____

_____

6. As-tu dit à ses amis que ta grand-mère arrive bientôt? _____

_____

C. **Bavardages.** Charles et Louis parlent au téléphone. Complétez leur conversation.

CHARLES: Tu ne (croire) _____¹ jamais ce que j'ai trouvé au marché aux puces (*flea market*). C'est une petite merveille.

LOUIS: Écoute, Georges est là. Si tu me le (dire) _____² maintenant, je (être) _____³ obligé de le lui expliquer. Attendons.

CHARLES: Bon, je te le (montrer) _____⁴ quand je te (voir) _____⁵ dans deux jours.

LOUIS: D'accord, à vendredi. Dis, si tu me (téléphoner) _____⁶ de la gare, je (venir) _____⁷ te chercher.

CHARLES: Merci. Je t'(appeler) _____⁸ dès que j'(arriver) _____.⁹

✳ Imaginez ce que Charles a trouvé: _____

_____

✳ D. **A votre tour.** Complétez chaque phrase avec vos propres idées.

MODÈLE: Je finirai mes études si... → je continue à m'intéresser à mes cours.

1. Je trouverai un job si _____

_____

2. Je commencerai à gagner un bon salaire quand _____

_____

3. Je voterai pour un candidat conservateur quand _____

_____

Name _____ Date _____ Class _____

4. Je passerai toute ma vie dans cette ville si _____

5. Après la licence (*degree*), je continuerai mes études dès que _____

6. Je serai heureux (heureuse) quand _____

E. Projets d'été. Écoutez les propos de certains étudiants au café, et mettez un cercle autour des lettres indiquant le temps du verbe utilisé dans chaque phrase: passé (**PA**), présent (**PR**) ou futur (**F**).

1. PA   PR   F
2. PA   PR   F
3. PA   PR   F
4. PA   PR   F
5. PA   PR   F
6. PA   PR   F
7. PA   PR   F

F. Rêves d'avenir. Annie rêve souvent à son avenir. Regardez un moment les dessins ci-dessous. Maintenant, écoutez les questions et répondez-y en vous basant sur les dessins.

Leçon 2: Structures   247

Vous entendez: Annie va bientôt commencer ses études universitaires.
                Quelles études fera-t-elle?
Vous dites: Elle fera des études de médecine.

1. ... 2. ... 3. ... 4. ...

G. Et vous? Voici quelques questions sur vos projets immédiats et vos projets d'avenir. Écoutez chaque question et la réponse d'un camarade. Ensuite, donnez une réponse personnelle. Vous n'entendrez pas de réponses suggérées.

Vous entendez: Quand finiras-tu tes études? —Moi, je les finirai dans deux ans. —Et toi?
Vous dites: Moi, je les finirai dans trois ans et demi.

1. ... 2. ... 3. ... 4. ...

CORRESPONDANCE

Carte postale

Complétez la carte postale avec les expressions suivantes: **aidera, carnet, carte, découvrirai, droit, économies, ferai, finance, job, ouvert.**

CARTE POSTALE

Mon cher Jérôme,

Après mes études de sciences politiques, je _____¹ mon droit. Je veux avoir une profession libérale, travailler pour mon compte aussitôt que possible. J'ai donc _____² un compte courant avec mes _____,³ et la banque m'a donné un _____⁴ de chèques. Ma _____⁵ de crédit me permettra aussi de tirer de l'argent au besoin. Puis j'ai rempli un formulaire que je remettrai à une amie. Elle m'_____⁶ à me faire embaucher pour un stage dans un cabinet d'avocats. Un jour, je _____⁷ les secrets du monde de la _____⁸ et la pratique du _____⁹ commercial. C'est vraiment plus intéressant qu'un _____¹⁰ idiot de baby-sitter!

Ton amie (et futur Maître),

Bénédicte

Flash-culture

Relisez les Flashs dans votre livre, puis complétez les phrases suivantes.

1. En France, l'accès à l'_____ est gratuit.

2. Pour couvrir les dépenses du quotidien, on peut _____ un petit boulot.

3. Si vous avez des _____ bien placés, demandez-leur un coup de pouce!

4. L'_____ des Antilles a longtemps dépendu de la canne à sucre.

5. Le _____ est un des dérivés de la canne à sucre.

6. Aujourd'hui, la _____ est le premier produit d'exportation.

📼 Jérôme à l'appareil!

Bonnes nouvelles! Mme Rice, de la direction du Club Med, appelle Jérôme au téléphone. Il s'agit de quoi? Écoutez leur conversation, 📼 puis complétez les phrases suivantes.

1. Mme Rice téléphone à propos _____.
   - ❑ d'un job
   - ❑ d'une augmentation (*raise*) de salaire

2. Elle pense prendre Bénédicte comme _____.
   - ❑ baby-sitter
   - ❑ photographe pour les championnats de tennis

3. Mme Rice et Jérôme parlent aussi _____ de Bénédicte.
   - ❑ des études
   - ❑ du salaire

4. D'après Jérôme, Bénédicte _____.
   - ❑ a vraiment besoin d'un emploi
   - ❑ veut surtout s'amuser

5. Jérôme pense que Bénédicte va _____ le poste.
   - ❑ accepter
   - ❑ refuser

📼 Prononciation

Les semi-voyelles (*Semi-vowels*). Répétez les exemples suivants.

1. huit / fruit / duel / tuer / nuage / cuisine
2. moi / moins / oui / quoi / revoir / Louis
3. bien / Marseille / science / voyage / famille

Écoutez et répétez les phrases suivantes. Faites attention aux syllabes soulignées.

1. Il découvre les r<u>ui</u>nes à min<u>ui</u>t le h<u>ui</u>t j<u>ui</u>llet.
2. Qu<u>oi</u>? M<u>oi</u>, je leur dis au rev<u>oi</u>r au m<u>oi</u>ns tr<u>oi</u>s f<u>oi</u>s.
3. <u>Oui</u>, tr<u>oi</u>s cuillerées d'h<u>ui</u>le et un n<u>ua</u>ge de lait.
4. L'or<u>ei</u>ller, c'est un appar<u>ei</u>l-somm<u>ei</u>l.

Les consonnes [p], [t] et [k]. Note that the consonant sounds [p], [t] and [k] are not plosives in French: that is, there should be no puff of air when these sounds are pronounced. Listen carefully for the difference between French and English pronunciation: **thé** versus *tea*; **parents** versus *parents*; **canadien** versus *Canadian*.

Écoutez et répétez les phrases suivantes.

1. Les parents de Catherine préparent une surprise-partie.
2. Le touriste italien préfère écouter le concert.
3. Une personne polie ne téléphone pas trop tard.

LEÇON 3: STRUCTURES

Relative Pronouns
Linking Ideas

A. Un nouvel appartement. Joëlle et Nathan pensent déménager (changer de résidence). Reliez (*Connect*) les deux phrases avec le pronom relatif **qui**.

MODÈLE: NATHAN: J'ai envie d'aller voir l'appartement. Il est près de chez nous. →
J'ai envie d'aller voir l'appartement qui est près de chez nous.

JOËLLE: D'accord. J'en ai noté l'adresse. Elle était dans le journal ce matin.

_____

NATHAN: L'immeuble a une piscine. Elle est ouverte toute l'année.

_____

JOËLLE: J'aime ce quartier. Il me rappelle l'Espagne.

_____

Reliez les phrases suivantes avec le pronom relatif **que**.

NATHAN: Nos voisins sont des Allemands. Je les ai rencontrés à la plage.

_____

JOËLLE: Habitent-ils dans un des studios? Ton amie Christine les a visités.

_____

NATHAN: Non, je crois qu'ils ont un des trois-pièces. Je ne l'ai jamais vu.

_____

✶**B. De quoi avez-vous besoin?** Répondez en utilisant le pronom **dont**.

MODÈLES: un nouveau livre de français → Voilà quelque chose dont j'ai besoin.

un ami méchant → Voilà quelque chose dont je n'ai pas besoin.

1. une jupe grise _____

2. un ballon de football _____

3. un nouveau professeur de français _____

4. un(e) fiancé(e) _____

5. trois litres de vin rouge _____

6. une femme ou un homme de ménage _____

C. **Promenade dans le Val de Loire.** Utilisez les pronoms **que, qu', qui** ou **dont**.

JULIE: Le voyage _____1 nous faisons est vraiment formidable. On peut voir tous les châteaux _____2 sont décrits dans le guide, sans sortir de l'autobus.

RAOUL: Mais il faut marcher pendant les vacances. C'est le genre d'exercice _____3 on a besoin si l'on ne veut pas grossir.

JULIE: Je ne peux pas refuser toutes ces pâtisseries _____4 l'on me propose, surtout les éclairs, _____5 sont si bons.

RAOUL: Regarde ce monsieur devant nous _____6 prend des photos. Non, ce monsieur-là _____7 le manteau est tombé par terre. Je pense _____8 c'est un espion (*spy*). Tu vois l'immeuble _____9 il a pris une photo? Ce n'est pas un château! Et les choses _____10 il parle sont un peu bizarres.

JULIE: D'accord, mais je te trouve aussi un peu bizarre quelquefois et je sais que tu n'es pas un espion.

✶ Pourquoi Raoul est-il soupçonneux (*suspicious*)? _____

_____

✶ D. **À vous!** Finissez les phrases suivantes en utilisant un pronom relatif.

MODÈLE: Le samedi soir est un soir… → où je travaille très peu.

1. J'achète souvent des livres _____
2. Midi est le moment _____
3. La Rolls-Royce est une voiture _____
4. L'argent est une chose _____
5. Le printemps est une saison _____
6. Mes professeurs sont en général des gens _____
7. J'ai un ami (une amie) _____
8. Je suis une personne _____

E. Interview d'un chef d'entreprise. Écoutons une interview de la bijoutière Geneviève Blanchard. Les bijoux qu'elle crée se vendent partout dans le monde, et surtout au Japon.

Indiquez si les déclarations sont vraies (**V**) ou fausses (**F**) en vous basant sur la conversation.

1. V F Geneviève est une personne qui a beaucoup aimé ses études.
2. V F Pendant sa jeunesse, c'était surtout la création de bijoux qui intéressait Geneviève.
3. V F Les bijoux que Geneviève fabrique sont en pierres précieuses.
4. V F Cette entreprise fait des milliers de bijoux dont les trois quarts partent en Amérique du Nord.
5. V F Les bijoux que Geneviève dessine pour les magazines sont trop difficiles à faire soi-même.
6. V F Geneviève est très fière de son entreprise.

F. Au poste de police. Des gens arrivent pour retrouver leurs affaires (*belongings*) ou pour poser des questions. Écoutez les conversations suivantes en regardant les dessins. Répondez en suivant le modèle.

Vous entendez: —Je cherche mon carnet de chèques. Il est de la Banque Nationale de Paris.
　　　　　　　　—Est-ce que c'est le carnet que vous cherchez?
Vous dites:　　Non, ce n'est pas le carnet que je cherche.

1. 　　　　2.

Tournez la page.

Leçon 3: Structures

3.    4. [illustration: CONTRAVENTIONS]

🔊 **G. Personnes et choses importantes.** Écoutez les propos de Daniel. Ensuite, complétez chaque phrase par écrit avec un détail qu'il vous a raconté. 🛑

1. Arthur, c'est une personne que _____

2. Caroline, c'est une amie que _____

3. « Les Temps Modernes », c'est un film que _____

4. La Lune Bleue, c'est un café où _____

Des réponses-modèles se trouvent en appendice.

LEÇON 4: PERSPECTIVES

Faire le bilan

A. Hier, aujourd'hui et demain à la banque. Complétez les phrases suivantes en mettant les verbes au passé, au présent ou au futur. Attention: Nous sommes aujourd'hui le treize.

MODÈLE: Moi, j'ouvre un compte d'épargne le treize septembre. →
Marie, elle, en ouvrira un le quatorze.
Les Martin, eux, en ont ouvert un le dix.

1. Nous, nous avons reçu notre carte bancaire le deux.

    Vous, vous _____ votre carte le vingt-deux.

    Toi, tu _____ ta carte aujourd'hui.

2. M. Heinz, lui, viendra toucher son chèque le dix-huit.

    Les Feydeaux, eux, _____ leur chèque en ce moment.

    Toi, tu _____ ton chèque le cinq.

3. Je me présente au bureau de change immédiatement.

    Georges, lui, _____ là-bas le dix.

    Nous, nous _____ au même endroit le vingt-neuf.

4. Vous avez maintenant une interview pour demander un emprunt.

    Nous _____ notre interview le dix.

    Mlle Pruneau _____ son interview le trois.

5. Nous avons déposé notre chèque le premier.

    Je _____ mon chèque le quatorze.

    Mon ami _____ son chèque en ce moment.

✱ **B. Suggestions.** Que ferez-vous dans les situations suivantes? (Utilisez des pronoms si possible dans vos réponses.)

> MODÈLE: Un ami (Une amie) vous invite à voyager en Europe. →
> Je n'irai pas avec lui (elle) parce que je n'ai pas assez d'argent.

1. Demain, c'est samedi. Vous avez des projets, mais la météo dit qu'il pleuvra.

   _____

2. Vous savez que vous aurez besoin dans un mois de 500 dollars pour réparer votre voiture.

   _____

3. Un collègue au travail est assez paresseux. Le résultat? C'est vous qui devez travailler plus dur.

   _____

4. Vous n'arriverez pas à joindre les deux bouts (*make ends meet*) à la fin du mois. Considérez vos dépenses et vos revenus, et dites comment vous pourrez économiser 10% de vos revenus le mois prochain.

   _____

5. Un ami vous invite à une réunion à laquelle vous avez très envie d'aller, mais vous avez déjà accepté l'invitation de quelqu'un d'autre.

   _____

✱ **C. Annonces.** Regardez bien les annonces publicitaires ci-dessous, puis choisissez cinq objets qui vous plaisent. Expliquez vos choix en employant les pronoms relatifs **qui, que** et **dont.**

à vendre

Appareil de photo Canon EF avec objectif 35-70/1 : 2,8. 3,5 zoom 20 mm 1.. 2,8. Fisch Eye 7,5 mm 1.. 5,6 SSC. le tout en parfait état pour Fr. 2000.–. Tél. 20 21 22.

Appareil de musculation avec disques Fr. 550.–. Tél. 47 16 33, int. 257, prof/51 11 94, privé.

Aquarium avec meuble et poissons, 150 litres, 125 cm long, 45 large, 108 hauteur. Tél. 82 45 20, heures repas.

Avion radioguidé prêt à voler avec télécommande, très peu utilisé, Fr. 850.–. Tél. 57 31 78, soir.

Bicyclette pliable bleue «Everton» Fr. 150.–. Lit 1 personne d'appoint pliant, Fr. 80.–. Tél. 43 91 20, bureau.

Blouson cuir noir + jupe noire et violette cuir, taille 38 + anorak ski. Tél. 33 87 93.

Canapé 3 places et 2 fauteuils en velours rouge, état de neuf, Fr. 400.–. Tél. 94 55 97.

CB très bonne + ant. trans., match, coax, Fr. 350.–. Tél. 89 04 00, soir.

Chaîne stéréo Kenwood, 1 ampli KA-900 High-Speed, 1 tuner KT 1000, 1 deck KX 1000 D, 3 têtes, 1 CD Funaï CD 5503, 2 H.-P. Marantz HD 500. Tout en très bon état pour Fr. 1500.–. Tél. 29 24 72, soir après 20h.

Encyclopédie Britanica, magnifiques volumes, méthode avec microphone et lexicart sept. 88, jamais utilisée, prix à discuter. Tél. 83 09 34, dès 19h.

Vends montre chrono Aerowatch, mouvement mécanique automatique, date, lune, 3 mini cadrans. Tél. 27 92 97, bureau. Vends aussi sac de couchage Richner Nordic. Etat neuf.

Orgue Hammond, modèle L 222, avec Leslie Fr. 2000.–. Tél. 57 18 70.

Photocopieuse bon état Ubix 200 R (Graphax) très performante avec trieuse (15 cases). Contrat d'entretien encore valable. prix Fr. 3000.–. Tél. 21 45 28.

> MODÈLE: L'avion radioguidé est le cadeau d'anniversaire dont mon frère aura envie.
> Il adore les jouets électroniques.

1. _____

   _____

2. _____

3. _____

4. _____

5. _____

À l'écoute!

Quels sont les éléments motivants dans le travail? Le magazine hebdomadaire (*weekly*) français *Le Point* a effectué une enquête auprès d'environ 500 cadres français.

Regardez un moment la liste des avantages professionnels relévés par cette enquête, classés par ordre d'importance.

1. autonomie, indépendance   E   C   B
2. utilisation des capacités personnelles   E   C   B
3. intérêt pour le travail   E   C   B
4. bonnes relations interpersonnelles E   C   B
5. possibilité de s'affirmer   E   C   B
6. sécurité de l'emploi   E   C   B
7. contacts avec l'extérieur   E   C   B
8. salaire comparable   E   C   B
9. bénéfices et avantages sociaux   E   C   B

Maintenant, écoutez l'interview de trois étudiants à l'École des Hautes Études Commerciales. Indiquez qui mentionne chacun de ces éléments en mettant un cercle autour de **E** (Evelyne), **C** (Christine) ou **B** (Benoît).

Les réponses se trouvent en appendice.

> Certain items may be mentioned by more than one person.

Leçon 4: Perspectives

Par écrit

Function: Narrating (a personal experience) in the past

Audience: Classmates and professors

Goal: Answering the question **Quel genre d'enfance avez-vous eu?** Use as your model the following brief passage from the autobiography of Françoise Giroud, *Si je mens*.[1]

—Quel genre d'enfance avez-vous eu?

—Le genre bizarre.

—Bizarre? Pourquoi?

—Ce n'est pas facile à expliquer… Mon père a été essentiellement une absence, une légende. Une absence d'abord à cause de la guerre, puis d'une mission aux États-Unis dont il a été chargé pour le gouvernement français, ensuite d'une maladie que l'on ne savait pas soigner à l'époque et dont il est mort. Cette maladie a duré des années pendant lesquelles je ne l'ai jamais vu. J'ai eu pour lui un amour fou. On parlait de lui, à la maison, comme d'un héros qui avait tout sacrifié à la France…

Steps

1. Read the passage above, paying careful attention to the joining of clauses within sentences. Note the following techniques:

    - The use of adverbs (**d'abord, puis, ensuite**) to connect clauses and provide a sense of chronological progression.
    - The use of relative pronouns (**que, dont**) to make the style more varied and sophisticated by connecting simple clauses into a more complex whole.

2. Jot down a brief list of memories or feelings that characterize your childhood. Add a few details to each item on the list. Pick a short phrase that vividly describes the whole.

3. Write a rough draft, making use of the techniques in item 1.

4. Have a classmate critique your work. Make any necessary changes. Finally, read the composition again and carefully check your spelling, grammar and punctuation. Focus especially on your use of relative pronouns.

Journal intime

Racontez en détails votre vie dans cinq ans.

- Où serez-vous?
- Quelle sera votre profession?
- Avec qui habiterez-vous?
- Comment passerez-vous vos journées?
- Quels seront vos loisirs (*leisure activities*)?
- Serez-vous plus heureux (heureuse) qu'aujourd'hui? Pourquoi (pas)?

    MODÈLE: Dans cinq ans, je serai en Europe: en France ou en Italie. Je serai spécialiste de droit international, et j'habiterai seule à Paris ou à Milan, dans un quartier très tranquille et élégant…

---

[1] Françoise Giroud (1916–) was the editor of the magazine *Elle* (1945–53), then helped to found the prestigious weekly *L'Express*, where she became editor and then publisher. From 1974 to 1976 she served as French Secretary of State for the Status of Women and was later Secretary of State for Culture.

Name _____ Date _____ Class _____

Les loisirs

CHAPITRE 15

LEÇON 1: PAROLES

Les loisirs préférés des Français

A. Loisirs. Complétez chaque phrase en utilisant le vocabulaire du chapitre.

MODÈLE: Le dimanche soir en hiver il n'y a pas beaucoup de distractions, on va donc souvent au ___cinéma___.

1. Si on est obligé de passer l'après-midi à la maison avec trois enfants de dix ans, un _____ peut les amuser.

2. Lorsque le printemps arrive, il est agréable de faire du _____ pour avoir des légumes et des fleurs pendant tout l'été.

3. On va au bord de la rivière ou du lac quand on va à la _____. Si on attrape quelques poissons, on les prépare pour le dîner.

4. Le sport où on ne touche pas le ballon avec les mains s'appelle le _____.

5. Lorsqu'on s'ennuie, la _____ est un passe-temps idéal, surtout si on habite près d'une bibliothèque.

6. Les gens qui aiment le _____ construisent des meubles ou font des réparations. Leur travail est très utile quand ils sont propriétaires d'une maison.

✳ **B. Les loisirs.** Créez une carte sémantique pour les catégories d'activités sur la liste à la page suivante. Sur une autre feuille de papier, écrivez une expression de la liste au centre et les trois catégories (lieux, activités et actions) autour du centre. Puis ajoutez toutes les idées que vous associez avec les trois catégories. (Il n'est pas nécessaire de vous limiter au vocabulaire de ce chapitre.) Tournez la page.

MODÈLE: activités en plein air →

```
      actions              activités en plein air              lieux
```

jardiner, cultiver
  la terre
skier
marcher

activités

le jardin
la montagne
le parc
la mer

le jardinage
le ski
une promenade
la pêche

La liste

1. spectacles
2. passe-temps
3. manifestations sportives

C. La vie sportive. Que font ces personnes? Écoutez chaque échange, et écrivez le nom du sport qu'on pratique.

Expressions utiles: l'alpinisme, le cyclisme, le jogging, la pêche, la pétanque

1. Ils/Elles font _____

2. Ils/Elles font _____

3. Ils/Elles jouent à _____

4. Ils/Elles font _____

5. Ils/Elles vont à _____

D. Le week-end d'Albert. Écoutez les descriptions suivantes, et identifiez les activités en mettant un cercle autour de **a** ou **b**.

Vous entendez: Albert achète un billet qui porte un numéro très long.
Vous écrivez: a. C'est une collection de timbres.
                (b.) C'est un billet de la loterie.

1. a. Il fait de la bicyclette.

   b. Il fait de la marche à pied.

Name _____ Date _____ Class _____

2. a. Il fait du jardinage.

   b. Il fait du bricolage.

3. a. C'est un jeu de hasard.

   b. C'est une activité de plein air.

4. a. C'est pour voir un film.

   b. C'est pour faire de la peinture.

5. a. Il va faire du ski.

   b. Il va jouer à la roulette.

6. a. Il aime la lecture.

   b. Il va au spectacle.

Pour parler des loisirs: *courir* et *rire*

A. Ah, les verbes! Complétez le tableau avec les formes correctes.

	COURIR	RIRE
nous		
les athlètes		
tu		
mon amie		

B. Le matin, le cinéma. Utilisez les verbes **courir** ou **rire**. Attention au temps du verbe.

En retard. Nous avons été obligés de _____¹ ce matin parce que le réveil n'a pas sonné. Tout le monde _____² quand nous sommes arrivés en cours avec dix minutes de retard. Demain nous ne _____³ pas, même si nous sommes en retard.

✶ Quelle est votre réaction si vous savez que vous allez être en retard? _____

_____

Leçon 1: Paroles 261

Un film amusant. J'_____⁴ comme un fou (*crazy person*) pendant tout le dernier film de Robin Williams. J'en ai parlé à tous mes amis, et maintenant ils vont aussi aller le voir. J'espère qu'ils _____⁵ aussi.

✷ Que pensez-vous de Robin Williams? _____

_____

C. Loisirs du dimanche. Qu'est-ce que Léa a vu dimanche passé? Écoutez l'histoire et complétez les phrases par écrit.

Dimanche matin, vers huit heures, Léa _____¹ sa porte. Dans la rue, _____² quelque chose de surprenant: il y avait une vingtaine de personnes _____³: c'était un marathon. Comme _____⁴ assez chaud, _____⁵ très soif. En fait, certains d'entre eux _____⁶ vraiment l'air de souffrir. Léa _____⁷ à boire; trois ou quatre personnes _____⁸ un verre d'eau; _____⁹ rapidement avant de reprendre la course. Léa _____¹⁰ ces gens sérieux et enthousiastes; puis _____¹¹ calmement son journal.

Les réponses se trouvent en appendice.

LEÇON 2: STRUCTURES

Interrogative Pronouns
Getting Information

A. Une personne curieuse. Le père de Loïc veut toujours tout savoir. Complétez les questions suivantes avec **qui, qu'est-ce qui** ou **quoi**.

MODÈLE: ___Qui___ a-t-on embauché dans la faculté des sciences cette année?

1. _____ enseigne le nouveau cours de biologie?

2. _____ t'intéresse le plus, la biologie ou la chimie?

3. De _____ as-tu besoin pour faire des progrès?

4. À _____ as-tu prêté ton livre de biologie?

5. _____ t'a aidé à préparer ton dernier examen?

6. _____ va se passer (*to happen*) si les professeurs font grève (*go on strike*)?

B. Cadeaux d'anniversaire. Annick voudrait offrir un cadeau à son ami Luc. Elle téléphone au frère de Luc pour avoir des idées. Lisez les réponses du frère de Luc, puis écrivez les questions d'Annick.

MODÈLE: Je crois qu'il a envie d'un compact-disc de Céline Dion. →
De quoi a-t-il envie?

1. _____

Je sais qu'il a tous ses compact-discs excepté le nouveau.

2. _____

Il a besoin d'un pull chaud et d'un manuel sur le HTML.

3. _____

Il aime beaucoup dîner au restaurant le jour de son anniversaire.

4. _____

Je te conseille de lui offrir un compact-disc ou un livre.

C. Lequel? Utilisez la forme correcte de **lequel** pour compléter la conversation suivante.

HABIB: J'ai vu un film formidable hier soir.

DANIELA: _____[1]?

HABIB: *Diabolique.*

DANIELA: Justement. Certains de mes amis l'ont aussi aimé.

HABIB: Ah, oui? _____[2]?

DANIELA: Les Péron et les Bazin. Qu'est-ce que tu en as pensé?

Leçon 2: Structures 263

HABIB: Bon, d'abord il y avait ma vedette favorite.

DANIELA: _____³?

HABIB: Simone Signoret. Dans le film elle veut commettre le crime.

DANIELA: _____⁴?

HABIB: L'assassinat. Et elle veut assassiner une personne surprenante.

DANIELA: _____⁵?

HABIB: Son mari, figure-toi.

D. Interrogation. Écoutez chaque question en regardant les réponses possibles. Mettez un cercle autour de **a** ou **b** pour indiquer la réponse logique.

Vous entendez: Qu'est-ce qui est arrivé?
Vous écrivez: a. Mon oncle Gérard.
(b.) Une tempête de neige.

1. a. Des provisions.
   b. Mon mari.

2. a. Mon père.
   b. Mes devoirs.

3. a. Mon voisin.
   b. Ma bicyclette.

4. a. Du professeur.
   b. De la politique.

5. a. Mes idées.
   b. Ses meilleurs amis.

6. a. Mon cousin.
   b. Un taxi.

7. a. Avec des paquets.
   b. Avec sa femme.

8. a. Nos camarades.
   b. Le début du film.

E. Et vous? Écoutez ces questions et donnez votre réponse. Vous n'entendrez pas de réponses suggérées.

Vous entendez: Qui avez-vous vu ce matin?
Vous dites: J'ai vu mes copains et le chat.

1. … 2. … 3. … 4. …

The Present Conditional (continued)
Being Polite, Speculating

A. En vacances. Que ferait-on, si on était en vacances en ce moment?

   MODÈLE: Marc / partir /… →
   Marc partirait chez sa petite amie.

1. nous / être / …

2. les étudiants / rentrer / …

3. mon copain (ma copine) / aller / …

4. je / avoir le temps de / …

5. tu / écrire / …

6. mes amis aventuriers / faire / …

✶**B. Conséquences.** Pour chaque cas, imaginez trois conséquences.

   MODÈLE: Si les vaches volaient (*If cows could fly*)… →
   a. les enfants boiraient moins de lait.
   b. on ne sortirait pas sans parapluie.
   c. les pilotes feraient très attention.

1. S'il n'y avait pas de papier…

   a. _____
   b. _____
   c. _____

2. Si tous les Américains parlaient français…

   a. _____
   b. _____
   c. _____

3. Si j'habitais Paris…

   a. _____
   b. _____
   c. _____

Leçon 2: Structures

*C. **Choix difficiles.** Que feriez-vous…

1. si vous voyiez qu'un camarade de classe trichait (*was cheating*) à un examen?
   _____
   _____

2. si vous trouviez un portefeuille avec 300$ dans la rue?
   _____
   _____

3. si vous appreniez que les parents d'un ami allaient divorcer?
   _____
   _____

4. si on vous invitait et vous ne vouliez pas accepter?
   _____
   _____

5. si vous appreniez qu'un ami se droguait?
   _____
   _____

6. si votre meilleur ami tombait malade et devait quitter l'université?
   _____
   _____

D. **Je suis très occupé(e)!** Que ferais-tu si tu avais le temps? Écoutez chaque question et répondez en suivant le modèle.

Vous entendez: Tu regardes la télé?
Vous dites: Eh bien… je regarderais la télé si j'avais le temps.

1. … 2. … 3. … 4. … 5. …

E. **Fatima.** Que ferait Fatima si elle était libre ce soir? Suivez le modèle.

Vous entendez: Est-ce qu'elle viendrait chez nous?
Vous dites: Oui, si elle était libre, elle viendrait chez nous.

1. … 2. … 3. … 4. …

CORRESPONDANCE

Carte postale

Complétez la carte postale avec les expressions suivantes: **aiderais, aimerais, ce que, c'est, courir, courons, désirerais, plein, que, serais.**

CARTE POSTALE

Chère Bénédicte,

Un chapeau! _____¹ splendide! Merci mille fois, ma chérie.

   Tu me demandes _____² je fais en ce moment. Eh bien, beaucoup de choses. Mais je ne sais par laquelle commencer. Tu m'_____³ si tu étais avec moi! Ici, nous _____⁴ cinq kilomètres tous les matins, ma copine Laetitia et moi. J'_____⁵ en faire plus, elle pas. Les activités de _____⁶ air, trop de sport, la fatigueraient. (Elle est comptable, pas instructeur de tennis!) Elle me dit _____⁷ rien ne m'empêche de _____⁸ et de nager sans elle. Je _____,⁹ pour ma part, lui apprendre à faire le «saut d'Acomat», mais elle refuse. En plus, elle dit que je délire!

   Tu _____¹⁰ d'accord avec elle, Bénédicte?

Ton pauvre Jérôme

Flash-culture

Relisez les Flashs dans votre livre, puis choisissez la bonne réponse.

1. Les deux principaux marchés aux puces de Paris vous attendent _____.

    a. pendant l'été   b. tous les jours   c. le samedi et le dimanche

2. Porte de Vanves et Porte de Clignancourt sont des _____.

    a. stations de métro   b. magasins d'antiquités   c. objets de porcelaine

3. D'après le Flash, il faut demander le prix des objets qui vous intéressent d'un air _____.

    a. enthousiaste   b. indifférent   c. enchanté

4. Le gwo-ka, c'est _____ des Caraïbes.

    a. un instrument de musique   b. un plat   c. une fête traditionnelle

5. L'Afrique, l'Amérique du Sud, et _____ ont influencé la musique des Antilles.

    a. la Nouvelle-Orléans   b. le Québec   c. l'Italie

6. Le carnaval des Antilles offre des _____.

    a. séances de cinéma   b. premières d'opéra   c. concours de musique et bals

📼 Jérôme à l'appareil!

Tu as envie de faire quoi, toi? Jérôme et son amie Léa font des projets. Qu'est-ce qu'ils ont envie de faire? Écoutez leur conversation, 📼 puis indiquez si les phrases suivantes sont vraies (**V**) ou fausses (**F**).

1. V F Évidemment, Léa est allée chercher ce matin des billets pour un concert.
2. V F Jérôme lui propose une partie de bridge.
3. V F Léa déteste le bridge.
4. V F Apparemment c'est Jérôme qui a le plus d'expérience.
5. V F Jérôme conseille à Léa de lire beaucoup de manuels de bridge.

📼 Prononciation

Les sons de la lettre e. The letter **e** has several different sounds in French. First, listen carefully to how the sound of **e** changes with different accents.

Écoutez et répétez les phrases suivantes:

1. un génie idéaliste
2. un numéro de téléphone
3. un père sincère
4. Je suis prêt à m'arrêter.
5. les vacances de Noël
6. un voyage en Israël

There is also a "mute" or silent **e** in French, called **e muet**.

- It is sometimes a very short sound, as in the one-syllable words **ce, de, le,** and **que**.
- It is sometimes altogether silent, as in the final syllable of multi-syllable words like **banane, exemple,** and **septembre.**
- It is often silent, as well, after a single consonant: **rapidement; je ne sais pas; chez le docteur.**
- However, it is usually pronounced after groups of two or more consonants: **mercr<u>e</u>di, vendr<u>e</u>di, simpl<u>e</u>ment, pour l<u>e</u> docteur.**

Rules concerning "mute" **e** are very complicated. It's best to pick them up by imitation.

Écoutez et répétez.

1. la séance de deux heures
2. Je cherche un peu de monnaie.
3. Il n'y a pas de queue.
4. J'aimerais bien grignoter quelque chose.
5. avec cette drôle de voix

Name _____ Date _____ Class _____

LEÇON 3: STRUCTURES

Prepositions After Verbs Expressing Actions

A. Ah, les prépositions! Quels verbes exigent l'emploi d'une préposition avant un infinitif? Cochez (✓) les cases correctes.

	À	DE	—
1. aller			✓
2. devoir			
3. aider			
4. se mettre			
5. désirer			
6. choisir			
7. oublier			
8. rêver			
9. vouloir			
10. enseigner			
11. chercher			
12. arrêter			

B. Pensées diverses. Utilisez **à, de** ou laissez un blanc.

Les habitudes au téléphone. Marc aime _____[1] téléphoner _____[2] ses amis le soir quand ils ne travaillent pas. Mais Marie croit qu'il vaut mieux _____[3] leur téléphoner _____[4] l'après-midi. Elle refuse _____[5] les réveiller ou _____[6] les empêcher de travailler.

Leçon 3: Structures **269**

Tout le monde aime voyager. Ma mère rêve _____⁷ faire le tour du monde. C'est l'Afrique qu'elle a décidé _____⁸ découvrir en premier, mais elle veut aussi _____⁹ visiter les autres continents. Elle a commencé _____¹⁰ étudier les langues étrangères _____¹¹ aux cours du soir pour se préparer.

Question de talent. Je ne réussirai jamais _____¹² apprendre _____¹³ danser! J'essaie _____¹⁴ suivre un cours de danse chaque été. Voilà ce qui arrive: je vais peut-être deux fois au cours mais je ne continue pas _____¹⁵ danser régulièrement. «J'oublie» _____¹⁶ y aller!

※ C. Un week-end idéal. Écoutez Paul qui vous parle de ses week-ends. Tout en écoutant, regardez l'exercice qui suit. Écoutez l'exercice une deuxième fois, puis arrêtez la bande et terminez les phrases suivantes en vous basant sur votre propre expérience.

1. En général, le week-end, j'essaie _____ et j'aime _____.
2. Quand on essaie de me pousser à faire quelque chose, je _____.
3. Le week-end passé, j'ai choisi _____.
4. Ce week-end, j'espère _____.
5. Certains dimanches, on m'empêche _____.
6. Un soir, j'ai finalement réussi _____ je n'étais plus un enfant.

Comparative and Superlative
Making Comparisons

※ A. Les générations. Faites des comparaisons entre votre vie et celle de vos parents.

MODÈLE: __J'ai plus (autant, moins)__ d'amis que mes parents.

1. _____ de problèmes que mes parents.
2. _____ de responsabilités que mes parents.
3. _____ de compact-discs que mes parents.
4. _____ de loisirs que mes parents.
5. _____ d'idéalisme que mes parents.
6. _____ de vêtements que mes parents.
7. _____ de passe-temps que mes parents.
8. _____ de besoins que mes parents.

Name _____ Date _____ Class _____

✳ **B. Exercice de modestie.** Dans la classe de français…

1. Qui parle français plus souvent que vous?
   _____

2. Qui écrit le mieux au tableau?
   _____

3. Qui donne les meilleures réponses orales?
   _____

4. Qui essaie de répondre le plus souvent?
   _____

5. Nommez deux personnes qui parlent français aussi couramment que vous.
   _____

6. Qui arrive en retard moins souvent que vous?
   _____

C. Une perfectionniste. Zoé vise (*aims for*) la perfection. Donnez ses résolutions pour le Nouvel An.

   MODÈLES: Je bavarde trop. → Je vais moins bavarder.
   Je chante assez bien. → Je chanterai mieux.

1. J'ai de bonnes notes (*grades*). _____
2. J'écris mal. _____
3. Je finis beaucoup de choses. _____
4. Je me trompe assez souvent. _____
5. Je lis de bons livres. _____
6. Je m'ennuie quelquefois. _____
7. Je me lève tôt le matin. _____
8. Je me prépare bien aux examens. _____

D. Trois collègues. Voici trois personnages qui sont de caractère et de physique très différents. Regardez leurs portraits à la page suivante, écoutez les questions et répondez-y en mettant un cercle autour du nom du personnage décrit. Tournez la page.

ASTÉRIX

OBÉLIX

PANORAMIX

1. Astérix Panoramix Obélix
2. Astérix Panoramix Obélix
3. Astérix Panoramix Obélix
4. Astérix Panoramix Obélix
5. Astérix Panoramix Obélix
6. Astérix Panoramix Obélix
7. Astérix Panoramix Obélix
8. Astérix Panoramix Obélix
9. Astérix Panoramix Obélix
10. Astérix Panoramix Obélix

LEÇON 4: PERSPECTIVES

Faire le bilan

A. Projets du soir. Complétez le dialogue suivant avec un pronom interrogatif ou un verbe au conditionnel.

DÉO: _____¹ nous faisons ce soir?

MARIE: Nous avons invité des amis, tu t'en souviens?

DÉO: _____² est-ce que nous avons invité?

MARIE: Fatima et Jean-Luc.

DÉO: Ah oui! Tu sais, nous _____³ (pouvoir) jouer aux cartes.

MARIE: _____⁴ tu _____⁵ (dire) si je servais une bonne bouteille de vin?

DÉO: C'est une excellente idée!

MARIE: Et que _____⁶-tu (penser) si j'achetais un beau gâteau?

DÉO: Je _____⁷ (être) très content.

MARIE: Tant mieux, parce que je l'ai déjà acheté!

✳ **B. Questionnaire.** Complétez chaque phrase avec le verbe de votre choix à l'infinitif. N'oubliez pas les prépositions nécessaires.

MODÈLE: J'aime ___faire la cuisine___.

1. Je veux _____

2. Avant la fin de l'année, je vais essayer _____

3. Depuis mon arrivée à l'université, je me suis habitué(e) _____

4. Je ne sais pas _____

5. Cet été, je vais commencer _____

6. Je voudrais inviter mes amis _____

7. J'oublie parfois _____

8. Je rêve _____

9. À l'université, je me prépare _____

10. Au lycée, j'ai appris _____

✱ **C. Exercice d'imagination.** Imaginez la deuxième partie de chaque phrase.

MODÈLE : Si j'avais le temps, ___je lirais tous les romans de Jane Austen___.

1. Si j'avais un crocodile dans ma chambre, _____

2. Ma mère serait heureuse si _____

3. Si vous collectionniez les éléphants, _____

4. Nous inviterions le professeur au cinéma si _____

5. J'achèterais un appartement sur la Côte d'Azur si _____

À l'écoute!

La robe de Sarah Bernhardt. Olivier parle de sa sœur Agathe et de la robe de Sarah Bernhardt (1844–1923), la célèbre tragédienne française.[1] Écoutez ce que dit Olivier. Ensuite, écoutez une deuxième fois et complétez le passage par écrit.

Je pensais rester chez moi, ce _____[1], mais il a fait beau et j'ai _____[2] _____[3] sortir avec Agathe. Agathe, c'est ma sœur. Elle rêve de devenir comédienne (*actress*). Je sais que rien ne l' _____[4] de réussir. Elle vient de s'acheter, au _____[5] aux Puces, une robe qui a appartenu (*belonged*) à Sara Bernhardt. Elle a _____[6] _____[7] la porter pour un petit rôle au théâtre du Châtelet. Un impresario l'a remarquée, et Agathe a _____[8] _____[9] décrocher (*getting*) le rôle de Cosette adulte dans *Les Misérables*, une opérette inspirée du _____[10] de Victor Hugo. Je ne sais pas comment vous l'expliquer, mais je déteste les Puces, moi. Je _____[11] _____[12]

---

[1] Les curieux peuvent se procurer quelques films de Sarah Bernhardt. Nous proposons: *La Tosca*, 1906; *Adrienne Lecouvreur*, 1913; *La Voyante*, 1923.

acheter du vieux. Je préfère le nouveau à l'ancien. Or la robe d'Agathe—je _____ ¹³ dire, la robe de Sarah!—aura permis à ma sœur de grimper les échelons de la gloire (*quickly rise to glory*)! Elle va essayer d'entrer au Conservatoire de Paris. Je suis sûr qu'on l'_____ ¹⁴ volontiers, car, sur scène, elle est _____ ¹⁵ superbe _____ ¹⁶ Sarah. Avec ou sans sa robe.

Par écrit

Function: Writing a film review

Audience: Newspaper readers

Goal: To describe and evaluate a recent film so that readers will want to see (or skip) it.

Steps

1. Choose a film you have seen recently. Jot down the main points of the story, some important scenes you remember, and your overall reaction to the film.

2. Look over these terms, which may be useful to you:

   le metteur en scène / le cinéaste (*director*)

   tourner un film (*to make a film*)

   les personnages (*m.*) (*characters*)

   jouer le rôle principal

   la séquence (*scene*)

   l'action se déroule (*the action takes place*)

   l'intrigue (*f.*) (*plot*)

   vraisemblable (*believable, realistic*)

   invraisemblable (*unbelievable, unrealistic*)

   Look back at the expressions in the **À propos** section in the main text, as well.

3. Write a brief summary of the story, without giving the ending away. Mention when and where the action takes place. Describe the main characters and the performances of the featured actor(s) and actress(es). End by persuading your readers to see (or not to see) the film.

4. Have a classmate evaluate the rough draft for clarity and interest.

5. Reread your rough draft, checking carefully the spelling, punctuation, and grammar. Focus especially on your use of comparisons and verbs and prepositions.

Leçon 4: Perspectives

Journal intime

Décrivez vos loisirs. Commentez les questions suivantes:

- Qu'aimez-vous faire quand vous avez une ou deux heures de libre? Quand vous avez plusieurs semaines de vacances?
- Si vous aviez davantage (*more*) de temps libre, que feriez-vous?
- Préféreriez-vous lire davantage ou regarder plus de films?
- Y a-t-il une nouvelle activité ou un nouveau sport que vous avez envie d'apprendre?

MODÈLE: Quand j'ai une ou deux heures de libre, j'aime écrire des lettres aux amis, parce que je déteste les répondeurs téléphoniques et le courrier électronique. Quand j'ai plusieurs semaines de vacances, j'aime surtout aller en Europe…

Name _____ Date _____ Class _____

Pour et contre

LEÇON 1: PAROLES

Les problèmes de l'environnement
Les problèmes de la société moderne

A. Problèmes et solutions. Voici sept problèmes du monde contemporain. Lisez les solutions ci-dessous et choisissez celle qui vous paraît être la plus adaptée au problème.

1. _____ le développement de l'énergie nucléaire

2. _____ la pollution de l'environnement

3. _____ la destruction des espaces verts

4. _____ le gaspillage des ressources naturelles

5. _____ l'augmentation de la violence

6. _____ le stress de la vie moderne

7. _____ l'utilisation de l'automobile

✳ **B. Menaces sur la terre.** Que pensez-vous des problèmes graves de l'environnement? Donnez votre avis en utilisant les listes de mots suivants.

MODÈLE: Il est indispensable d'encourager le recyclage.

arrêter	les animaux
conserver	le chômage
développer	l'engagement politique
empêcher	les forêts
encourager	le gaspillage des sources d'énergie
protéger	le plastique
recycler	le recyclage

1. Il est indispensable _____
2. Il est essentiel _____
3. Il est urgent _____
4. Il est important _____
5. Il est possible _____
6. Il est nécessaire _____
7. Il est inutile _____

C. Règles de conduite. Écoutez la plate-forme d'un parti politique écologiste. Ensuite, transformez l'infinitif en nom et complétez les phrases ci-dessous.

Vous entendez: Polluer l'environnement, c'est scandaleux.
Vous écrivez: ___La pollution___ de l'environnement est scandaleuse.

1. _____ de la pollution est indispensable.
2. _____ des ressources naturelles est fondamentale.
3. _____ du recyclage est important.
4. Nous sommes responsables de _____ des animaux.
5. _____ de nos efforts est inévitable.
6. _____ de bons candidats est cruciale.

Les réponses se trouvent en appendice.

D. Questions contemporaines. Écoutez les explications suivantes. Mettez un cercle autour de la lettre de l'expression correspondante.

Vous entendez: Si on réduisait la consommation d'énergie, on les économiserait.
Vous écrivez: (a.) les ressources naturelles   b. les voitures

1. a. l'utilisation d'énergie solaire   b. l'utilisation de pétrole
2. a. des déchets   b. des solutions
3. a. les conflits   b. les médias
4. a. le gaspillage   b. le recyclage
5. a. une toute petite voiture   b. un vélo

LEÇON 2: STRUCTURES

The Subjunctive: Forms
Expressing Attitudes

A. **C'est nécessaire!** Qu'est-ce qu'il faut faire? Mettez chacun de ces verbes réguliers au subjonctif. **Il faut…**

   MODÈLE: (écrire) que j'___écrive___ plus clairement.

1. (voir) que tu _____ cette exposition.
2. (diriger) que Mme Avoké _____ cette entreprise.
3. (se lever) que nous _____ plus tôt.
4. (rentrer) que les enfants _____ après les cours.
5. (conduire) que tu _____ prudemment.
6. (lire) que tout le monde _____ le journal chaque matin.
7. (s'arrêter) que vous _____ de fumer.
8. (sortir) que tu _____ avec tes amis.
9. (connaître) que ma mère _____ mes copains.
10. (dire) que vous _____ la vérité.

B. **Ah, les verbes!** Complétez ce tableau avec les formes correctes du subjonctif.

	…QUE NOUS	…QUE LÉA	…QUE VOUS	…QUE LES ENFANTS
aller				
avoir				
être				
faire				
pouvoir				
savoir				
vouloir				

Leçon 2: Structures

C. Une grand-mère soucieuse. Que souhaite la grand-mère de Joël et de Sara? Faites des phrases négatives ou affirmatives en employant les verbes suivants au subjonctif: **aller, avoir, écrire, être, faire, pouvoir, prendre, revenir, savoir.**

MODÈLE: _Elle ne veut pas qu'ils soient_ malheureux.

1. _____ faim.
2. _____ des vitamines.
3. _____ finir leurs études.
4. _____ souvent des lettres.
5. _____ tous seuls de l'école.
6. _____ chez le dentiste deux fois par an.
7. _____ des promenades quand il pleut.
8. _____ qu'ils l'aiment.

✻ D. La vie est dure. Parfois il semble que tout le monde attende (*expects*) quelque chose de vous. Complétez les phrases suivantes. Donnez libre cours à votre imagination!

MODÈLE: Le professeur de français _veut que je comprenne le subjonctif_.

1. Les politiciens _____

2. Les journalistes _____

3. Mon ami(e) _____

4. Le médecin _____

5. Mes parents _____

6. Le président des États-Unis _____

E. Élections. Luc et Simon ont contacté Laure pour la persuader de poser sa candidature au Conseil de l'université. Écoutez certaines suggestions qu'ils lui ont faites et complétez par écrit les suggestions des amis de Laure.

Ils voudraient que Laure…

1. _____ sa candidature au Conseil.

2. _____ une campagne énergique.

3. _____ souvent avec l'électorat.

4. _____ toute la littérature de l'opposition.

5. _____ le Conseil en charge.

6. _____ pour les droits des étudiants.

7. _____ à persuader l'administration qu'ils ont raison.

Les réponses se trouvent en appendice.

F. Différences d'opinion. Voici deux individus dont les opinions politiques diffèrent. Écoutez chaque remarque et mettez un cercle autour du nom de la personne qui l'aurait faite (*would have made it*).

Vous entendez: Je veux qu'on construise plus de centrales nucléaires.
Vous écrivez: Jérôme (Brigitte)

1. Jérôme   Brigitte   4. Jérôme   Brigitte
2. Jérôme   Brigitte   5. Jérôme   Brigitte
3. Jérôme   Brigitte

Leçon 2: Structures

✱ **G. Vendredi soir.** Que voulez-vous faire avec vos amis pendant le week-end? Écoutez les choix proposés par vos amis et répondez. Vous entendrez une réponse possible.

    Vous entendez: Tu veux qu'on fasse une promenade ou qu'on travaille?
    Vous dites: Moi, je veux qu'on fasse une promenade.

    1. ... 2. ... 3. ... 4. ... 5. ...

The Subjunctive: Uses (Introduction) Expressing Wishes, Necessity and Possibility

A. Il faut changer! L'année dernière, les étudiants se sont organisés pour avoir quelques changements sur le campus. Qu'est-ce qu'on voulait changer?

    MODÈLE: (servir des repas végétariens) Loïc voulait que le restau-U
                          _____serve des repas végétariens_____.

1. (être plus longues) Tout le monde voulait que les vacances _____

    _____

2. (avoir plus de pouvoir [*power*]) Une journaliste insistait que le Conseil d'étudiants _____

    _____

3. (avoir moins de sports) Certains étudiants voulaient _____

    _____

4. (faire plus attention à eux) Beaucoup d'étudiants voulaient que les professeurs _____

    _____

5. (comprendre leur point de vue) Les femmes voulaient que les hommes _____

    _____

6. (construire des centres de recyclage) Tous les étudiants voulaient que l'université _____

    _____

✶ **B. Prévisions.** Ces prévisions sont-elles possibles ou non? Pourquoi?

　　MODÈLE:　Vous passerez l'été à Paris. →
　　　　　　Il est peu probable que j'y passe l'été, parce que j'ai besoin de travailler cet été.
　　　　　　(Il est probable que j'y passerai l'été parce que…)

1. Votre mari / femme sera français(e). _____
   _____

2. Les étudiants de votre université manifesteront avant la fin de l'année. _____
   _____

3. Vous regretterez un jour de ne pas parler russe. _____
   _____

4. Vous vivrez dans un monde sans pollution. _____
   _____

5. Les humains visiteront un jour la planète Mars. _____
   _____

6. Le prochain président des États-Unis sera une personne de couleur. _____
   _____

C. Conseils. M. Laborde est parfois d'accord, parfois pas d'accord avec ses enfants, Corinne et Martin. Écoutez les remarques de M. Laborde et indiquez s'il parle à Corinne ou à Martin.

Vous entendez:　Moi, je trouve ça bien que tu protèges les animaux.

Vous écrivez:　(à Corinne)　à Martin

1. à Corinne　à Martin　　　　4. à Corinne　à Martin
2. à Corinne　à Martin　　　　5. à Corinne　à Martin
3. à Corinne　à Martin　　　　6. à Corinne　à Martin

Leçon 2: Structures　　283

D. Conseils aux jeunes. Mme Stein parle à des jeunes qui vont voter pour la première fois. Écoutez ses propos et répétez-les en mettant l'infinitif à la place du subjonctif.

Vous entendez: Il faut que vous compreniez les questions (*issues*).
Vous dites: Il faut comprendre les questions.

1. ...   2. ...   3. ...   4. ...   5. ...

E. Oui ou non? Voici quelques questions sur vos projets d'avenir. Écoutez chaque question et complétez les réponses par écrit.

1. Oui, il est possible / Non, il n'est pas possible que _____

   parce que _____

2. Oui, il est temps que / Non, il n'est pas temps que _____

   parce que _____

3. Oui, il est normal que / Non, il n'est pas normal que _____

   parce que _____

4. Oui, il est probable que / Non, il n'est pas probable que _____

   parce que _____

CORRESPONDANCE

Carte postale

Complétez la carte postale avec les expressions suivantes: **ce que, déchets, dises, élisions, environnement, faut, gaspillage, mon, planète, qui, ressources, urgent.**

CARTE POSTALE

Cher Jérôme,

À _____¹ avis, il est évident que le contrôle des _____² nucléaires et du _____³ de l'énergie doit commencer au niveau du citoyen. Il _____⁴ que nous consommions moins; que nous exprimions notre opinion en manifestant pour la protection de nos _____⁵ naturelles; que nous _____⁶ des politiciens engagés _____⁷ prendront les décisions nécessaires et les réaliseront. Il est _____⁸ que nous parlions de la cessation collective des essais nucléaires. Je pense que la survie de notre _____⁹ en depend!

Alors, Jérôme? Je veux que tu me _____¹⁰ toi-même _____¹¹ tu penses des problèmes d'_____¹² et de survie.

Allez, à très bientôt!

Bénédicte

Flash-culture

Relisez les Flashs dans votre livre, puis trouvez la fin de chaque phrase.

1. ___ Des milliers de Français et de francophones font
2. ___ Les amoureux de la langue française considèrent
3. ___ Il y a aussi des réformateurs qui voudraient
4. ___ La langue française est une des deux langues de travail
5. ___ Les pays francophones représentent
6. ___ Pour promouvoir la francophonie, il faut

a. que les difficultés d'orthographe font parti du charme de la langue.
b. entre le quart et le tiers des pays des Nations Unies.
c. renforcer les liens culturels par des liens économiques.
d. simplifier et uniformiser l'orthographe.
e. une dictée remplie de difficultés et de pièges.
f. des Nations Unies et du Conseil de l'Europe.

📼 Jérôme à l'appareil!

Bon voyage, Jérôme! C'est la dernière fois que nous écoutons l'aimable Jérôme. Sa mère lui téléphone. Qu'est-ce qui ne va pas? Écoutez leur conversation, 📼 puis complétez les phrases suivantes.

1. Jérôme est étonné que sa mère _____.
   - ❑ appelle si tôt
   - ❑ se souvienne de l'anniversaire de sa copine

2. Évidemment, la mère voudrait que Jérôme _____.
   - ❑ rentre tout de suite à la maison
   - ❑ n'aille pas passer l'hiver dans les Alpes

3. Elle _____ la carrière de son fils.
   - ❑ s'intéresse à
   - ❑ ne s'inquiète pas de (*is unconcerned about*)

4. Elle préfère que Jérôme aille _____.
   - ❑ à la Guadeloupe
   - ❑ dans les îles de la Polynésie française

5. D'après Jérôme, il est probable qu'il _____.
   - ❑ reste en permanence à Chamonix
   - ❑ rentre bientôt à la Martinique

📼 Prononciation

Liaison. Here are some final tips on when and when not to use liaison.

Use liaison:
- with a modifier and a noun
- between a subject and a verb
- to link a preposition and its object
- to link an adverb with the word it modifies

Do *not* use liaison:
- with **h aspiré**
- after **et**
- to link a singular noun and its modifying adjective
- before **oui** and the numbers **huit** and **onze**

A. **Liaison.** Écoutez et répétez les expressions suivantes:

1. ses amis / cinq heures / de beaux yeux
2. vous aimez / ils écoutent
3. chez elle / sous un arbre / sans attendre / sans entendre
4. très intéressant / pas encore / bien entendu

B. **Sans liaison.** Écoutez et répétez les expressions suivantes:

1. en haut / C'est une honte! / des hors-d'œuvre
2. Paul et Anne
3. le syndicat américain
4. mais oui / les onze enfants / Il est huit heures.

LEÇON 3: STRUCTURES

The Subjunctive: Uses (continued)
Expressing Emotion

A. Comment réagir? Laurent est écologiste. Imaginez ses réactions devant les événements suivants. Créez des phrases en utilisant un infinitif si possible.

> MODÈLES: Laurent reçoit un prix de conservation. →
> Il est content de le recevoir.
>
> Le gouvernement construit de nouvelles autoroutes. →
> Laurent n'est pas heureux que le gouvernement construise de nouvelles autoroutes.

1. Les conservateurs sont au pouvoir.

2. La plupart des gens sont indifférents au problème de la pollution.

3. Laurent entre en communication avec des écologistes d'Amérique latine.

4. Il obtient la majorité des voix aux élections.

5. Les politiciens font un effort de coopération.

6. L'entretien (*maintenance*) et l'achat de deux ou trois voitures sont trop chers pour la majorité des familles.

✳**B. Solutions.** Comment vous et vos compatriotes américains réagissez vous face aux problèmes contemporains? Devriez-vous changer de mode de vie? Utilisez **il (ne) faut (pas) que** et un verbe au subjonctif pour exprimer vos idées.

> MODÈLE: la pollution de l'atmosphère →
> Il faut que nous conduisions moins et que nous prenions plus souvent l'autobus.

1. la pollution de l'eau

2. la disparition des forêts

3. la multiplication des produits chimiques

4. l'augmentation du bruit

5. la surpopulation _____

6. la distribution des biens _____

C. L'Europe nouvelle. Voici quelques commentaires sur l'Union Européenne. Écoutez chaque phrase et indiquez si la proposition (*clause*) subordonnée comporte un verbe au subjonctif. Mettez un cercle autour de **I** (indicatif) ou **S** (subjonctif).

Vous entendez: Je souhaite qu'on vive en paix.

Vous écrivez: I (S)

1. I S
2. I S
3. I S
4. I S
5. I S
6. I S
7. I S
8. I S
9. I S

D. Stéphane est désolé. Il a une bonne amie, Chantal, qui ne veut pas le voir. Écoutez la description de sa situation, puis arrêtez la bande et complétez par écrit les phrases suivantes en vous inspirant de l'histoire.

Verbes utiles: se connaître, être, pouvoir, venir, voir, vouloir

1. Stéphane regrette que Chantal ne _____ plus le voir.

2. Il est désolé que certains amis la _____ encore.

3. Il est furieux que Chantal ne _____ plus chez lui.

4. Il regrette qu'ils _____ si bien.

5. Il doute qu'ils _____ se réconcilier maintenant.

6. Il est content qu'Aïché _____ toujours une bonne amie.

Les réponses se trouvent en appendice.

The Subjunctive: Uses (continued)
Expressing Doubt and Uncertainty

A. Que pensez-vous de la politique aux États-Unis? Exprimez votre opinion en utilisant **j'espère que, il est clair que** ou **je doute que**.

MODÈLE: On choisit toujours les meilleurs candidats. →
Je doute qu'on choisisse toujours les meilleurs candidats.

Name _____ Date _____ Class _____

1. Les candidats sont honnêtes et raisonnables.
   _____

2. Il y a des candidats de toutes les classes sociales.
   _____

3. Les Américains peuvent exprimer leurs opinions librement.
   _____

4. L'argent joue un rôle important dans les élections.
   _____

5. L'économie américaine devient plus forte.
   _____

6. Les États-Unis doivent aider les pays en voie de développement.
   _____

B. Noam Chomsky. Dans *Le Figaro,* un reporter interviewe Noam Chomsky, professeur célèbre à MIT. C'est un linguiste connu aussi pour sa politique engagée. Lisez l'extrait et essayez de dégager les opinions de Chomsky. Ensuite, tournez la page. Commencez vos phrases avec une des expressions de la liste à la page suivante et un verbe au subjonctif.

Les vrais penseurs du XXe siècle

Mais pourquoi Chomsky est-il lui-même un intellectuel de gauche ?

– Je ne suis pas, me répond-il, *un intellectuel, mais un savant[a] et un homme ; c'est en tant qu'[b]homme et non en tant que linguiste que je prends des positions personnelles sur le Nicaragua ou la Palestine. Rien ne me choque plus,* ajoute Chomsky, *que ces intellectuels français qui jouent de[c] leur compétence dans un domaine scientifique pour prendre position sur des sujets qu'ils ignorent. Mes travaux sur la linguistique en eux-mêmes n'ont pas de conséquences idéologiques ; leur caractère est purement scientifique. Le seul but[d] de la linguistique est la connaissance de la nature humaine au même titre que l'archéologie, la biologie ou l'ethnologie. Au mieux, les linguistes se préoccupent de sauver des langues perdues ou en voie de disparition[e] et de préserver la variété de nos civilisations. Mais la linguistique ne permet pas de changer le monde.*

Là-dessus, Chomsky me met à la porte, dévale[f] les escaliers et court rejoindre ses étudiants à une manifestation contre l'impérialisme américain en Amérique latine.

J'en reste tout ébloui[g]: Chomsky, quel spectacle ! ∎

GUY SORMAN

a. scientifique
b. en tant... *as a*
c. jouent... *utilize*
d. *goal*
e. en voie... *disappearing*
f. *hurtles down*
g. *dazzled*

Expressions: Il est choqué que, Il est convaincu que, Il ne croit pas que, Il doute que, Il n'est pas heureux que, Il n'est pas sûr que

1. On le prend pour un intellectuel. _____

    _____

2. Les intellectuels français ont tendance à confondre (*to confuse*) la science et la politique.

    _____

3. Le rôle de la science est d'influencer la politique. _____

    _____

4. Les linguistes peuvent préserver des langues. _____

    _____

5. Les États-Unis ont le droit d'intervenir en Amérique latine. _____

    _____

6. La linguistique peut sauver le monde. _____

    _____

C. Exprimez vos doutes. Réagissez aux déclarations suivantes. Utilisez **je doute que, je ne suis pas sûr(e) que** ou **je ne suis pas certain(e) que.** Vous entendrez des réponses possibles.

Vous entendez: Le Mardi Gras a lieu (*takes place*) en décembre.
Vous dites: Je doute que le Mardi Gras ait lieu en décembre.

1. ... 2. ... 3. ... 4. ... 5. ...

D. Exprimez votre certitude! Écoutez les questions, et répondez avec certitude. Vous entendrez des réponses possibles.

Vous entendez: Penses-tu que Port-au-Prince soit à Haïti?
Vous dites: Oui, je suis sûr(e) que Port-au-Prince est à Haïti.

1. ... 2. ... 3. ... 4. ... 5. ...

LEÇON 4: PERSPECTIVES

Faire le bilan

A. Le subjonctif. Cochez (✓) les expressions qui exigent l'emploi du subjonctif.

1. ___ Je suis sûr(e) que…
2. ___ Ils voulaient que…
3. ___ Il n'est pas certain que…
4. ___ Ils craignent que…
5. ___ Vous souhaitez que…
6. ___ Il semble que…
7. ___ Elle voudrait que…
8. ___ Nous croyons que…
9. ___ Il se peut que…
10. ___ Il est dommage que…
11. ___ Je regrette que…
12. ___ Il vaut mieux que…
13. ___ Tu sais que…
14. ___ Avant de…
15. ___ Nous exigeons que…
16. ___ Pendant que…
17. ___ Nous devons…
18. ___ Ils trouveront que…
19. ___ Je doute que…
20. ___ Il sera préférable que…
21. ___ Parce que…
22. ___ Nous sommes heureuses que…
23. ___ On dit que…
24. ___ Il n'est pas sûr que…

✱ **B. Vos opinions politiques.** Faites précéder chaque phrase par une des expressions suivantes: **je doute que, j'ai peur que, je suis sûr(e) que.** Puis expliquez vos réponses. Attention au mode du deuxième verbe.

MODÈLE: Le racisme est le problème le plus grave aux États-Unis en ce moment. →
Je suis sûr(e) que le racisme est (Je doute, J'ai peur que le racisme soit) le problème le plus grave aux États-Unis en ce moment parce que…

1. Les personnes âgées sont plutôt conservatrices. _____

2. Nous avons besoin de changer complètement le système politique aux États-Unis. _____

3. En général, la démocratie est la meilleure forme de gouvernement. _____

4. Le gouvernement américain est trop centralisé et a trop de pouvoir. _____

5. Le gouvernement américain perd de son influence politique dans le monde. _____

6. L'avortement (*abortion*) devrait être un choix personnel. _____

✴ **C. La litanie éternelle.** Sur une autre feuille, faites une liste des conseils que vous entendez le plus souvent, de vos parents, de vos professeurs, de vos copains.

MODÈLES: Mes parents: Nous voulons que tu économises ton argent.
Le prof: Il faut que vous terminiez votre travail avant la fin de la semaine.
Ma copine: Je préfère que tu ne prennes pas ma moto ce week-end.

Dites quels conseils vous appréciez et ceux que vous n'appréciez pas du tout. Commentez.

D. Comment devenir pilote. Monique a lu cet article dans *Femme Actuelle* et aimerait apprendre à piloter un avion. Aidez-la à compléter la liste des conditions requises (*requirements*). (Vous n'avez pas besoin de tout comprendre pour compléter les phrases suivantes.)

L'EXPERT REPOND
Apprendre à piloter un avion dès quinze ans

S'initier au vol est possible dès l'âge de quinze ans. A condition de s'inscrire dans un aéroclub, de suivre une formation appropriée et de ne pas avoir le mal de l'air !

Comment procéder pour passer son brevet de base ?

Pour se présenter au brevet de pilote, il faut être âgé de quinze ans, satisfaire à un examen médical auprès d'un médecin agréé[a] et suivre une formation[b] dans un aéroclub affilié à la Fédération nationale aéronautique. Le candidat doit cumuler au moins six heures de formation en vol en double commande (en général dix à quinze heures sont nécessaires), ainsi qu'[c]une instruction théorique au sol. En effet, il est indispensable de bien connaître la réglementation, la navigation, la mécanique de vol, et posséder des notions de technique radio.

DES BOURSES[d]

Des bourses peuvent être accordées par l'Etat aux apprentis-pilotes. Il suffit[e] d'être âgé de moins de vingt cinq ans, être titulaire[f] d'une licence fédérale et avoir cinq heures de vol minimum au moment de la demande. Celle-ci[g] doit être déposée[h] auprès de l'aéroclub qui transmet ensuite à la fédération.

a. *qualified*
b. *course of training*
c. *as well as*
d. *scholarships*
e. *is enough*
f. *holder*
g. *the latter*
h. *filed*

1. Pour te présenter au brevet de pilote, il faut…

   que tu _____

   que tu _____

   que tu _____

2. Tu auras besoin de voler en double commande pour un minimum de _____ heures.

3. Il est aussi indispensable que tu _____

   et que tu _____ utiliser la radio.

4. Si tu veux demander une bourse, il est nécessaire…

   que tu _____

   que tu _____

   que tu _____

À l'écoute!

Espoirs (*Hopes*). Piera et Jean-Paul parlent de l'avenir. Quels sont leurs espoirs? Leurs inquiétudes (*worries*)? Écoutez leur conversation, puis créez des phrases complètes avec les éléments des deux colonnes.

1. ___ «Je suis si contente que (qu')
2. ___ «Je suis furieux que (qu')
3. ___ «Je reconnais comme toi que (qu')
4. ___ «Il est indispensable que (qu')
5. ___ «Crois-tu que (qu')
6. ___ «Je ne crois pas que (qu')

a. l'on doive manifester pour exprimer une opinion?»
b. hommes et femmes s'engagent ensemble.»
c. ce soit la meilleure solution.»
d. tu me le dises!»
e. il est nécessaire que les sans-abris soient logés.»
f. les budgets militaires augmentent.»

Par écrit

Function: Writing to persuade

Audience: Readers of an editorial page

Goal: Write your own opinion, in the form of an op-ed piece, on one of the topics discussed in this chapter or on a recent, controversial event. Persuade your readers to accept your point of view.

Steps

1. Choose a topic that interests you, and take five minutes to jot down the most important points that come to mind.

2. Prepare your rough draft following this outline:

   - Describe the issue briefly.
   - Justify your views.
   - Present your arguments against two or three opposing opinions.
   - If appropriate, present several possible solutions to the problem.
   - Write a general conclusion.

3. Refine the rough draft. You may want to use some of these expressions: **Il faut se rappeler que, Il ne faut pas oublier que, À mon avis, de plus, en premier (second, troisième), d'autre part** (*on the other hand*), **Il en résulte que** (*As a result*).

4. Have a classmate read your rough draft for clarity and interest.

5. Write a second draft, taking into account your classmate's most germane suggestions.

6. Check the second draft for spelling, punctuation, and grammar, particularly your use of the subjunctive mood.

Journal intime

Regardez les premières pages de votre journal intime. Qu'est-ce que vous avez appris pendant ce cours de français? Avez-vous intention de continuer vos études de la langue française? Pourquoi ou pourquoi pas?

> MODÈLE: J'ai appris beaucoup de choses! Avant tout, l'importance de la langue française dans la communauté mondiale. Maintenant j'aimerais voyager pas seulement en France, mais aussi en Afrique, au Canada…

> Au revoir et bonne chance!

Appendice: Réponses aux exercices

CHAPITRE 1

LEÇON 1

Bienvenus! 1. c 2. d 3. b 4. a **Le monde francophone** **A.** 1. le Québec 2. la Martinique 3. la France 4. la Belgique 5. la Suisse 6. le Sénégal 7. la Côte-d'Ivoire 8. la Réunion **B.** 1. e 2. f 3. a 4. g 5. c 6. h 7. b 8. d

LEÇON 2

Les bonnes manières **A.** 1. Madame 2. Comment allez-vous? 3. merci 4. (*Answers may vary.*) Pas mal, merci. 5. À 6. Au revoir **B.** 1. Oh, pardon! Excusez-moi. 2. J'ai une question. 3. Comment vous appelez-vous? 4. Salut, ça va? 5. Bonjour, monsieur. 6. Je m'appelle… 7. Bonsoir! À bientôt! 8. De rien **Les nombres de 0 à 60** **A.** 1. Trois plus huit font onze. 2. Deux fois neuf font dix-huit. 3. Dix plus onze font vingt et un. 4. Seize plus dix-neuf font trente-cinq. 5. Cinquante-deux moins quarante font douze. 6. Soixante divisé par quatre font quinze. **C.** 1. 12 2. 47 3. 52 4. 6 5. 35 6. 13 **La communication en classe** 1. Comment dit-on «Dear Mark» en français? 2. À bas les examens! 3. Non, ce n'est pas juste, ça. 4. Je ne comprends pas. 5. J'ai une question à poser. 6. Écoutez et répétez.

CORRESPONDANCE

Carte postale 1. Salut 2. va 3. peut 4. Merci 5. dix-sept 6. revoir **Flash-culture** 1. F 2. V 3. F 4. F 5. V 6. V

LEÇON 3

Dans la salle de classe **A.** 1. neuf stylos 2. quatre étudiantes 3. deux chaises 4. cinq professeurs 5. un bureau 6. dix fenêtres 7. une table 8. un tableau 9. sept crayons **Quel jour sommes-nous?** **A.** 1. Le vingt et un décembre, c'est un dimanche. 2. Le onze décembre, c'est un jeudi. 3. Le huit décembre, c'est un lundi. 4. Le vingt-quatre décembre, c'est un mercredi. 5. Le deux décembre, c'est un mardi. 6. Le six décembre, c'est un samedi. 7. Le dix-neuf décembre, c'est un vendredi. **B.** 1. samedi, le treize décembre 2. lundi, le premier décembre 3. jeudi, le quatre décembre 4. dimanche, le vingt-huit décembre 5. mardi, le trente décembre 6. mardi, le vingt-trois décembre 7. mercredi, le dix-sept décembre **Quel temps fait-il? Les saisons et le temps** 1. Il fait chaud. Il fait du soleil. 2. Il neige. Il fait froid. 3. Il fait du vent. Il fait beau. 4. Il fait frais. Le temps est nuageux.

CHAPITRE 2

LEÇON 1: PAROLES

Les lieux **A.** 1. Dans la cité-U. 2. Dans l'amphithéâtre. 3. Dans le restau-U. 4. Dans la bibliothèque. **Les matières** **A.** 1. les mathématiques 2. la biologie 3. l'histoire 4. les langues étrangères 5. la littérature

B.

UNIVERSITÉ DE CAEN

Nom: *Jeannette Rivard*

	lundi	mardi	mercredi	jeudi	vendredi
8 h.	*histoire chinoise*		*histoire chinoise*		*histoire chinoise*
9 h.		*maths*		*maths*	
10 h.	*économie politique*	→	→	→	→
11 h.	*japonais*	*japonais*	*labs*	*japonais*	*labs*
12 h.					
13 h.					

Les pays et les nationalités **A.** 1. mexicain 2. japonais 3. russe 4. allemand (*ou* québécois) 5. zaïrois 6. suisse 7. espagnol (*ou* québécois)

LEÇON 2: STRUCTURES

Articles and Nouns **Identifying People and Things** **A.** 1. …le ski. 2. …la télévision. 3. …le base-ball. 4. …le lundi. 5. …le français. 6. …l'histoire. 7. …le cinéma. 8. …le café. **B.** 1. un 2. un 3. une 4. un 5. une 6. une 7. une 8. un 9. une 10. une 11. une 12. un **C. I.** 1. une 2. une 3. le 4. la 5. la 6. un 7. la 8. un 9. un 10. le 11. un 12. l' **II.** 1. La 2. l' 3. une 4. la 5. une 6. le **Plural Articles and Nouns** **Expressing Quantity** **A.** (*Answers may vary.*) 1. Dans les bureaux il y a des tables. 2. Dans les amphithéâtres il y a des étudiants. 3. Dans les universités il y a des professeurs. 4. Dans les hôpitaux il y a des docteurs. 5. Dans les cinémas il y a des films. 6. Dans les bibliothèques il y a des livres. 7. Dans les librairies il y a des livres. **B.** 1. la 2. des 3. un 4. Le 5. la 6. un 7. la 8. Les 9. un 10. le 11. des 12. une 13. L'

CORRESPONDANCE

Carte postale 1. temps 2. froid 3. américaine 4. la 5. les 6. examens 7. le 8. droit **Flash-culture** 1. étudiants 2. librairies, bibliothèques, universités 3. restaurants 4. Québécois, français 5. Nouvelle-France 6. français

LEÇON 3: STRUCTURES

Subject Pronouns and -er Verbs **Expressing Actions** **A.** 1. parle 2. regardent 3. mangent 4. cherchent 5. écoute 6. rêve 7. téléphone 8. travaille **B.** 1. visitent 2. écoutent 3. parlent 4. skient 5. dansent 6. travaillons 7. aimons mieux 8. écoutons 9. dansons 10. trouvons 11. écoute 12. rêve 13. regarde 14. déteste 15. aime mieux **C.** 1. Je déteste…

2. J'écoute souvent… 3. Je regarde de temps en temps… 4. Je mange toujours… 5. J'habite… 6. J'étudie quelquefois… **E.** 1. je regarde 2. on parle 3. j'étudie 4. nous écoutons 5. donner **Negation Using *ne… pas*** **Expressing Disagreement** **A.** 1. Les éléphants ne parlent pas français. 2. On ne danse pas à la bibliothèque. 3. On n'étudie pas à la librairie. 4. Les étudiants n'adorent pas les examens. 5. Nous n'écoutons pas la radio en classe.

LEÇON 4: PERSPECTIVES

Faire le bilan **A.** 1. villes 2. lieux 3. hommes 4. femmes 5. sports 6. amis **B.** 1. huit, salle 2. un, histoire 3. étudiant, l'histoire 4. cherche 5. rêvent 6. La, une 7. donne 8. regardent (écoutent)

CHAPITRE 3

LEÇON 1: PAROLES

Quatre personnalités différentes **A.** (*Answers may vary.*) 1. excentrique 2. timide 3. dynamique 4. calme 5. drôle 6. timide 7. idéaliste 8. hypocrite 9. individualiste 10. sérieux **Les vêtements** **C.** Suzanne is wearing a windbreaker, jeans, boots, and a nice hat; she is carrying a backpack. Jean-Paul is wearing shorts, a T-shirt, sneakers, and white socks. He is carrying a tennis racket. **Christine, Michel et la voiture** **A.** 1. sur 2. dans 3. devant 4. à côté de, sur 5. derrière 6. sous **B.** 1. Le livre est sur le bureau. 2. La question est sous la réponse. 3. Le professeur est derrière la table. 4. Thierry est à côté de la porte. 5. Paul est devant la table.

LEÇON 2: STRUCTURES

The Verb *être* **Identifying People and Things** **A.** 1. sont 2. es 3. suis 4. sommes 5. êtes 6. est **B.** 1. suis 2. est 3. suis 4. est 5. sont 6. sommes **C.** 1. Il est 2. Il est 3. C'est 4. Il est 5. Il est 6. Elle est 7. Elle est 8. elle est 9. C'est 10. Fatima 11. Moussa 12. Fatima 13. Fatima **Descriptive Adjectives** **Describing People and Things** **A.** 1. française 2. américaine 3. anglais 4. marocaines 5. français 6. sénégalaise **B.** 1. Evelyne, aussi, elle est gentille. 2. Paul et Guillaume, aussi, ils sont fiers. 3. Abena, aussi, elle est belle. 4. Charles, aussi, il est naïf. 5. Ma chatte Béatrice, aussi, elle est paresseuse. 6. Catherine et Alma, aussi, elles sont intellectuelles. **C.** Simone n'hésite pas. C'est une étudiante courageuse et ambitieuse. Grâce à une bourse généreuse, elle quitte la France mardi pour aller étudier à New York. Simon est travailleuse et aventureuse. C'est une jeune femme sérieuse qui va profiter réellement de cette experience. **D.** 1. vert 2. gris 3. orange 4. violet 5. brun 6. rouge **E.** 1. rouge, blanc et bleu 2. jaune 3. noir 4. verte

CORRESPONDANCE

Carte postale 1. adore 2. est 3. dynamique 4. rêve 5. jean 6. sac à dos 7. par terre 8. C'est **Flash-culture** 1. c 2. e 3. a 4. f 5. d 6. b

LEÇON 3: STRUCTURES

Yes/No **Questions** **Getting Information** **A.** 1. Est-ce que tu es français? 2. Est-ce que tu parles anglais? 3. Est-ce que tu aimes les États-Unis? 4. Aimes-tu le jazz? 5. Suis-tu ordonné? 6. Études-tu aussi les maths? **B.** 1. Est-elle française? 2. Est-ce une amie de Mlle Duval? 3. Travaille-t-elle à la bibliothèque? 4. Aime-t-elle beaucoup le football américain? 5. Est-il français? 6. Parle-t-il très bien français? 7. Visitent-ils souvent la France? **C.** 1. Salima est-elle en boîte? 2. Claire et Simone sont-elles à la librairie? 3. M. Martin est-il avec Mlle Dupont? 4. Naima est-elle au restau-U? 5. Philippe et Madeleine sont-ils à la cité-U? 6. Henri est-il au café?

The Prepositions *à* and *de*   Mentioning a Specific Place or Person   A. 1. de   2. du   3. de la   4. de l'   5. des   6. de l'   **B.** 1. Les jeunes filles arrivent à la / arrivent de la bibliothèque.   2. La femme parle du / parle au monsieur.   3. Claire joue au basket-ball / du piano.

LEÇON 4: PERSPECTIVES

Faire le bilan   B. 1. Les amis de M. Baladur rêvent-ils de voyager? Est-ce que les amis de M. Baladur rêvent de voyager?   2. M. Baladur travaille-t-il beaucoup? Est-ce que M. Baladur travaille beaucoup?   3. Les employés de M. Balardur détestent-ils Paris? Est-ce que les employés de M. Baladur détestent Paris?   4. Mme Baladur aime-t-elle danser? Est-ce que Mme Baladur aime danser?   5. Les secrétaires de M. Baladur cherchent-elles un autre travail? Est-ce que les secrétaires de M. Baladur cherchent un autre travail?

CHAPITRE 4

LEÇON 1: PAROLES

Deux chambres d'étudiants   A. 1. dans   2. à côté des   3. sur   4. le mur   5. l'armoire   6. la commode   7. fenêtre   8. le mur   9. de la platine laser   10. le bureau   **D.** A bookshelf with books is near the sink. A lamp is on the dresser. A desk is near the window. There are flowers on the desk. A rug is on the floor. There are two posters on the wall.   **Les amis d'Agnès et de Céline   A.** 1. c   2. a   3. b   4. d   5. e   **Quelle est la date d'aujourd'hui?   A.** 1. Le vingt-cinq décembre, Noël   2. le quatre juillet, la fête de l'indépendance   3. le premier janvier, le Nouvel An   4. le quatorze février, la Saint-Valentin   5. le cinq séptembre, la fête du travail   6. le vingt février, l'anniversaire de George Washington   7. le onze novembre, l'Armistice

LEÇON 2: STRUCTURES

Verbs Ending in *-ir*   Expressing Actions

A.

	AGIR	RÉUSSIR
les femmes	agissent	réussissent
je	agis	réussis
Jean et moi	agissons	réussissons
tu	agis	réussis
vous	agissez	réussissez
une personne travailleuse	agit	réussit

B. 1. réfléchissent   2. agis   3. choisis   4. finis   5. réfléchissons   6. choisissons   7. choisit   8. finissons   **C.** 1. cherchons   2. réfléchissons   3. agit   4. aimons   5. finir   6. réussit   7. choisissons   **The Verb *avoir*   Expressing Possession and Sensations   A.** 1. est   2. a   3. a   4. est   5. a   6. est   7. est   8. a   9. a   10. a   11. a   12. est   **B.** 1. e   2. c   3. a   4. b   5. g   6. f   7. i   8. d   9. h   **C.** 1. ai tort   2. avons de la chance   3. a trois ans   4. a peur du   5. a rendez-vous

CORRESPONDANCE

Carte postale 1. Chère   2. besoin   3. commode   4. étagère   5. réfléchis   6. réussis   7. sympa   8. ai   **Flash-culture**   1. Montréal   2. Paris   3. Paris   4. Montréal   5. Montréal   6. Paris

LEÇON 3: STRUCTURES

Indefinite Articles in Negative Sentences   Expressing the Absence of Something   A. (*Answers may vary.*)   1. Joël n'a pas de pantalon.   2. Luc n'a pas de chemise.   3. Yves n'a pas de chaussures.   4. Chantal n'a pas de robe.   5. Fatima n'a pas de bureau.   **Interrogative Expressions   Getting Information   A.**   1. D'où   2. Avec qui   3. Qu'est-ce que   4. Pourquoi   5. Combien de   6. Comment

LEÇON 4: PERSPECTIVES

Faire le bilan

B.

	LOUER	CHOISIR
je	loue	choisis
mes amis	louent	choisissent
Laure	loue	choisit
tu	loues	choisis
vous	louez	choisissez
Khaled et moi	louons	choisissons

	ÊTRE	AVOIR
tu	es	as
Jacqueline	est	a
les étudiants	sont	ont
je (j')	suis	ai
Michaël et moi	sommes	avons
vous	êtes	avez

E. (*Answers may vary.*)   1. Quand skies-tu?   2. Comment est Paul?   3. Qui étudie aussi le français?   4. Combien d'étudiants y a-t-il dans le cours?   5. Pourquoi Anne ne parle-t-elle pas?   6. Quand finissons-nous le livre?   7. Loues-tu une chambre a la cité-U?   8. Qu'est-ce que tu portes demain?

Appendice: Réponses aux exercices

CHAPITRE 5

LEÇON 1: PAROLES

Trois générations d'une famille **A.** 1. le fils 2. la femme 3. la petite-fille 4. la sœur 5. la tante 6. le mari 7. le neveu 8. le père **B.** 1. grand-père 2. petit-fils 3. mère 4. cousin 5. cousine 6. frère 7. fils 8. tante
D.

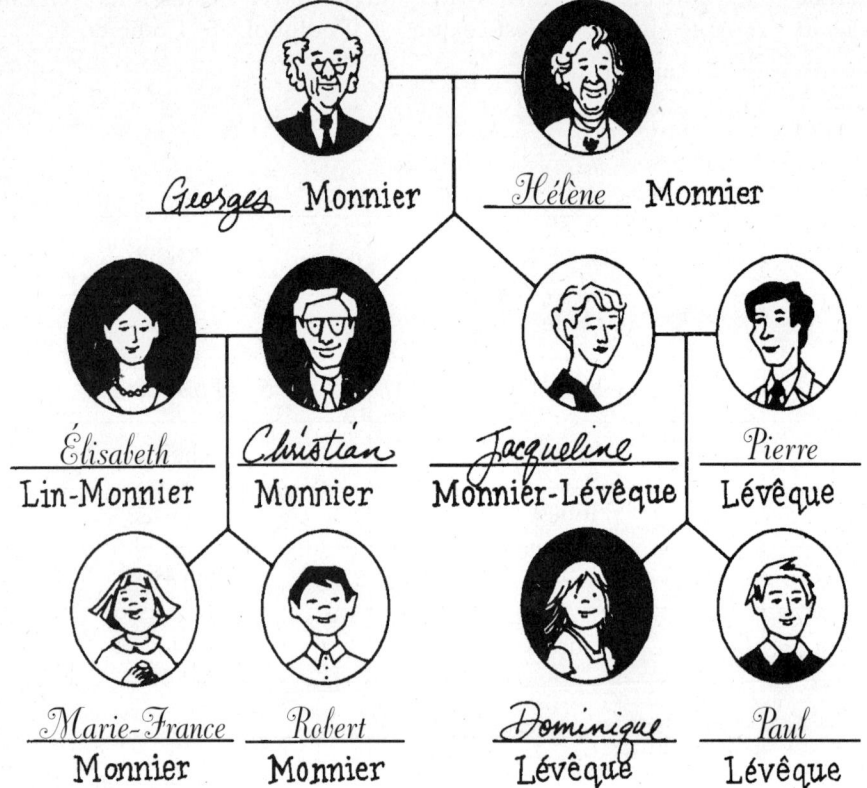

La maison des Chabrier **A.** 1. la salle de bains 2. la cuisine 3. la chambre 4. la salle de séjour 5. le jardin

LEÇON 2: STRUCTURES

Possessive Adjectives Expressing Possession **A.** 1. C'est leur 2. C'est son 3. Ce sont ses 4. Ce sont leurs 5. C'est son 6. Ce sont leurs 7. C'est leur 8. Ce sont ses 9. C'est son 10. C'est leur **B.** 1. Ta 2. sa 3. Ma 4. ta 5. notre 6. notre 7. La fille est sportive. 8. La fille a cassé la fenêtre. **The Verb** *aller* **Talking About Your Plans and Destinations** **A.** (*Answers may vary.*) 1. Quand les jeunes ont envie de danser, ils vont en boîte. 2. Quand les étudiants ont envie d'étudier, ils vont en bibliothèque. 3. Quand nous avons besoin de stylos, nous allons à la librairie. 4. Quand on a faim, on va au restaurant. 5. Quand tu as envie de regarder la télé, tu vas à la salle de récréation. 6. Quand j'ai envie de m'amuser, je vais au cinéma.

CORRESPONDANCE

Carte postale 1. sœur 2. allons 3. ses 4. Mon 5. célibataire 6. à côté de 7. vas 8. ton
Flash-culture 1. c 2. a 3. a 4. b 5. a 6. b

LEÇON 3: STRUCTURES

The Verb *faire* Expressing What You Are Doing or Making **A.** 1. fais 2. font 3. fait 4. faisons 5. faisons 6. faire 7. faire 8. fait 9. fait 10. font 11. Oui, elle est contente de ses vacances. 12. Paul et Anne sont sociables. **B.** 1. fait la connaissance de M. Henri. 2. fait le marché. 3. fait un voyage. 4. fait ses devoirs. 5. fait la cuisine. 6. fait la vaisselle.

Verbs Ending in *-re* Expressing Actions

A.

	PERDRE	RENDRE	ATTENDRE	VENDRE
mon neveu	perd	rend	attend	vend
mes cousines	perdent	rendent	attendent	vendent
je	perds	rends	attends	vends
nous	perdons	rendons	attendons	vendons

B. 1. attendent 2. rend 3. entendent 4. descendent 5. attendre (perdre) 6. répond 7. rendent
E. 1. Il entend 2. il répond 3. Elle vend 4. Il descend 5. Il rend visite 6. ils ne perdent pas

LEÇON 4: PERSPECTIVES

Faire le bilan **A.** a. Arthur b. Catherine Morin c. Rémi d. Marie-France e. Geoffroy f. Mathilde g. Marie-Christine **B.** 1. Quand nous faisons les devoirs, nous sommes… 2. Quand je fais des courses, je suis… 3. Quand je fais la connaissance d'un professeur, je suis… 4. Quand mon père (ma mère) fait la cuisine, il / elle est… 5. Quand mes amis font une promenade, ils sont… **D.** 1. Son nom de famille est Francis. 2. Sa famille habite en Guyane, en Amérique du Sud. 3. Il y a six personnes dans sa famille. 4. Elle est en France pour finir ses études. 5. Il propose à Mauricia d'être mannequin.

CHAPITRE 6

LEÇON 1: PAROLES

Les repas de la journée **A.** 1. une pomme, une banane, une poire, une fraise 2. le lait, la bière, le vin, le thé, le café 3. des haricots verts, des pommes de terre 4. une cuillère, un couteau, une fourchette 5. le porc, le poulet, le bifteck, le jambon 6. une mousse, un gâteau, une tarte **À table** **A.** 1. je n'ai pas de fourchette. 2. je n'ai pas d'assiette. 3. je n'ai pas de verre (de couteau). 4. je n'ai pas de cuillère.

LEÇON 2: STRUCTURES

Verbs Ending in *-re*: *prendre* and *boire* Talking About Food and Drink

A.

	PRENDRE	BOIRE
mes amis	prennent	boivent
je	prends	bois
vous	prenez	buvez
Jean et moi	prenons	buvons
mon père	prend	boit

Appendice: Réponses aux exercices

B. 1. prenons un verre. 2. prennent le petit déjeuner. 3. prennent l'avion. 4. prends l'autobus. 5. prend ma valise! **C.** 1. apprend 2. apprendre 3. prend 4. prend 5. apprend 6. boivent 7. comprend 8. comprennent 9. boit 10. buvons **D.** 1. En été, je bois… 2. Au pétit déjeuner, nous buvons… 3. Le premier janvier, quelques personnes boivent… 4. En hiver, les enfants boivent… 5. À Thanksgiving, ma famille boit… **Partitive Articles   Expressing Quantity**
A. 1. a. Du b. le c. le d. le 2. a. Du b. du c. du d. le e. le 3. a. du b. le c. des d. du **B.** 1. beaucoup de 2. peu de 3. beaucoup d' 4. trop de 5. assez de 6. beaucoup de **C.** 1. des pommes de terre, du poivron et des haricots verts. On n'utilise pas d'œufs. 2. un croissant, du jambon et du fromage. On ne prend pas de poires. 3. des œufs, du fromage et des oignons. On ne prend pas de fraises. 4. du beurre, du sucre et des œufs. On n'utilise pas de légumes.

CORRESPONDANCE

Carte postale 1. dîne 2. viande 3. de 4. déjeuner 5. du 6. prend 7. boit 8. comprends 9. boire **Flash-culture** 1. le Maghreb 2. la France 3. la France 4. le Maghreb 5. le Maghreb 6. la France

LEÇON 3: STRUCTURES

The Imperative   Giving Commands **A.** (*Answers may vary.*) 1. Jouons au tennis! 2. Faisons une promenade! 3. Achetons la voiture! 4. Allons voir un film! **B.** (*Answers may vary.*) 1. Ne dînons pas à la cafétéria! Choisissons un restaurant français! N'allons pas à McDonald's! 2. N'achete pas une Honda. Choisis une Volkswagen décapotable! Ne prends pas le bus! Demande de l'argent à tes parents! 3. Changez de logement! Ne choisissez pas un tapis rouge! Utilisez beaucoup de blanc! Soyez sympathiques! **Time of Day   Telling Time** **A.** (*Answers may vary.*) 1. Il est neuf heures cinq. Mme Roget écrit une lettre. 2. Il est huit heures moins dix. Geneviève écoute la radio. 3. Il est une heure et quart. Pierre joue du violon. 4. Il est huit heures moins cinq. M. Falot et M. Termin bavardent. 5. Il est huit heures et demie. Les Dubin regardent la télé. 6. Il est onze heures moins le quart. Les copains jouent au foot. **B.** The clocks should show the following times: 1. 7:25 2. 12:50 3. 3:25 4. 4:00 5. 8:15 6. 9:05

LEÇON 4: PERSPECTIVES

Faire le bilan Fatima: Qu'est-ce que vous prenez au dîner? Joël: On prend du jambon et de la salade. Fatima: Mangez-vous assez de fruits? Joël: Oui, nous mangeons souvent des poires et des pommes. Fatima: Prends-tu beaucoup de vin? Joël: Non, je ne prends plus de vin. Fatima: Mes amis boivent de l'eau minérale. Joël: Qui paie le repas? Fatima: Hélas, souvent c'est moi. **B.** du pain, des œufs, du lait, du sucre, du beurre, de la confiture **C.** (*Answers may vary.*) 1. À dix heures moins le quart… 2. À onze heures quarante… 3. À quatorze heures et demie… 4. À dix-sept heures… 5. À vingt heures et quart… 6. À vingt-trois heures cinquante… **À l'écoute!** 1. jambon 2. fenêtre 3. matin 4. commande 5. pomme 6. verre 7. passe 8. couteau 9. apprendre 10. quarante-cinq 11. comprend 12. buvons

CHAPITRE 7

LEÇON 1: PAROLES

Les magasins d'alimentation **A.** 1. à l'épicerie 2. à la boulangerie 3. à la boucherie 4. à l'épicerie 5. à la poissonnerie 6. à la charcuterie **B.** 1. la boulangerie 2. la pâtisserie 3. le fromage 4. les légumes 5. la boisson 6. la boisson 7. la soif 8. la cuillère

Chez l'Hippo Futé   A.

Entrées	*Plats garnis*	*Fromages*
pâté de campagne	poulet à la crème	camembert
sardines à l'huile	rôti de porc	brie
	sole meunière	roquefort
Desserts	steak-frites	
	bœuf en daube	*Boissons*
mousse au chocolat		vin rouge
crêpes Suzette		vin rosé
tarte aux fraises		vin blanc
crème caramel		eau minérale
glace maison		

Encore des nombres   A. 1. seize francs cinquante   2. deux francs soixante-dix   3. deux francs soixante-dix   4. trente francs   5. six francs trente   **B.** (*Some answers may vary.*)   1. trente et un   2. soixante-dix   3. seize   4. trente-cinq   5. quatre-vingt-dix-huit virgule six   6. soixante-dix-neuf   7. cent quatre-vingts   8. cinquante   9. quatre-vingt-onze   **C.** A. 39, 44, 91, 17   B. 56, 68, 99, 94   C. 78, 11, 81, 72   D. 70, 88, 77, 66

LEÇON 2: STRUCTURES

Demonstrative Adjectives   Pointing Out People and Things   A. 1. ces   2. ce   3. cette   4. cet   5. ce   6. ces   7. ce   8. ces   9. ce   10. cette   **B.** 1. ce quartier   2. cette rue-ci   3. cet immeuble-là   4. cette vue magnifique   5. ce joli petit balcon   6. Ces pièces   7. Cette petite cuisine   8. ces fenêtres   9. cet appartement

The Verbs *vouloir*, *pouvoir*, and *devoir*   Expressing Desire, Ability and Obligation

A.

SUJETS	VERBES		
je	dois	veux	peux
nous	*devons*	voulons	pouvons
il/elle	doit	*veut*	peut
vous	devez	*voulez*	*pouvez*
mes cousins	doivent	veulent	peuvent

B. 1. doit, veut   2. devons, voulons   3. veulent, doivent   4. dois, veux   5. devons, voulons   6. doivent, veulent   7. doit, veut   **C.** 1. ne peut pas manger de pain.   2. ne pouvons pas faire du jogging.   3. ne peut pas faire du ski.   4. ne peux pas inviter un ami (une amie) au restaurant.   5. ne peuvent pas boire du café.   6. ne pouvez pas prendre de dessert.

CORRESPONDANCE

Carte postale 1. cette 2. produits 3. café 4. hors-d'œuvre 5. goûter 6. magasin 7. pouvons 8. veux 9. commander 10. va **Flash-culture** 1. b 2. a 3. c 4. c 5. a 6. a

LEÇON 3: STRUCTURES

The Interrogative Adjective *quel* **Asking About Choices** **A.** 1. Quels légumes 2. Quelle viande 3. Quel dessert 4. Quel fromage 5. quelle boisson 6. Quel repas **B.** 1. Quelles sont tes chansons préférées? 2. Quel est ton cours favori? 3. Quels sont tes disques préférés? 4. Quels sont tes films favoris? 5. Quel est ton livre favori? 6. Quel est ton repas préféré? **C.** 1. quel 2. quelle 3. quels 4. quels 5. quelles 6. quelle **The Placement of Adjectives** **Describing People and Things** **A.** 1. un vieux restaurant célèbre 2. un jeune chef parisien 3. jolies pâtisseries imaginatives 4. une grande école prestigieuse 5. notre petit village 6. un vieux nom respecté

LEÇON 4: PERSPECTIVES

Faire le bilan **A.** 1. Cette voiture-ci, cette voiture-là 2. Ces tableaux-ci, ces tableaux-là 3. Cet hôtel-ci, cet hôtel-là **B.** 1. 55 2. 52 3. 46 4. 38 5. 60 6. 55 7. 55 8. 40 **C.** (*Answers may vary.*) 1. une plante verte 2. une voiture élégante 3. un vieux jean 4. des chaussures confortables 5. des prix raisonnables 6. de jolis vêtements 7. un artiste excentrique 8. un médecin arrogant 9. une grand-mère sympathique 10. un ordinateur moderne

CHAPITRE 8

LEÇON 1: PAROLES

Les vacances en France **A.** (*Answers may vary.*) 1. le ski de piste, le ski de fond, le patin à glace 2. nager, la planche à voile, faire de la bicyclette, camper, pêcher 3. la voile, la planche à voile, nager, bronzer, la plongée sous-marine 4. la bicyclette, le football, le basket 5. une randonnée, nager, le jogging 6. l'alpinisme, la randonnée, le ski **B.** (*Answers may vary.*) 1. faire du camping 2. prendre des vacances 3. faire de l'alpinisme, de la bicyclette ou une randonnée 4. faire de la plongée sous-marine ou nager 5. faire de la planche à voile 6. faire du ski 7. faire une randonnée 8. aller à la pêche

Au magasin de sports

A.

```
L A I S K S D E P L A I N B R E
I K S E D S E T T E N U L F R E
S E R V I E T T E D E P L A G E
O U P R I T E N T E D O N N E R
S E R A N O R A B L E P A I N S
O M A I L L O T D E B A I N S I
I M P R A N O R A K M A I L O T
O O L M A R I O E V E L M O N I
L E U S L K A T H A L B O G R E
L E I L I E E M P R U N T E R E
D R E G A H C U O C E D C A S F
```

Des années importantes **A.** 1. dix-neuf cent dix-huit   2. dix-sept cent quatre-vingt-neuf   3. douze cent cinquante-sept   4. dix-huit cent trois   5. dix-huit cent soixante et un   6. quatorze cent trente-six   **B.** 1. 1120   2. 1096   3. 1431   4. 1756   5. 1793   6. 1814

LEÇON 2: STRUCTURES

Dormir and Similar Verbs; *venir*   Expressing Actions

A.

	MES COPAINS	TU	NOUS	MOROWA
sortir	sortent	sors	sortons	sort
venir	viennent	viens	venons	vient
sentir	sentent	sens	sentons	sent
dormir	dorment	dors	dormons	dort
servir	servent	sers	servons	sert

B. 1. dort   2. sortir   3. sert   4. sent / Line préfère manger.   5. dormons   6. sert   7. sentons   8. part / Elles doivent quitter leur chambre à sept heures et demie.   **C.** 1. Je viens de dîner.   2. Je viens de faire de l'aérobic.   3. Elles viennent d'habiter le Mexique.   4. Il vient de vendre sa société à une multinationale.   5. (*Answers may vary.*)   **E.** 1. partent   2. partent   3. dorment   4. dormir   5. sort   6. dort   7. sent   8. sert

The *passé composé* with *avoir*   Talking About the Past

	TRAVAILLER	RÉUSSIR	VENDRE
j'	ai travaillé	ai réussi	ai vendu
on	a travaillé	a réussi	a vendu
les copains	ont travaillé	ont réussi	ont vendu
vous	avez travaillé	avez réussi	avez vendu
nous	avons travaillé	avons réussi	avons vendu
tu	as travaillé	as réussi	as vendu

B. 1. agi   2. tenu   3. perdu   4. voulu   5. dormi   6. reçu   7. eu   8. dû   9. obtenu   10. bu   11. plu   12. pu   **C.** 1. avons passé   2. a choisi   3. ont trouvé   4. ont loué   5. ai décidé   6. a pris   7. a appris   8. avons rendu   9. ont été   10. As-tu vu   **D.** (*Answers may vary.*) 1. J'ai dormi dix heures par nuit.   2. Je n'ai pas bu de champagne.   3. Je n'ai pas pris d'aspirine.   4. J'ai eu peur.   5. J'ai porté un maillot de bain.   6. J'ai reçu une lettre.   7. J'ai regardé la télévision.   8. Je n'ai pas accepté d'invitation.   **F.** 1. J'ai trouvé   2. on a fait   3. nous avons commencé   4. il a invité   5. on n'a pas eu   6. nous avons réussi   7. ont fait

CORRESPONDANCE

Carte postale 1. pars   2. visité   3. vient de   4. dormir   5. grand   6. cheval   7. obtenu   8. faire   9. tente   10. viens   11. Ton   12. bien   **Flash-culture** 1. d   2. f   3. b   4. e   5. a   6. c

LEÇON 3: STRUCTURES

Depuis, pendant, il y a Expressing How Long or How Long Ago **A.** 1. Depuis 2. depuis 3. pendant 4. depuis 5. il y a 6. Depuis 7. depuis 8. pendant 9. il y a / On peut faire de l'alpinisme et visiter toutes les curiosités de la région (ou goûter à tous les bons plats de la région). **Prepositions with Geographical Names** Expressing Location **A.** 1. en Amérique du Nord 2. en Allemagne 3. du Japon 4. en Chine ou au Japon 5. à Moscou 6. à Madrid 7. d'Amérique du Sud 8. en Virginie 9. en Afrique 10. de Californie **B.** 1. des voyages 2. au Maroc 3. 15.900 F 4. La Chine, le Tibet, le Népal et Hong Kong 5. Porticcio 6. en Angleterre **C.** (*Answers may vary.*) 1. Mardi le douze il est à Marseille. 2. Mercredi le treize il visite l'Italie. 3. Jeudi le quatorze il part en Allemagne. 4. Mercredi le vingt il arrive au Japon. 5. Mardi le vingt-six il rentre. 6. Vendredi le 29 il va à Londres.

LEÇON 4: PERSPECTIVES

Faire le bilan **B.** 1. 1793—Louis XVI est guillotiné, 1804—Napoléon Bonaparte devient empereur, 1815—la défaite de Napoléon à la bataille de Waterloo, 1830—Charles X s'échappe en Angleterre pendant la Révolution, 1848—le règne de Louis-Philippe finit et la Seconde République commence, 1851—Louis-Napoléon Bonaparte prépare un coup d'état, 1870—la guerre avec la Prusse et la Troisième République, 1940—début de la Deuxième Guerre mondiale, 1958—la Cinquième République gouverne la France. 2. trois 3. cinq **À l'écoute!** 1. depuis 2. quand 3. aimé 4. devenir 5. dernière 6. cinquante 7. passé 8. plu 9. chaussures 10. dû 11. obtenu 12. donné 13. Veux 14. plage

CHAPITRE 9

LEÇON 1: PAROLES

En avion/En train/En route! **A.** 1. vol 2. gare 3. passagère 4. avion 5. pilote 6. conduire 7. vélo 8. guichet **B.** 1. au guichet, des skis, faire du ski 2. arrive dans la gare, sont sur le quai, huit heures quarante-huit 3. dans un compartiment de non-fumeurs, il y a une famille sympathique que parle français

C.

N° DU VOL	ARRIVE DE/DU/DES	HEURE D'ARRIVÉE
61	Japon	9H40
74	États-Unis	13H30
79	Canada	20H
81	Russie	8H15
88	Chine	12H
93	Maroc	17H15
99	Mexique	15H10

Les points cardinaux 1. Le Mexique est au sud des États-Unis. 2. La Colombie est à l'ouest du Brésil. 3. Le Sénégal est au nord de la Côte d'Ivoire. 4. L'Allemagne est à l'est de la Belgique. 5. L'Italie est à l'ouest de la Grèce. 6. L'Algérie est à l'est du Maroc. **Le verbe *conduire*** **A.** 1. traduire 2. conduit 3. ont construit 4. a traduit 5. conduisons 6. a détruit

LEÇON 2: STRUCTURES

The *passé composé* with *être*   Talking About the Past

A.

	ARRIVER	PARTIR	RENTRER
vous, madame	êtes arrivée	êtes partie	êtes rentrée
Déo et moi	sommes arrivés	sommes partis	sommes rentrés
les stewards	sont arrivés	sont partis	sont rentrés
Marie-Anne, tu	es arrivée	es partie	es rentrée

B. 1. Mes amies ne sont pas allées à la piscine. Elles sont restées à la maison. Elles ne sont pas sorties dans le jardin. Elles ne sont pas montées à cheval.   2. Elle est passée par Dakar. Elle est restée une semaine à Marrakech. Elle n'est pas allée au Teatro alla Scala. Elle n'est pas rentrée à cheval.   3. Il est né en 1757. Il est mort en 1834. Il n'est pas parti pour l'Amérique en avion. Il n'est pas devenu président des États-Unis.   4. (*Answers may vary.*) Je suis né(e) / Je ne suis pas né(e) avant 1970. Je suis entré(e) à l'école primaire à cinq ans. Je ne suis pas arrivé(e) à l'université en avion. Je suis rentré(e) à la maison ce semestre.   **C.** 4 est devenu, 2 est partie, 5 est venue, 1 est née, 3 est rentrée, la Martinique, la France, les États-Unis, deux   **D.** 1. est né 2. a eu 3. est parti 4. est revenu 5. a continué 6. a habité 7. a mené 8. est parti 9. a enrichi 10. a permis 11. a fini 12. est mort 13. ont survécu   **E.** 1. ai pris 2. suis montée 3. suis descendue 4. ai rencontré 5. je suis allée

The Present Conditional Expressing Wishes and Polite Requests   A. 1. Pourriez 2. Auriez 3. voudrais 4. pourrais 5. voudriez 6. pourrais 7. Auriez 8. aurais

CORRESPONDANCE

Courrier électronique   1. Conduire 2. suis 3. dernier 4. passée 5. En 6. montés 7. sommes 8. es 9. à 10. voudrais   **Flash-culture**   1. SNCF 2. Europe 3. gares 4. cyclistes 5. polluant 6. voiture

LEÇON 3: STRUCTURES

Affirmative and Negative Adverbs   Expressing Negation   A. (*Answers may vary.*)   **B.** (*Answers may vary.*)   1. n'ai que cinq semaines de vacances cette année.   2. Il n'y a qu'un endroit que je voudrais visiter.   3. Je ne peux choisir qu'entre trois grands hôtels dans plusieurs villes européennes.   4. Je ne vais partir que pour deux semaines au soleil.   5. J'ai la chance de Marc!   **Affirmative and Negative Pronouns   Expressing Negation   A.** 1. Personne n' 2. Rien n' 3. Rien ne 4. Personne n' 5. Personne n' 6. Rien ne   **B.** 1. Non, je n'ai rien à faire cet après-midi.   2. Non, je n'ai personne à voir aujourd'hui.   3. Non, il n'y a rien de bon au cinéma.   4. Non, personne ne comprend mes problèmes.   5. Non, je n'ai pas encore consulté un psychologue.   6. Non, je ne suis plus satisfait de mon travail.

LEÇON 4: PERSPECTIVES

Faire le bilan   A. 1. avons quitté 2. sommes allés (partis) 3. avons trouvé 4. sommes partis (allés) 5. est parti 6. a passé 7. ai fait 8. ont bronzé 9. a vu 10. a tant aimé 11. ai décidé 12. sont restés 13. sommes rentrés 14. sommes descendus   **B.** (*Answers may vary.*) 1. quelqu'un d'intellectuel. 2. quelque chose de frais. 3. quelque chose d'amusant. 4. quelqu'un de passionnant. 5. quelqu'un de charmant. 6. quelque chose de nouveau.   **À l'écoute**   1. vol 2. suis 3. arrivée 4. a 5. fait 6. planche 7. suis 8. tombée 9. rentrer 10. agréables 11. ai 12. fini

CHAPITRE 10

LEÇON 1: PAROLES

La communication et les médias. **A.** 1. g 2. e 3. b 4. h 5. c 6. f 7. d 8. a **Quelques verbes de communication**

A.

	DIRE	LIRE	ÉCRIRE	METTRE	DÉCRIRE
nous	disons	lisons	écrivons	mettons	décrivons
tu	dis	lis	écris	mets	décris
on	dit	lit	écrit	met	décrit
vous	dites	lisez	écrivez	mettez	décrivez
mes copains	disent	lisent	écrivent	mettent	décrivent
je	dis	lis	écris	mets	décris

B. 1. écrire 2. décrit 3. écrivent 4. mettent 5. écrivons 6. mettent / (*Answers may vary.*) **Les nouvelles technologies** **A.** 1. un ordinateur 2. un répondeur (téléphonique) 3. un minitel 4. un téléviseur

LEÇON 2: STRUCTURES

The *imparfait* Describing the Past **A.** 1. finissait son travail. 2. dormait. 3. mettait ses affaires sous sa chaise. 4. lisaient le journal. 5. sortait. 6. pensions partir. 7. prenait sa place. 8. écrivaient au tableau. / Patrice avait le moins de patience parce qu'il sortait. **B.** 1. Mon père travaillait douze heures par jour. 2. Ma mère commençait à faire le ménage à sept heures du matin. 3. Nous n'avions pas beaucoup d'argent… 4. …mais nous étions heureux. 5. On allait à pied à l'école. / (*Answers will vary.*) **C.** …huit heures du matin. De ma fenêtre, je voyais le kiosque de la rue de la République. Les rues étaient pleines de gens qui allaient au travail. Un groupe d'hommes attendait l'autobus. Un autre groupe descendait dans la station de métro. Près d'une cabine téléphonique un homme lisait le journal et une jeune femme mettait des enveloppes dans une boîte aux lettres. À la terrasse du café, les garçons servaient du café et des croissants. Il faisait chaud. J'étais content(e). / (*Answers may vary.*) **Direct Object Pronouns Speaking Succinctly** **A.** (*Answers may vary.*) 1. Je les donne à la dame parce qu'elle aime les produits de beauté. 2. Je le donne à l'étudiant parce que les étudiants ont toujours besoin d'argent. 3. Je les donne au monsieur parce qu'il veut arrêter de fumer. 4. Je la donne au monsieur parce qu'il doit être bien habillé pour aller au travail. 5. Je les donne aux enfants parce qu'ils aiment les lire. 6. Je le donne à la dame parce qu'elle adore les parfums français. 7. Je les donne à l'étudiant parce qu'il a besoin d'assistance. 8. Je la donne à Wolfgang parce qu'il a de nouvelles dents et il aime les utiliser! **B.** 1. ses amis, ses parents 2. cet exercice, notre ménage 3. ton gilet, ton pyjama 4. Guy, Laurent (ce nouveau film) 5. la nouvelle étudiante, la pièce de théâtre 6. ce nouveau film, cet exercice (mon livre de grammaire) **C.** 1. le 2. m' 3. me 4. le 5. le 6. me 7. le 8. nous 9. vous (nous) 10. l' 11. la

CORRESPONDANCE

Courrier électronique 1. as 2. répondeur 3. lire 4. quelqu'un 5. l' 6. marchait 7. décrire 8. disait 9. ordinateur 10. emprunter **Flash-culture** 1. faux 2. vrai 3. vrai 4. vrai 5. vrai 6. faux **Prononciation** 1. de mon enfance 2. mes vacances à la mer 3. chaque mois d'août 4. j'habitais Paris pendant 5. je passais un mois par an 6. une grand plage 7. C'était 8. Je passais 9. jouer avec des petits copains 10. étaient 11. différentes 12. jamais 13. les oublier

LEÇON 3: STRUCTURES

Agreement of the Past Participle   Talking About the Past   A. (*Answers may vary.*)   1. Il les a bus.   2. Il les a lues.   3. Il l'a louée.   4. Il les a portées.   5. Il les a écoutés.   6. Il les a regardées.   **B.** 1. j'ai cherché   2. les ai retrouvées   3. étaient   4. les ai laissées   5. a téléphoné   6. conduisait   7. ne les ai pas prises   8. ont dû   9. sont entrés   **Indirect Object Pronouns   Speaking Succinctly   A.** 1. a   2. e   3. g   4. h   5. c   6. j   7. i   8. d   9. f   10. b   **B.** 1. (*Answers may vary.*)   1. Je leur donne des skis.   2. Je lui donne mon numéro de téléphone et la clé de ma voiture.   3. Je lui donne un gros poste de télé.   4. Je lui donne 50 millions de dollars.   5. Je lui donne une nouvelle robe.   6. Je leur donne une semaine de vacances.   7. Je lui donne un roman d'aventure et un voyage en Sibérie.   8. Je leur donne un livre de cuisine diététique.   **C.** (*Answers may vary.*)   1. Je vais leur demander si elles…   2. Je vais lui demander s'il…   3. Je vais lui demander s'il…   4. Je vais leur demander s'ils…   5. Je vais lui demander s'il…

LEÇON 4: PERSPECTIVES

Faire le bilan   A. 1. étais   2. avais   3. habitait   4. était   5. écrivait   6. attendais   7. allait   8. était   9. avait   10. achetions   11. commençaient   12. mangions   13. travaillaient   14. fabriquaient   15. avaient   16. gagnaient   17. pouvions   18. faisions   19. jouions   **B.** 1. à 20 heures   2. TF 1   3. les séries, les films   4. L'Instit   **C.** 1. Est-ce que vous l'avez déjà lu ce matin? Non, je ne l'ai pas lu… Les avez-vous aussi regardées? Non, je ne les regarde jamais le matin.   2. Oui, je l'écoutais souvent. Oui, je le comprenais… De quoi leur as-tu parlé? …C'est Jacques qui les a réservées.

CHAPITRE 11

LEÇON 1: PAROLES

Une petite ville   A. 1. coin   2. gauche   3. traverse   4. face   5. droite   **B.** 1. banque   2. piscine   3. mairie   4. pharmacie   5. syndicat d'initiative   6. commissariat (le poste de police)   **Paris et sa banlieue   A.** 1. habitent au troisième étage.   2. habite au premier étage.   3. habite au quatrième étage.   4. habitent au huitième étage.   5. habite au septième étage.   6. habitent au deuxième étage.   7. habite au rez-de-chaussée.   8. habitent au cinquième étage.   9. habite au neuvième étage.   10. habite au dixième étage.

LEÇON 2: STRUCTURES

The *passé composé* Versus the *imparfait*   Describing Past Events   A. 1. parlait   2. est entré   3. a posé   4. pensais   5. parlais   6. ai perdu   7. conduisais   8. a arrêté   9. sommes arrivés   10. sortaient   11. servait   12. suis tombé(e)   (*Answers may vary.*)   **B.** 1. D'abord, nous avons choisi la pâtisserie la plus appétissante. Puis/Ensuite, nous avons payé la boulangère. Ensuite/Puis, elle nous a donné notre paquet. Enfin, nous sommes rentrés chez nous aussi vite que possible.   2. D'abord, Gilles a lu lentement la question sans la comprendre. Puis/Ensuite, il l'a relue trois ou quatre fois. Puis/Ensuite, il a compris le sens. Enfin, il a écrit sa réponse.   **C.** 1. habitaient   2. a préparé   3. était   4. ont décidé   5. appelait   6. faisait   7. a vu   8. est entrée   9. était   10. a essayé   11. avait   12. a goûté   13. était   14. a dévoré   15. avait   16. est montée   17. a essayé   18. était   19. a fermé   20. dormait   21. sont rentrés   22. a vu   23. a dit   24. sont montés   25. dormait   (*Answers may vary.*)   **E.** (*Answers may vary.*)   1. Hier soir, je regardais un bon film quand…   2. C'était mon ami(e)…   3. Il/Elle m'a demandé de…   4. Je lui ai répondu que…   5. Tout(e) content(e), il (elle) m'a invité…
The Pronouns *y* and *en*   Speaking Succinctly   A. *en* apparaît 6 fois / 1. Il lui en reste 133.   2. Il lui en reste 107.   3. Il lui reste 37 francs.   **B.** (*Answers may vary.*)   1. Oui, j'y ai dîné hier soir.   2. Non, je n'y suis pas encore allé(e).   3. J'y fais mes devoirs.   4. Non, je n'y réponds pas immédiatement.   5. Oui, j'y pense quand je fais mes projets de vacances.   6. J'y mets mes livres.   7. J'y passe une heure chaque semaine.   **C.** 1. y   2. en   3. en   4. y   5. en   6. y   7. en   8. en   9. en   10. y

CORRESPONDANCE

Courrier électronique 1. ai été 2. y 3. ai revu 4. étais 5. était 6. gauche 7. y 8. quand 9. en 10. tout droit **Flash-culture** 1. b 2. c 3. a 4. c 5. b 6. c

LEÇON 3: STRUCTURES

Savoir and *connaître* **Saying What and Whom You Know** **A.** 1. sait 2. connaissons 3. connaît 4. Savez 5. connaît 6. connaît 7. sait 8. connaissons **B.** (*Answers may vary.*) 1. Je le sais. 2. Je le sais. 3. Je ne la connais pas. 4. Je les connais. 5. Je la sais. 6. Je ne sais pas. 7. Je ne la connais pas. 8. Je la connais. 9. Je le sais. 10. Je les connais. **The Verbs *voir* and *croire* Expressing Observations and Beliefs**

A.

	voir PRÉSENT	croire PRÉSENT	voir PASSÉ COMPOSÉ	croire PASSÉ COMPOSÉ
tu	vois	crois	as vu	as cru
mes amis	voient	croient	ont vu	ont cru
tout le monde	voit	croit	a vu	a cru
Paul et moi	voyons	croyons	avons vu	avons cru
ton frère et toi	voyez	croyez	avez vu	avez cru
je	vois	crois	ai vu	ai cru

B. 1. crois 2. Vois 3. crois 4. vois 5. crois 6. vois 7. voir

LEÇON 4: PERSPECTIVES

Faire le bilan **A.** 1. j'ai visité 2. j'avais 3. j'étais 4. je voulais 5. J'ai fait 6. Il m'a invité 7. nous sommes allés 8. a suggéré 9. il a dit 10. nous devions 11. J'ai hésité 12. je ne le connaissais pas 13. j'ai accepté 14. Nous avons fait 15. parlait 16. chantait 17. C'était 18. Il m'ai raccompagne 19. m'a dit 20. il est parti 21. je ne l'ai revu jamais **B.** (*Answers may vary.*) 1. sont sortis. 2. pleuvait. Ils ont fait une promenade sous la pluie. 3. ont décidé de prendre quelque chose dans un café. Ils sont entrés Chez Louise. 4. Ils ont choisi une table devant une fenêtre. Quand le serveur est arrivé, ils ont commandé deux cafés. 5. Ils ont regardé des gens dans la rue. 6. Dans le café, des gens parlaient, regardaient la télé et jouaient aux cartes.

CHAPITRE 12

LEÇON 1: PAROLES

La patrimoine historique **A.** 1. La Madeleine, Premier Empire, dix-neuvième 2. Vaux-le-vicomte, classique, dix-septième 3. Chambord, Renaissance, seizième 4. L'Église de Beauvais, médiévale, treizième

B.

• l'époque moderne	la tour Eiffel	Charles de Gaulle
• l'époque classique	Versailles	Louis XIV
• la Renaissance	Jacques Cartier	Chambord
• le Moyen Âge	Notre-Dame	Charlemagne
• l'époque romaine	les arènes de Lutèce	

Le patrimoine artistique

A.

ARTISTES	ŒUVRES (works)
actrice	pièce de théâtre
écrivain	roman
	poème
sculpteur	sculpture
peintre	tableau
compositeur	
cinéaste	

Deux verbes pour parler des arts

A.

	POURSUIVRE	VIVRE	SUIVRE (passé composé)
je	poursuis	vis	suis
on	poursuit	vit	suit
nous	poursuivons	vivons	suivons
les gens	poursuivent	vivent	suivent

B. 1. as vécu   2. poursuivre   3. vivre   4. poursuivre   5. suis / 1990, en génie civil

LEÇON 2: STRUCTURES

Stressed Pronouns   Emphasizing and Clarifying   A. (*Answers may vary.*)   1. Avec vous? Mais vous arrivez toujours en retard!   2. Avant lui? Mais il est toujours le premier!   3. Sans elle? Ne sortent-ils plus ensemble?   4. À côté d'elle? Mais elle ne parle que russe.   5. À gauche de lui? Mais il ne l'aime pas du tout.   6. Auprès d'eux? Il voulait pratiquer son russe.   7. Entre elles? Il en était très content.
Pronominal Verbs (Introduction)   Expressing Actions   A.   1. s'installent   2. me demande   3. nous dépêcher   4. nous arrêtons   5. nous détendre   6. me demande   7. m'entends   8. me souviens   9. me rappelle   10. nous amuser   **B.**   1. se trompe   2. s'excuse   3. s'entend   4. nous trompons   5. s'amuser   6. se rappelle (se souvient de)   7. nous détendre   8. nous dépêchons   9. nous amusons   **C.**   1. me demande, s'amuser   2. se reposer   3. s'arrêter   4. se retrouvent   5. s'installent   6. se dépêcher   7. se détendent

CORRESPONDANCE

Courrier électronique   1. pars   2. suivi   3. me repose   4. lui   5. toi   6. œuvre   7. peintres   8. siècle   9. nous arrêter   10. a vécu   11. Louvre   12. les   **Flash-culture**   1. e   2. c   3. a   4. f   5. d   6. b

LEÇON 3: STRUCTURES

Double Object Pronouns Speaking Succinctly A. 1. le leur 2. le-leur 3. nous la 4. les 5. leur en **B.** 1. (*Answers may vary.*) Ne la visite pas. / Visite-la. 2. Ne la leur empruntez pas. / Empruntez-la-leur. 3. Ne la leur montre pas. / Montre-la-leur. 4. Ne le lui enseigne pas. / Enseigne-le-lui. 5. Ne lui écrivez pas. / Écrivez-lui. **C.** 1. Ne la lui prête pas. / Prête-la-lui. 2. Envoie-le-lui. / Ne le lui envoie pas. 3. Ne nous les montre pas. / Montre-les-nous. 4. N'en fume pas. 5. Ne m'en donnez pas. / Donnez-m'en un. **Adverbs Saying How To Do Something A.** (*Answers may vary.*) 1. Moi, j'ai peu dormi hier soir. 2. Moi aussi, j'ai peu étudié à l'école secondaire. 3. Moi, j'ai trop travaillé l'été passé. 4. Moi, j'ai peu mangé ce matin. 5. Moi, non, je n'ai pas du tout pensé aux cours que je vais suivre l'année prochaine. 6. Moi non, je n'ai pas du tout compris ce chapitre de français. **B.** 1. violemment 2. vainement 3. finalement 4. rapidement 5. immédiatement 6. lentement 7. poliment 8. brièvement 9. gentiment **C.** 1. (Mon petit frère) mange mal. 2. (Mary) a voyagé récemment. 3. (Dan) répond brièvement. 4. (Ma mère) parle poliment. 5. (Mon oncle) pense lucidement. 6. (Judy) refuse rapidement.

LEÇON 4: PERSPECTIVES

Faire le bilan A. 1. Oui, je te le prête., Alors, prête-le-moi. 2. Oui, je te la donne., Alors, donne-la-moi. 3. Oui, je les lui prête., Alors, prêtes-les-lui. 4. Oui, je te les montre., Alors, montre-les-moi. 5. Oui, je la leur donne., Alors, donne-la-leur. **B.** 1. Mes amis se détendent… 2. Mes amis et moi nous amusons… 3. Mes parents et moi nous entendons… 4. Je m'installe devant mes livres… 5. Mon professeur de français s'excuse… 6. On s'arrête de travailler… 7. Nous nous souvenons du vocabulaire… 8. Je me trompe…

CHAPITRE 13

LEÇON 1: PAROLES

L'amour et le mariage A. 1. à l'église 2. ne se marient pas 3. se disputent 4. les fiançailles 5. de meubles

B.

AU DÉBUT	AU MILIEU	VERS LA FIN
tomber amoureux	s'installer	se disputer
se fiancer	sortir	divorcer
se rencontrer	se marier	
le coup de foudre	aller en voyage de noces	
se voir		

Le corps humain A. 1. aux oreilles 2. aux dents 3. au dos 4. aux pieds 5. aux doigts 6. aux yeux 7. aux oreilles 8. aux pieds, aux jambes, au dos, partout! **B.** 1. les oreilles 2. les jambes et les pieds 3. les cheveux 4. les yeux 5. le nez 6. les dents et la bouche **La vie quotidienne A.** a. 7 b. 1 c. 5 d. 3 e. 6 f. 4 g. 2

LEÇON 2: STRUCTURES

Pronominal Verbs (continued)   Reporting Everyday Events   A. 1. c 2. g 3. h 4. i 5. b 6. e 7. d 8. f 9. a   **B.** 1. Marcel se réveille tôt lundi matin parce que… 2. Tu te lèves à midi jeudi parce que… 3. M. Dupont se couche à cinq heures parce que… 4. Je m'habille bien cet après-midi parce que… 5. Les enfants s'ennuient pendant le week-end parce que… 6. Laure se regarde dans le miroir à minuit parce que…   **C.** 1. habille 2. t'habilles 3. couche 4. te couches 5. couches 6. te lever 7. nous promenons   **Pronominal Verbs (Continued)   Expressing Reciprocal Actions A.** 1. Denise et Pierre s'adorent. 2. Béatrice déteste Yves. Yves déteste Béatrice. 3. Gérard parle à Marthe. Marthe ne parle pas. 4. Marcel et Eugénie se parlent. 5. Véronique et Denis se disputent.

CORRESPONDANCE

Carte postale 1. me réveille 2. mal 3. avons données 4. dois 5. s'adorent 6. lui 7. gâteau 8. invitons 9. à 10. nous aimons   **Flash-culture** 1. vrai 2. faux 3. vrai 4. faux 5. faux 6. vrai

LEÇON 3: STRUCTURES

Pronominal Verbs (Continued)   Talking About the Past and Giving Commands   A. Francine s'est levée la première et Julien s'est réveillé une demi-heure plus tard. Ils se sont habillés. Ils ont pris leur petit déjeuner dans la cuisine. Ensuite Francine est partie en cours, pendant que Julien lisait le journal. À midi Francine et Julien se sont retrouvés au café. Après le déjeuner, ils se sont promenés pendant un moment, puis ils sont retournés à leurs activités. Le soir Julien s'est reposé après le dîner avant la télévision, mais sa femme a étudié. Quand Francine s'est endormie sur ses livres, Julien l'a réveillée. Ils se sont couchés vers onze heures. Ils se sont plaints tous les deux de ne pas avoir assez d'énergie. **B.** 1. Excusez-vous. Ne vous excusez pas. 2. Couche-toi. Ne te couche pas. 3. Marie-toi. Ne te marie pas. 4. Brosse-toi les dents. Ne te brosse pas les dents. 5. Amusez-vous bien. Ne vous amusez pas.   **The Comparative and Superlative of Adjectives   Making Comparisons   B.** 1. La Loire est la plus longue rivière. 2. L'Alsace est le province le plus au nord. 3. Le Texas a le territoire le plus étendu. 4. La Guadeloupe est le plus petit département d'outre-mer. 5. La Provence a le climat le moins froid.   **C.** 1. Les jeunes étaient moins paresseux pendant ma jeunesse. 2. Les gens sont plus égoïstes qu'autrefois. 3. Les écoles étaient meilleures autrefois. 4. La vie était plus intéressante pendant les années soixante. 5. Les gens sont plus malheureux qu'autrefois. 6. Le gouvernement est pire que pendant les années cinquante. 7. En général, la vie n'est pas aussi bonne qu'autrefois.   **D.** 1. …est la femme la plus talentueuse du cinéma américain. 2. …est le politicien le plus honnête de l'administration actuelle. 3. …est la meilleure chanteuse des États-Unis. 4. …est le meilleur professeur de la Faculté des Lettres. 5. …sont les personnes les plus respectées des États-Unis. 6. …est la femme la plus dynamique de ma famille.

LEÇON 4: PERSPECTIVES

Faire le bilan   A. Your new friend is tall and has a round head, a long neck, and a round body. He has three arms and eight legs, all of equal length. His hands and feet have only three fingers apiece. He has a little round mouth in the center of his face with one pointed tooth. His five eyes form a circle. He has a crescent shaped hat under which no hair is visible.   **B.** 1. T'endors, me couche, me couche 2. vous brossez, me brosser, me brosser 3. vous appelez, vous trompez, m'appelle, Installez

CHAPITRE 14

LEÇON 1: PAROLES

Les Français au travail **A.** 1. ouvriers 2. institutrice 3. agriculteur 4. médecin 5. boucher
À la banque **A.** 1. chèques 2. montant 3. d'épargne 4. carnet **B.** 1 076 francs **Pour parler d'argent: le verbe** *ouvrir*

A.

	DÉCOUVRIR	SOUFFRIR
je	découvre	souffre
les scientifiques	découvrent	souffrent
vous	découvrez	souffrez
un malade	découvre	souffre

B. 1. Ouvrez, couvrez, souffrir 2. avons offert, souffrait, ouvrir 3. a offert, a ouverte, a souffert

LEÇON 2: STRUCTURES

The Future Tense Talking About the Future

A.

	TU	LES GENS	JE	NOUS
venir	viendras	viendront	viendrai	viendrons
avoir	auras	auront	aurai	aurons
voir	verras	verront	verrai	verrons
envoyer	enverras	enverront	enverrai	enverrons
être	seras	seront	serai	serons
faire	feras	feront	ferai	ferons
pouvoir	pourras	pourront	pourrai	pourrons
savoir	sauras	sauront	saurai	saurons
aller	iras	iront	irai	irons
acheter	achèteras	achèteront	achèterai	achèterons

B. 1. Pas encore. J'en achèterai une… 2. Pas encore. Elle le fera… 3. Pas encore. Il en enverra…
4. Pas encore. Nous la verrons… 5. Pas encore. Ils les achèteront… 6. Pas encore. Je le leur dirai…
C. 1. croiras 2. dis 3. serai 4. montrerai 5. verrai 6. téléphones 7. viendrai 8. appellerai
9. arriverai

CORRESPONDANCE

Carte postale 1. ferai 2. ouvert 3. économies 4. carnet 5. carte 6. aidera 7. découvrirai 8. finance 9. droit 10. job **Flash-culture** 1. université 2. prendre 3. amis 4. économie 5. rhum 6. banane

LEÇON 3: STRUCTURES

Relative Pronouns Linking Ideas A. 1. J'en ai noté l'addresse qui était… 2. L'immeuble a une piscine qui est ouverte… 3. J'aime ce quartier qui me rappelle… 4. Nos voisins sont des Allemands que j'ai rencontrés… 5. Habitent-ils dans un des studios que ton amie Christine a visités? 6. Non, je crois qu'ils ont un des trois pièces que je n'ai jamais vu. **C.** 1. que 2. qui 3. dont 4. que 5. qui 6. qui 7. dont 8. que 9. dont 10. dont **G.** 1. je connais depuis quinze ans. 2. j'aime beaucoup. 3. nous avons vu, mes amis et moi. 4. je vais chaque soir.

LEÇON 4: PERSPECTIVES

Faire le bilan A. 1. recevrez, a reçois 2. viennent toucher, es venu(e) toucher 3. s'est présenté, nous présenterons 4. avons eu, a eu 5. Je déposerai, dépose **À l'écoute!** 1. C 2. C 3. C 4. B 5. C 6. E 7. B 8. E, C 9. E

CHAPITRE 15

LEÇON 1: PAROLES

Les loisirs préférés des Français A. 1. jeu de société 2. jardinage 3. pêche 4. football 5. lecture 6. bricolage **Pour parler des loisirs:** *courir* et *rire*

A.

	COURIR	RIRE
nous	courons	rions
les athlètes	courent	rient
tu	cours	ris
mon amie	court	rit

B. 1. courir 2. a rit 3. courons 4. ai rit 5. riront **C.** 1. a ouvert 2. elle a découvert 3. qui couraient 4. il faisait 5. ces gens avaient 6. avaient 7. leur a offert 8. ont accepté 9. elles lui ont souri 10. a regardé 11. elle a repris

LEÇON 2: STRUCTURES

Interrogative Pronouns Getting Information A. 1. qui 2. Qu'est-ce qui 3. quoi 4. qui 5. Qui 6. Qu'est-ce qui **B.** (*Answers may vary.*) 1. Quels compact-discs a-t-il déjà? 2. De quoi a-t-il besoin? 3. Qu'est-ce qu'il aime faire? 4. Qu'est-ce que tu me conseilles de lui offrir? **C.** 1. Lequel 2. Lesquels 3. Laquelle 4. Lequel 5. Laquelle **The Present Conditional (Continued) Being Polite, Speculating A.** 1. Nous serions… 2. Les étudiants rentreraient… 3. Mon copain irait… 4. J'aurais le temps de… 5. Tu écrirais… 6. Mes amis aventuriers feraient…

CORRESPONDANCE

Carte postale 1. C'est 2. ce que 3. aiderais 4. courons 5. aimerais 6. plein 7. que 8. courir 9. désirerais 10. serais **Flash-culture** 1. c 2. a 3. b 4. a 5. a 6. c

LEÇON 3: STRUCTURES

Prepositions After Verbs   Expressing Actions

A.

	À	DE	—
1. aller			✓
2. devoir			✓
3. aider	✓		
4. se mettre	✓		
5. désirer			✓
6. choisir		✓	
7. oublier		✓	
8. rêver		✓	
9. vouloir			✓
10. enseigner	✓		
11. chercher			
12. arrêter		✓	

B. 1. — 2. à 3. — 4. — 5. de 6. de 7. de 8. de 9. — 10. à 11. — 12. à 13. à 14. de 15. à 16. d' **Comparative and Superlative   Making Comparisons   C.** (*Answers may vary.*) 1. J'aurai de meilleures notes. 2. Je vais mieux écrire. 3. Je vais finir plus de choses. 4. Je vais me tromper moins souvent. 5. Je vais lire de meilleurs livres. 6. Je vais m'ennuyer moins souvent. 7. Je vais me lever plus tôt le matin. 8. Je vais me préparer mieux aux examens.

LEÇON 4: PERSPECTIVES

Faire le bilan   A. 1. Que 2. Qui 3. pourrions 4. Qu'est-ce que 5. dirais 6. penserais 7. serais **À l'écoute!** 1. dimanche 2. accepté 3. de 4. empêchera 5. marché 6. commencé 7. par 8. fini 9. par 10. roman 11. refuse 12. d' 13. devrais 14. acceptera 15. aussi 16. que

CHAPITRE 16

LEÇON 1: PAROLES

Les problèmes de l'environnement / Les problèmes de la société moderne **A.** 1. e 2. d 3. f 4. a 5. b 6. g 7. c **C.** 1. La réduction 2. La conservation 3. Le développement 4. la protection 5. La réussite 6. L'élection

LEÇON 2: STRUCTURES

The Subjunctive: Forms Expressing Attitudes **A.** 1. voies 2. dirige 3. nous levions 4. rentrent 5. conduises 6. lise 7. vous arrêtiez 8. sortes 9. connaisse 10. disiez

B.

	...QUE NOUS	...QUE LÉA	...QUE VOUS	...QUE LES ENFANTS
aller	allions	aille	alliez	aillent
avoir	ayons	ait	ayez	aient
être	soyons	soit	soyez	soient
faire	fassions	fasse	fassiez	fassent
pouvoir	puissions	puisse	puissiez	puissent
savoir	sachions	sache	sachiez	sachent
vouloir	voulions	veuille	vouliez	veuillent

C. 1. Elle ne veut pas qu'ils aient 2. Elle veut qu'ils prennent 3. Elle veut qu'ils puissent 4. Elle veut qu'ils lui écrivent 5. Elle ne veut pas qu'ils rentrent 6. Elle veut qu'ils aillent 7. Elle ne veut pas qu'ils fassent 8. Elle sait **E.** 1. pose 2. mène 3. parle 4. lise 5. prenne 6. manifeste 7. réussisse **The Subjunctive: Uses (Introduction) Expressing Wishes, Necessity and Possibility** **A.** 1. soient plus longues 2. ait plus de pouvoir 3. avoir moins de sports 4. fassent plus attention à eux 5. comprennent leur point de vue 6. construise des centres de recyclage

CORRESPONDANCE

Carte postale 1. mon 2. déchets 3. gaspillage 4. faut 5. ressources 6. élisions 7. qui 8. urgent 9. planète 10. dises 11. ce que 12. environnement **Flash-culture** 1. e 2. a 3. d 4. f 5. b 6. c

LEÇON 3: STRUCTURES

The Subjunctive: Uses (Continued) Expressing Emotion **A.** 1. Il n'est pas heureux que les conservateurs soient... 2. Il n'est pas heureux que la plupart des gens soient... 3. Il est heureux d'entrer... 4. Il est heureux d'obtenir... 5. Il est heureux que les politiciens fassent... 6. Il est heureux que l'entretien et l'achat de deux ou trois voitures soient... **D.** 1. veuille 2. voient 3. vienne 4. se connaissent 5. puissent 6. soit **The Subjunctive: Uses (Continued) Expressing Doubt and Uncertainty** **B.** (*Answers may vary.*) 1. Il n'est pas heureux qu'on le prenne pour un intellectuel. 2. Il est choqué que les intellectuels français aient tendance à confondre la science et la politique. 3. Il ne croit pas que le rôle de la science soit d'influencer la politique. 4. Il est convaincu que les linguistes peuvent préserver des langues. 5. Il ne croit pas que les États-Unis aient le droit d'intervenir au Nicaragua. 6. Il doute que la linguistique puisse sauver le monde.

LEÇON 4: PERSPECTIVES

Faire le bilan **A.** 1. — 2. ✓ 3. ✓ 4. ✓ 5. ✓ 6. ✓ 7. ✓ 8. — 9. ✓ 10. ✓ 11. ✓ 12. ✓ 13. — 14. — 15. ✓ 16. — 17. — 18. — 19. ✓ 20. ✓ 21. — 22. ✓ 23. — 24. ✓
D. 1. sois âgé de quinze ans, satisfasses à un examen medicale, suives une formation dans un aéroclu[b] 2. six 3. sois âgé de moins de vingt cinq ans, sois titulaire d'une licence fédérale, aies cinq heures d[e] vol minimum au moment de la demande.